Il bambino e le cose

Diritti e doveri dei minori nella società dei consumi

a cura di Paolo Cendon

FrancoAngeli

In copertina: Vestie Davis, *The Cyclone Roller Coaster*, particolare.

I lettori che desiderano essere regolarmente informati sulle novità pubblicate dalla nostra Casa Editrice possono scrivere, mandando il loro indirizzo, alla "FrancoAngeli, Viale Monza 106, 20127 Milano", ordinando poi i volumi direttamente alla loro Libreria.

Indice

Introduzione, di *Paolo Cendon* pag. 7

Parte I - Profili generali

La trasgressione, di *Gianni Iudica* » 17
Elogio della noia, di *Renate Cogoy* » 28
L'ambiente, di *Roberto Weigmann* » 36
Gli animali, di *Paolo Zatti* » 46
La Convenzione delle Nazioni Unite sui diritti del bambino, di *Maria Rita Saulle* » 56
Bambini di altri mondi, di *Marco Guadagni* » 66

Parte II - Il bambino tra scienza e diritto alle soglie del Duemila

Le manipolazioni genetiche, di *Mauro Giacca* e *Arturo Falaschi* » 75
Manipolazioni genetiche e diritto. Tutela anticipata del soggetto: proibire tutto?, di *Pier Giuseppe Monateri* » 81
Problemi di bioetica, di *Furio Bouquet* » 91
Le tecniche di fecondazione assistita, di *Gianfranco Scarselli, Giuseppe Ricci* e *Francesco Barciulli* » 99

Parte III - Il bambino e l'impresa

Oggetti di consumo e bambini-consumatori, di *Enzo Marigonda* pag. 115
I prodotti difettosi, di *Paolo Cendon* e *Patrizia Ziviz* » 126
I farmaci, di *Massimo Dogliotti* » 152
La banca, di *Fabrizio Devescovi* » 163
L'assicurazione, di *Marina Donati* » 178

Parte IV - Giochi e mass media

Oggetti inanimati, gioco e forme di simbolizzazione della prima infanzia, di *Cristina Riva Crugnola* » 195
Gioco, giocattoli, educazione, di *Anna Rezzara* » 205
I fumetti tra infanzia e adolescenza, di *Enzo Marigonda* e *Anna Rezzara* » 212
Dal Grande Fratello al Grande Puffo. Note sul rapporto tra bambini e televisione, di *Piero Dorfles* » 222

Parte V - La cultura

I testi narrativi e la formazione dell'immaginario, di *Giulio Lughi* » 233
Il filosofo e le streghe. Appunti su bambino e teatro, di *Roberto Canziani* » 245
Le biblioteche, di *Romano Vecchiet* » 255
La musica, di *Giuliana Stecchina Pittaro* » 261

Introduzione

di Paolo Cendon

Si parla spesso di bambini nei giornali e alla TV. Se ne parla però, quasi esclusivamente, sotto i profili dell'abbandono o della violenza. È un'attitudine insieme utile e pericolosa. Utile perché gli episodi in questione non sono certo inventati: sovente si tratta anzi di storie scandalose o commoventi; ed è plausibile che, da quelle denunce, politici, intellettuali, giudici, amministratori saranno spinti ad attivarsi per migliorare la realtà dell'infanzia, nel nostro paese. O almeno a cercare di conoscerla. Pericolosa perché l'eccesso di attenzione verso le storie «cruente» o drammatiche rischia di fuorviare, in molti casi, le prospettive dell'interprete: facendo passare in secondo piano i lati più normali e ordinari, quelli appartenenti alla dimensione quotidiana dell'esistenza infantile – e favorendo un concentrarsi di iniziative verso le risposte più contingenti (magari verso soluzioni di carattere esclusivamente assistenziale, punitivo o sensazionalistico).

In realtà, nella vita dei minori non esistono unicamente le occasioni del dolore; non c'è solo pianto e lutto, non tutte le solitudini sono irrimediabili. Gran peso hanno anche i piccoli malesseri, le suggestioni diffuse o meno evidenti, il bello e il brutto che è legato al mondo degli oggetti, diciamo pure alla società dei consumi. Nella maggioranza dei casi esistono anzi (fortunatamente) solo questi ultimi aspetti: i disagi delle creature normali, le difficoltà e i turbamenti «civili» di ogni bambino. Il cibo o le medicine o i fumetti – ad esempio – oppure l'asilo-nido, la TV, il motorino, gli amici, le fiabe (vecchie e nuove), l'assistenza sanitaria, gli animali, il traffico. E poi le merci, la cultura, le vacanze, i giocattoli, la scuola (spesso noiosa o autoritaria), i trasporti, la pubblicità, l'abbigliamento. E ancora i dolci, l'ambiente, la città, i computer, le navi, i luoghi del tempo libero, il Natale, la musica, lo sport.

Punto d'arrivo di una ricerca collettanea, il presente libro nasce proprio dall'esigenza, avvertita da alcuni studiosi italiani, di misurare il peso che momenti del genere possono avere nella giornata di un minore – approfondendo, eventualmente, il ruolo che il diritto dovrebbe svolgere quanto alla salvaguardia dei giovani o giovanissimi contro la seduttività, il linguaggio, le trappole più o meno frivole (e perciò terribilmente serie) dei tempi odierni.

Da tempo – ricorderò, volendo fare un po' di cronistoria – si era costituito presso l'Istituto Giuridico della Facoltà di Economia e commercio di Trieste una sorta di osservatorio sui diritti dei c.d. «soggetti deboli»: a farne parte erano persone di varia provenienza, equamente distribuite fra mondo della teoria e della prassi, con una decisiva prevalenza di giuristi (almeno inizialmente). Il metodo di lavoro era largamente interdisciplinare, punteggiato di riunioni quindicinali in Università, ricco di seminari e pubblicazioni. Non tutto funzionava a meraviglia: ogni tanto i linguaggi si rivelavano troppo lontani, intendersi diventava quasi impossibile; si riuscirà ad organizzare, comunque, qualche convegno di rilievo.

I temi affrontati? Durante il primo periodo, gli interessi di tutti si erano volti in special modo (cosa del resto naturale, in una città impregnata delle letture e proposte di Franco Basaglia) verso la categoria degli infermi di mente: con riguardo particolare per le questioni civilistiche, soprattutto i nodi dell'interdizione, i trattamenti sanitari, il danno psichico, la responsabilità dello psichiatra, il reinserimento professionale. In seguito, grazie anche all'entrata nell'*équipe* di nuovi componenti, gli orizzonti si allargheranno sempre più, spostandosi verso profili di ordine più generale, sino a toccare i problemi di varie altre fasce di individui fragili o disabili: handicappati fisici, malati gravi e detenuti, in primo luogo, e poi extracomunitari, tossicodipendenti, anziani, individui per qualsiasi ragione «a rischio».

È pressapoco in questa fase che verrà maturando (anche per suggerimento di Stefano Rodotà, Alfredo Galasso, e altri amici appartenenti alla *Rivista critica del diritto privato*) la scelta di dedicare particolare attenzione alle questioni dell'infanzia; mettendo in primo piano (ecco il motivo accennato all'inizio di queste note) i temi generali della povertà, del disagio, dell'abbandono familiare, della malattia, del degrado – e cercando di trovare (ecco l'obiettivo di quei primi incontri) nel ruolo affidato giorno per giorno ai Servizi territoriali la chiave per una riprogettazione dell'intera materia: la base su cui misurare, cioè, non solo i risvolti social-sanitari delle iniziative dei Centri, ma anche i margini di effettività di riferimenti generali quali la Costituzione, il codice civile, le convenzioni internazionali, le leggi regionali, gli atti della pubblica amministrazione inerenti al terreno dell'assistenza.

È mai pensabile (ci si domandava) che i diritti civili, quelli almeno di natura più spiccatamente promozionale, riescano a camminare senza le gambe del diritto pubblico e dei suoi strumenti tecnici? Può aver senso, nel caso dei soggetti deboli, qualsiasi tipo di proclamazione formale scompagnata dal rilievo di quanto avviene nel territorio – dal riguardo, cioè, per l'insieme dei presìdi assistenziali che in esso operano, dall'attenzione per il loro numero, per la loro distribuzione nei quartieri, per il loro livello complessivo di efficienza?

Frutto immediato di quel primo periodo di lavoro sarà, dal punto di vista editoriale, la trentina di saggi raccolti nel volume collettaneo *I bambini e i loro diritti*, che vede la luce nel 1991 per il Mulino. Già allora però – bisogna aggiungere – presso alcuni fra i componenti del gruppo avevano iniziato ad affacciarsi una serie di dubbi circa l'opportunità di puntare, in via esclusiva, sugli aspetti più pesanti o malinconici dell'infanzia.

È proprio certo, si era cominciato ad osservare, che siano quelli i soli profili dell'universo minorile di cui abbia senso occuparsi? Saranno in molti a rispondere negativamente. Il lato buio dell'esistenza – si dirà – non dev'essere dimenticato, però sopravvalutare i lati morbosi o criminali della cronaca sarebbe un errore altrettanto grave che ignorarli; e ciò non solo sotto l'angolo morale o punitivo, ma anche in vista delle conseguenze psichiche che gli eventi apparentemente più traumatici (delitti, emigrazione, disgrazie, handicap, maltrattamento) possono generare nell'equilibrio della vittima. A breve come a lungo termine. È vero al riguardo, con tutta probabilità, l'esatto contrario di quanto di solito si insegna: mentre sarebbe esagerato credere che ogni ferita oscura sia destinata a lasciare, nell'offeso, tracce indelebili (come vorrebbe certa letteratura fotoromanzesca), è impossibile dubitare dell'influsso che i tratti più lievi e avvolgenti dell'odierna civiltà esercitano, normalmente, sulle traiettorie di un essere in formazione.

Dove cercare, altrimenti, l'origine di tante saldezze, di tante ombre o paure (infantili o meno) di un soggetto? Non sono forse referenti come il nido, la scuola, il ricreatorio o l'asilo, o come i riti familiari, gli spot, i giardini pubblici, le competizioni (di vario genere), le discoteche, i balocchi, o come le piccole bande di quartiere, le figurine, i video-game, gli sciroppi per la tosse, i concerti rock, le biblioteche scolastiche, oppure i fumetti, le radio private, i cartelloni, le scarpe firmate, le assemblee, le telenovela, le mountain-bike, a fornire le chiavi di certi itinerari del carattere, di larga parte dell'immaginario di una creatura? Non è lì che vanno cercati, nella maggioranza dei casi, i fondamenti più significativi del cementarsi della personalità – e non si tratta, fra l'altro, di elementi tali da dover attrarre l'interesse dei giuristi (particolarmente dei cultori del diritto privato: civile, commerciale, industriale, del lavoro, della famiglia) nell'ottica di una politica del diritto non meramente afflittiva o declamatoria?

Ecco alcune delle domande che a Trieste, durante quei giorni di primo approccio all'argomento, venivano ponendosi alla mente – ed ecco il clima in cui verrà maturando, attraverso una serie di incontri, la scelta di dar corso alla presente raccolta di saggi (raccolta, fra l'altro, non sempre agevole a realizzarsi, sotto il profilo di *editing*: e colgo l'occasione per ringraziare, qui, la dottoressa Federica Alletto, che ai passaggi essenziali dell'impresa ha fornito un contributo prezioso).

È interessante vedere come una compagine di ricerca sui minori venga trasformandosi, nella propria struttura, allorché i versanti del male in senso classico vengono accantonati, e si passa alla considerazione di realtà più mondane. Molti, direi, sono i fattori che cambiano.

Tra questi, in primo luogo, la composizione materiale dell'*équipe*. A intervenire alle riunioni generali (comunque a prendere abitualmente la parola) erano stati sino a quel momento giudici e avvocati, in special modo, oppure professori di diritto, medici, personale dei consultori, occasionalmente psichiatri, vittimologi, studiosi del carcere. Mutato lo spettro della ricerca (via via che i tratti della quotidianità entrano in primo piano) diventa spontaneo cooptare altri soggetti, esperti intorno alle nuove questioni prese in esame: sociologi e psicologi, soprattutto, e poi cultori di mass media, semiologi, editori, insegnanti, architetti, pedagoghi, eventualmente ecologisti, industriali, musicologi, urbanisti, studiosi delle scienze naturali. Fatti i conti ci si accorge, alla fine del viaggio, come l'ottanta per cento dei passeggeri sia cambiato.

E il taglio generale della discussione? Vale di nuovo il discorso appena fatto. Se alcuni bersagli possono rimanere i medesimi, la maniera di porre le domande non è più – dopo un po' di tempo – quella dell'inizio; si trasformano soprattutto le parole d'ordine, gli slogan da confermare o da smontare.

I bambini, vien da chiedersi ad esempio, sarà proprio vero che bisogna sorvegliarli senza un attimo di requie, tenendo tesa la rete ventiquattr'ore su ventiquattro? Che occorre concepirli come gattini indifesi, ai quali ogni distrazione degli adulti potrebbe riuscire fatale? La risposta – si constata dopo un po' – non può essere affermativa; e troppi fra gli allarmismi in circolazione finiscono per rivelarsi, una volta che li si misuri attentamente, invecchiati o strumentali.

Certamente, l'inesperienza è di per sé una mina vagante, comporta agguati di varia natura: né può negarsi che – pure in ordine ai crinali della tecnologia o dei mass-media – chi sta ancora imparando a vivere abbia interesse a venir accompagnato per mano. Talvolta a incontrare ammonizioni o divieti. Resta il fatto che gli inconvenienti minacciati da ogni eccesso di zelo (campane di vetro a tempo pieno, lavaggi del cervello, steccati di proibizioni sistematiche) si prospettano assai più gravi, qui, che non nell'altro caso.

La TV per ragazzi, i fumetti crudeli o sporcaccioni, i maestri troppo severi, gli appuntamenti dal gelataio? La pubblicità disinvolta o subdola, le processioni religiose, le vacanze, le divulgazioni scientifiche dozzinali, le giostre? Sì, sono momenti di grande importanza, insidie ed incognite non mancano: però è impossibile evitare di chiedersi fino a che punto, davanti a ciò, il ruolo giocato da un bambino degli anni novanta, perlomeno di normale intelligenza, sia quello di un cucciolo implume; e la risposta non è troppo difficile. Come negare, in effetti, che il quadro del mondo non è solo mercato, o cinismo, che tutto è più intricato di così? Come non vedere che, intorno ai luoghi menzionati (o ai loro risvolti meno nobili), sono presenti ed evidenti altrettanti vaccini fisiologici – che dietro qualsiasi tratto del sistema si agita un flusso di controchiavi, di pungoli alla cautela o all'ironia, di incessanti sub-informazioni e decodifiche?

Ecco le ragioni del no (da parte dell'interprete) verso ogni ipotesi di linea dura – quella delle grida di dolore o delle campagne repressivo/moralistiche a tutela degli innocenti. Non si tratta tanto della considerazione che proibizioni ufficiali o messe al bando sarebbero qui, spesso, impraticabili; il punto vero o più importante è un altro, e attiene proprio a un calcolo di economia generale, al raffronto costi/benefici tra le varie manovre possibili.

Occorre chiedersi cioè: per chi tenga davvero (nella sua veste di parente, di operatore sociale, di amministratore pubblico, di legislatore) ad una crescita armoniosa dei bambini, non v'è da temere che gli svantaggi indotti da un affievolimento nei flussi relazionali che circondano questi ultimi risulterebbero maggiori, alla fin fine, rispetto ai vantaggi promessi da ogni strategia di clausura assoluta?

Detto in altri termini: se la realtà è che sono le stesse cose dell'universo a palesarsi, prima o poi, per ciò che sono davvero – e se quei segnali appaiono, d'altronde, perfettamente alla portata di un minore – ebbene, il modo migliore per ottenere che la società dei consumi «tradisca» il suo volto effettivo non sarà proprio quello di dar fiato senza riserve alle sue voci, di ridurre al minimo i tabù nei confronti dell'infanzia?

Questioni delicate, risposte non sempre agevoli; e non è un caso del resto che – mentre sul terreno penale proposte di riforma (a tutela dei minori) sono già state discusse in Parlamento – nessun progetto sia stato messo a punto, invece, sul versante mondano o «civile». Come riempire, in effetti, i fogli di un album in cui dovrebbero venir rappresentati i 360 gradi dell'esistenza di un fanciullo? Sembra un lavoro pressoché impossibile: non si scorgono bene i fili conduttori, cambia (rispetto alle abitudini dello studioso) la qualità stessa dei precetti che occorrerebbe immaginare; il linguaggio diventa misterioso, l'orizzonte si presenta eccessivamente ampio. Chi dovrebbe fare che cosa, da dove prendere avvio?

Le dichiarazioni Onu sui diritti dell'infanzia (specialmente l'ultima del 1989) forniscono all'interprete, è pur vero, qualche punto di partenza. Si tratta ancora, tuttavia, di documenti alquanto generici, discorsivi: il tasso di giuridicità appare qua e là irrisorio, si accenna a troppe questioni e di molte fra esse (distantissime magari l'una dall'altra) troppo spesso si discorre indifferenziatamente. Vi è in generale – nella maniera di guardare all'universo minorile – un eccesso di separatezza, di specialismo ricostruttivo. Quasi sempre manca ogni attenzione ai nodi di tipo difensivo, rimediale: come reagire dinanzi alle aggressioni, agli illeciti di cui rimanga vittima un bambino?

E, se passiamo al nostro paese, il panorama è ancor meno consolante. Sarebbe spettato alle Regioni italiane, più che a qualsiasi altro organo pubblico (certo più che ai Comuni e alle Province), riempire quel vuoto precettivo; e non si può dire che il compito sia stato, però, assolto adeguatamente. Nella varietà delle singole situazioni, due sono infatti i motivi che contrassegnano la legislazione locale sull'infanzia. Vi è il livello delle provvidenze economiche – i denari (spesso tutt'altro che pochi) che la pubblica amministrazione eroga annualmente agli istituti i quali si occupano dei bambini orfani, poveri, sfortunati, handicappati, profughi. E vi è poi il livello della forma impiegata nel redigere materialmente i testi – dove colpisce a un primo sguardo l'abbondanza (specie negli articoli iniziali) delle dichiarazioni di intenti, delle frasi a effetto: parole alla moda, manifesti dal sapore ideologico, il legislatore che profitta dell'occasione per salvarsi l'anima; l'autorità politica che (alimentata alla bell'e meglio la nervatura amministrativa di Comuni e Province) sublima i propri margini di inerzia in una sorta di compiaciuta programmaticità.

Non migliore, del resto, il quadro per quanto concerne il diritto di famiglia. Quali indicazioni offre, in effetti, il comparto privatistico? Non è davvero un panorama incoraggiante, a cominciare dal codice civile del '42: in nessun articolo di quest'ultimo si trova affermato esplicitamente che interesse del minore possa essere quello di uscire dalla custodia parentale – in cui risulti sottolineata l'importanza degli spazi extracasalinghi, l'opportunità che un figlio faccia suo l'universo. Un'ottica evasiva, il silenzio totale rispetto a carenze e discordie che la pratica insegna essere, in effetti, frequentissime – una delega incondizionata nei confronti delle figure del padre e della madre: e in ciò, sicuramente, un atteggiamento lontano dalla visione educativo/policentrica che è propria della Costituzione.

Ecco allora, tornando agli uffici assistenziali del territorio, i punti da formalizzare in un'eventuale legge. Le funzioni quotidiane rimesse al personale dei servizi? Non soltanto i reati contro i bambini, da scoprire e debellare a tutti i costi. Prevedere in forma esplicita, invece, che gli operatori sociali sappiano guardare non meno attentamente alle fonti «minori» di disturbo, alle assenze o alle corruzioni invisibili. Com'è in concreto – ecco la domanda – la vetrina esistenziale che attornia l'orbita di quel certo bambino, quale cultura si irradia dal quartiere? In che modo potrà essere facilitato l'accesso a fonti diverse di sapere, o di piacere, quale ventaglio di tragitti integrativi o alternativi immaginare?

Un mansionario ritagliato insomma a metà fra il privato e il pubblico. Controlli minuziosi – certamente – circa la presenza nella zona di congrui centri socio-culturali (che le biblioteche civiche funzionino egregiamente, che i consultori operino a orario pieno, che siano efficienti i doposcuola; che non difettino campi da gioco, isole pedonali, spazi verdi, emeroteche, ricreatori, piste ciclabili, gallerie d'arte, teatrini, punti vendita per giovani, palestre, sale o studioli per fare musica). Ma verifiche non meno accurate nell'ambito del nucleo familiare, occhi aperti rispetto alle ipotesi di possibile *black-out* – specie alle situazioni in cui accade che i genitori, senza compiere violenze materiali, coltivano giorno per giorno binari rigidamente endocellulari, alimentando (più o meno surrettiziamente) dipendenze morbose rispetto ai dogmi o alle consuetudini del focolare domestico.

Sta in ciò, quando si parla di prodotti o di consumi, il nodo più difficile da sciogliere. In fondo, una legislazione sulle merci non manca in Italia; si tratterà magari di coordinare i vari provvedimenti, colmando le lacune che ancor oggi esistono: ma non è quello il problema maggiore. Le difficoltà, più che gli oggetti in sé, riguardano oggigiorno il tipo di rapporti che con gli stessi vengono istituiti. Non, quindi, le norme sui collanti che vanno usati per i giocattoli, o quelle sui caschi per chi gira in motorino, sulle uscite di sicurezza nelle discoteche, sui coloranti permessi negli alimenti, sulle tecniche di ignifugazione per i vestiti, sulle maniglie delle porte per le scuole elementari. Occorre preoccuparsi, piuttosto, del valore che tutte queste cose possono avere per un bambino.

Parte prima

Profili generali

La trasgressione

di Gianni Iudica

1. Elogio dell'obbedienza alle leggi

Un giurista che voglia occuparsi di trasgressione non può non premettere un elogio della obbedienza alle leggi, alle norme, ai precetti giuridici.

Al riguardo è appena il caso di notare che nella stragrande maggioranza dei casi le regole e le norme vigenti in una determinata collettività sono spontaneamente obbedite, largamente osservate e, per fortuna, di solito, rarissimamente trasgredite. E ciò, per la verità, vale per tutti i soggetti, siano essi persone fisiche ovvero persone giuridiche, siano adulti oppure minori. Del resto, come è noto, l'obbedienza alle norme genera sicurezza, stabilità, certezza, ordine sociale e morale. E si tratta di una sicurezza non solo oggettiva (la sicurezza di un ordinato sviluppo della collettività secondo la scala dei valori espressi dalle norme vigenti), ma anche individuale, nel senso che l'obbedienza alla norma vigente pone l'osservante in pace con se stesso, esonerandolo dal peso della responsabilità che si accompagna ad ogni atto di trasgressione. L'obbedienza ai precetti è una virtù civile, un veicolo di felicità sociale ed individuale: il rispetto delle leggi è un dovere di tutti i partecipanti alla collettività organizzata, ed è compito della collettività fare in modo di rendere più facile, più agevole, più naturale l'esercizio di quel dovere, cominciando con l'*educare* i giovani al dovere dell'obbedienza ed a sviluppare e rafforzare in loro l'impulso al rispetto delle convenzioni nelle quali si sostanzia la civiltà del gruppo al quale anch'essi appartengono e del quale rappresentano il domani.

Tuttavia, per quanto la collettività possa fare per indurre seriamente i consociati al rispetto più rigoroso delle leggi, sta di fatto che, per i più svariati motivi – da quelli più futili a quelli più nobili –, talvolta l'impulso alla trasgressione prevale sul senso del dovere. Questo – come è noto – accade in tutti i soggetti, nei gruppi organizzati come nelle persone fisiche, negli adulti come nei giovani, nei minori: «il cervello può dettar legge alle passioni, ma una natura ardente salta al di là della fredda legge; la pazzia giovanile è una lepre che scavalca le reti dello zoppicante buon consiglio» (Shakespeare, *Il mercante di Venezia*).

Dal punto di vista del diritto, la trasgressione si rileva come fatto che produce l'effetto di far scattare la sanzione prevista dalla norma violata in capo al trasgressore.

Si tratta allora di accertare se, ed in caso affermativo, in che modo ed in quale misura, la sequenza *norma-trasgressione-sanzione*, si configuri per i minori in maniera diversa, speciale, peculiare rispetto a quella operante per i soggetti adulti, e ciò in considerazione, appunto, della situazione di incapacità di intendere e di volere dei bambini o di immaturità degli adolescenti ed altresì del fatto che nei minori l'educazione in generale, ed in particolare l'educazione civica e civile al rispetto delle norme, è ancora *in itinere*.

2. I minori e l'illecito penale

La presente indagine non può non cominciare dai casi di trasgressione più gravi ed allarmanti dal punto di vista sociale: si tratta dei casi di trasgressione di *norme penali*, dei casi dunque in cui il minore commette reati, commette delitti. Al riguardo, l'art. 97 c.p., stabilisce che «non è imputabile chi, al momento in cui ha commesso il fatto, non aveva compiuto i quattordici anni». Per i *minori infraquattordicenni* vale dunque una presunzione assoluta di incapacità di intendere e di volere, che ne preclude l'imputabilità. Si deve precisare che tali soggetti, autori di delitti, ove ritenuti socialmente pericolosi e tenuto conto della gravità del fatto e delle condizioni morali della famiglia, sono sottoponibili alle misure di sicurezza del riformatorio giudiziario e della libertà vigilata, ovvero alle misure amministrative dell'affidamento al servizio sociale minorile o ancora del collocamento in una casa di rieducazione (art. 224 c.p., e art. 26 legge sul Tribunale dei minorenni).

Per quanto riguarda la persona *ultraquattordicenne*, e cioè di età compresa tra i quattordici e i diciotto anni, l'art. 98, comma 1° c.p., ne prevede invece l'imputabilità se, nel momento in cui ha commesso il fatto, questa «aveva la capacità di intendere e di volere»; tuttavia «la pena è diminuita». Con questa disposizione non si è stabilita alcuna presunzione, né di capacità né di incapacità. Al giudice è perciò attribuito il compito di accertare in concreto, caso per caso, se il minore sia capace, e quindi imputabile. Secondo la comune impostazione, l'incapacità del minore ultraquattordicenne si identifica in una condizione di immaturità, intesa in senso globale. Il termine positivo di valutazione, e cioè il concetto di maturità del minore, si ritiene espresso «dal complesso di capacità, sentimenti ed inclinazioni, dallo sviluppo intellettivo, dalla forza di carattere, dalla capacità di intendere certi valori etici, dall'attitudine a distinguere il bene dal male, il lecito dall'illecito, e dall'attitudine a volere, cioè a determinarsi nella scelta» (Cass., 10 novembre 1987, in *Giust. pen.*, 1988, II, 321). Per l'accertamento di questa condizione «non si possono stabilire schemi astratti, occorrendo valutare la capacità del soggetto in concreto, in relazione alla natura del reato, con la conseguenza che l'imputabilità di uno stesso soggetto può essere ritenuta per alcuni reati ed esclusa per altri, in considerazione della maggiore o minore avvertibilità del disvalore etico-sociale del reato e dell'immoralità secondo il comune modo di sentire dell'azione» (Cass., 6 ottobre 1986, in *Riv. pen.*, 1988, 188). Siffatta valutazione, dal carattere complesso, va condotta secondo le direttive contenute nell'art. 11 della legge sul Tribunale dei minorenni, secondo cui «nei procedimenti a carico dei minori, speciali ricerche devono essere rivolte ad accertare i precedenti personali e familiari dell'imputato, sotto l'aspetto fisico, psichico, morale e ambientale».

Tutti i procedimenti penali per reati commessi dai minori degli anni diciotto sono di competenza del Tribunale per i minorenni (art. 9, legge 27 maggio 1935).

3. I minori e l'illecito civile

La minore età determina l'applicazione di una disciplina particolare – diversa cioè da quella di diritto comune – anche nel caso di *illecito civile*. La regola generale – che riguarda gli adulti capaci – secondo cui obbligato a risarcire il danno (ingiusto) è colui che dolosamente o colposamente l'ha commesso, viene ad essere derogata nel caso di danno provocato da un minore. Non solo è prevista in generale la non imputabilità dell'incapace di intendere e volere (art. 2046), per il fatto dannoso commesso, ma altresì è stabilita una divaricazione tra la sequenza storica della produzione del danno e la sequenza giuridica della responsabilità. Il fatto illecito è fonte di obbligazione risarcitoria a carico di persona diversa dal minore che l'ha commesso.

Il 1° comma dell'art. 2048 stabilisce infatti che il padre e la madre sono responsabili del danno cagionato dal fatto illecito dei figli minori conviventi con essi.

Il 2° comma dello stesso articolo stabilisce che i precettori e gli insegnanti sono responsabili del danno cagionato dal fatto illecito dei loro allievi nel tempo in cui sono stati sottoposti alla loro vigilanza.

I genitori o gli insegnanti possono liberarsi unicamente fornendo nientemeno che una prova *negativa*, la prova di *non* aver potuto impedire il fatto ed è da notare che le norme richiamate hanno poi trovato in sede di applicazione giurisprudenziale una articolazione in regole e sotto-regole che hanno accentuato il carattere oggettivo delle loro responsabilità.

Così i genitori che si trovino nella necessità di fornire la prova liberatoria in relazione al danno cagionato dal minore saranno liberati dall'obbligo risarcitorio se riusciranno a dimostrare non solo di aver esercitato una *sorveglianza* materiale adeguata all'ambiente, alle abitudini ed al carattere del soggetto, ma altresì di aver sempre impartito una *educazione* consona alle condizioni familiari, una formazione adeguata all'età, alla indole ed alla personalità del minore, e idonea ad avviarlo ad una corretta vita di relazione, nonché a correggere quei difetti (come l'imprudenza e la leggerezza) che il fatto illecito ha rivelato (Cass., 6 dicembre 1986, n. 7247).

Sicché la *culpa in vigilando* di cui parla l'art. 2048 si coniuga con la *culpa in educando*, nel senso che, per ormai costante giurisprudenza, l'obbligo di vigilanza a carico del genitore, oltre alla sorveglianza immediata comprende pure una continua opera di educazione, adeguata alle condizioni personali e sociali, al rispetto delle leggi.

Va da sé, infine, che se i genitori dovessero riuscire, nonostante tutte le segnalate difficoltà, a fornire la prova liberatoria, la conseguenza non sarà la nascita dell'obbligo risarcitorio in capo al minore, *ma* sarà che il costo economico del danno resterà a carico del danneggiato.

Dunque la trasgressione della regola del *neminem laedere* da parte del minore non porta a carico del trasgressore la sanzione tipica che il legislatore ricollega in capo al danneggiante. Il minore è irresponsabile nei confronti del terzo danneggiato: le sanzioni che subirà il minore per l'illecito civile commesso saranno eventualmente decise ed applicate all'interno della famiglia dai genitori.

4. I minori e l'autonomia negoziale

La minore età, come è noto, incide anche nel campo della autonomia privata ed in particolare nel campo della *autonomia contrattuale*.

A norma dell'art. 2 c.c., la minore età rende «incapace» di compiere atti giuridici. Questa «incapacità di agire», tuttavia, non significa che al minore è preclusa la possibilità di compiere atti giuridici e cioè che al minore è *vietato* compiere atti giuridici. Anzi, tutto al contrario di quanto si potrebbe pensare, salvo casi eccezionali (es. matrimonio), gli atti compiuti dal minore sono sempre efficaci, sono produttivi di effetti giuridici. Nel campo delle obbligazioni e del negozio giuridico, il debitore che ha eseguito la prestazione dovuta non può impugnare il pagamento a causa della propria incapacità (art. 1491). Il contratto concluso da un incapace legale è pienamente efficace e la stragrande maggioranza dei contratti conclusi quotidianamente dai minori produce pienamente i suoi effetti. La annullabilità dei contratti conclusi da incapace prevista dal legislatore all'art. 1425, non riduce o attenua la pienezza della loro efficacia, ma si limita a renderla, per un certo tempo, precaria; l'annullabilità non è una sanzione che incide sulla idoneità dell'atto a produrre i suoi effetti, ma è una difesa che sarà di fatto attivata nei casi in cui il contratto abbia seriamente danneggiato gli interessi dell'incapace, ovvero quando il contratto è stato stipulato dall'incapace *contro* la volontà di chi esercita la potestà, dei genitori o del tutore.

5. I minori e il codice della famiglia

Ciò che tuttavia caratterizza maggiormente la posizione dei minori è il fatto che essi sono assoggettati ad un complesso di regole che non si applica agli adulti. Questo complesso di regole, di norme, di prescrizioni, anche minute o minuziose, e che ha essenzialmente contenuti educativi, è predisposto per insegnare ai minori l'uso delle buone maniere, per educarli al rispetto delle leggi dello Stato, per sviluppare la formazione della loro personalità fisica, culturale e spirituale. Questo complesso di regole e di precetti non è predisposto dallo Stato, ma da chi esercita la potestà (normalmente i genitori), ovvero dai precettori e dagli insegnanti. In questa materia la collettività delega, o piuttosto riconosce – secondo un insopprimibile dato naturale – la capacità e la legittimazione della famiglia a predisporre questo tipo di precetti. Si tratta di un complesso di regole in parte comune a tutte le famiglie e in parte variabili da caso a caso, nel senso che i precetti avranno contenuti diversi a seconda delle condizioni sociali, morali e materiali della famiglia e della maturità, del carattere, della personalità del singolo minore. La trasgressione di queste regole comporta per il minore il rischio di subire una sanzione. Una sanzione che è anch'essa decisa e comminata dalla stessa fonte che ha predisposto la norma, e cioè dai genitori o da chi ha responsabilità di educazione o di vigilanza. Queste sanzioni hanno contenuti diversi rispetto alle sanzioni che colpiscono gli adulti: la sanzione riservata ai minori varia dalla nervosa reazione della mamma, alla più severa paternale, su su sino al ceffone. In altri tempi, nei casi più gravi, il sonoro ceffone si accompagnava a sanzioni ancora più umilianti, diversamente graduate: dall'andare a letto senza cena, all'annullamento del tanto sospirato permesso di andare al cinema, o ad una festa, o in vacanza con gli amici.

Anche qui il registro delle sanzioni muta a seconda della singola famiglia. In una zona economicamente o culturalmente depressa il padre semianalfabeta prenderà a cinghiate il figliolo che ha osato rispondere sgarbatamente. Nei sofisticati colleges di Eton o di Cambridge, il giovanotto scoperto a copiare presenterà spontaneamente le mani al suo *tutor* per essere bacchettato.

Va da sé che i genitori, nell'esercitare la loro potestà educatrice ed il loro *ius corrigendi*, terranno spontaneamente conto del grado di maturità del minore, della sua sensibilità, del suo carattere, del suo orgoglio e, nel valutare la gravità o la pericolosità della trasgressione commessa, commineranno sanzioni indulgenti ad infrazioni veniali. Si aggiunga poi che, normalmente, anche l'esercizio della potestà e l'applicazione delle correzioni si collocano in un contesto intriso di affetti viscerali e profondi, da amore materno, paterno e filiale. E quanto più questa affettività è profonda ed avvolgente, tanto più i figli avranno fiducia e rispetto nelle regole predisposte dai genitori e tanto più sopportabile sarà la sanzione subita per la compiuta trasgressione.

6. Il problema del rispetto dell'inclinazione naturale

Il legislatore, con riferimento a questo *codice familiare* riservato ai minori, si limita a fissare una sola regola che è però una delle regole fondamentali dell'intero diritto di famiglia: la regola, contenuta nell'art. 147 c.c., è quella che impone l'obbligo ai genitori di mantenere, istruire ed educare la prole «tenendo conto delle *capacità*, dell'*inclinazione naturale* e delle *aspirazioni* dei figli». Non è questa la sede per condurre una approfondita esegesi di questa norma, così poco studiata dai giuristi nonostante la sua importanza centrale.

Ai nostri fini preme rilevare che il nostro legislatore è consapevole della possibilità di un conflitto tra regole familiari, tra progetto educativo in senso ampio dei genitori, e inclinazioni naturali e aspirazioni dei figli. Un conflitto magari aspro, magari drammatico, dalla cui soluzione può dipendere il destino, la scelta di vita, la qualità della vita futura del giovane. Il legislatore si limita a dire, nella norma di cui all'art. 147 c.c., che i genitori, nel fissare le regole di condotta e di formazione dei figli, devono «tener conto» delle loro aspirazioni. Questa norma innanzitutto assegna ai genitori il compito di valutare, di interpretare, di giudicare la serietà, la profondità, la maturità delle vocazioni, delle aspirazioni e dei desideri dei minori. Ai genitori spettano poteri istruttori, ad essi spetta interrogare i figli onde conoscere i loro sogni; ai genitori spetta osservare e studiare attentamente la condotta dei figli, onde individuare le loro naturali attitudini. E non sarà facile per i genitori interpretare e poi stabilire se i desideri dei figli siano inclinazioni *naturali*, aspirazioni autentiche e sicure e non invece semplici capricci o caduchi desideri dettati dall'immaturità, giochi dell'infanzia, ubbie, chimere, false luci, che sarebbe disastroso prendere ciecamente sul serio o consentire ai minori di coltivare.

Una volta accertato che la vocazione del minore sia meritevole di essere tenuta in conto, i genitori dovranno effettivamente assumere quella vocazione come punto di riferimento della loro decisione. In questa prospettiva l'art. 147 costituisce, come è stato detto, una garanzia di partecipazione del minore alle decisioni che riguardano o che possono condizionare il suo futuro.

Può accadere che il minore si senta incompreso, per aver manifestato aspirazioni o inclinazioni che ritiene non capite dai suoi genitori: il minore in questo caso sarà indotto a trasgredire le regole predisposte dai genitori, regole ritenute ingiuste. Può accadere che il giovane voglia vivere fino in fondo l'esperienza della irripetibile stagione della giovinezza, con tutte le sue contraddizioni, con tutta la sua felicità e la sua disperazione.

Si aggiunga poi che nell'adolescenza e nella giovinezza, il minore incontra per la prima volta, e con essi duramente si confronta, i più grandi temi dell'esistenza, proprio quegli stessi temi che hanno spezzato il pensiero di tanti filosofi. E si aggiunga ancora che, in gioventù, tutti i sentimenti sono scritti a caratteri cubitali: una opinione diventa un ideale, una volante attrazione fisica è scambiata per l'eterno amore; l'amicizia è quella descritta da T. Mann nel *Tonio Kröger* o da Alain Fournier nel *Grande Meaulnes*. Il mondo degli adulti, il mondo del faticoso compromesso degli interessi, al quale talvolta si accompagna il compromesso dei sentimenti, è guardato come un mondo estraneo e lontano anni luce. È difficile per un giovane immaginare che il bene possa coesistere con il male e che una cosa possa essere bene o male a seconda dell'angolo visuale da cui si guarda e che il bene possa produrre il male e che il male possa essere fonte di bene: per un adolescente danno la nausea le mezze misure, o si è con Peter Pan o si è con Capitan Uncino.

Sicché può verificarsi il caso di un vero e proprio conflitto tra ordinamenti diversi: tra il *codice della famiglia*, che non tiene conto dei sogni del minore o che tiene sì conto delle sue vocazioni, ma unitamente ad altri fattori riguardanti il contesto familiare, elementi economici, sociali, etici, culturali e il *codice del minore*, un vero e proprio codice ispirato a valori assoluti, valori radicali e purissimi, che il giovane si è costruito e si è dato.

In questi casi, la trasgressione del minore alla regola familiare non è una semplice biricchinata da sanzionare come tale, ma è l'adempimento ad un impellente e preciso dovere, sia pure imposto da un codice diverso da quello familiare; il dovere di obbedire ad una vocazione, di essere fedele ad un ideale, ad una amicizia, ad un valore assoluto.

Di solito, nella stragrande maggioranza dei casi questi conflitti si compongono da sé, all'interno del nucleo familiare, con semplicità, con naturalezza, con spontaneità; il ragionamento, la dolcezza, la fermezza, il tempo che passa, sono ingredienti normalmente efficaci e decisivi per stemperare, nella tenerezza dei sentimenti, le ragioni del dissidio.

Qualche rara volta, però, il conflitto tra princìpi dei genitori ed istanze dei figli si è stabilizzato e poi incancrenito, sino al punto da varcare la soglia dei Tribunali.

Così, ad esempio, il conflitto tra il desiderio di una giovane minorenne, ma già in età di discernimento, di instaurare un rapporto affettivo con un coetaneo a scopo matrimoniale e la ferma opposizione dei genitori, è stato risolto dal Tribunale dei minorenni di Napoli, nel senso di ritenere questa opposizione gravemente pregiudizievole per la legittima istanza del minore di realizzare un proprio progetto personale di vita (Tribunale dei minorenni Napoli, 1983).

Il Tribunale dei minorenni di Bologna (13 maggio 1972) ha ritenuto la «trasgressione» del minore, trasgressione concretatasi in fatti di ribellione o di fuga, pienamente giustificata qualora il minore sia fornito di sufficienti capacità critiche ed espressive e qualora l'esercizio della potestà si sia protratto in termini rigidamente autoritativi ed oppressivi, tali dunque da non assicurare al minore lo spontaneo estrinsecarsi delle sue inclinazioni naturali e dei suoi sentimenti in particolare (nella specie esaminata dal Tribunale bolognese, il padre Ubaldo – per risentimento puramente personale – impediva drasticamente alla figlia Manola di vedere l'aitante fidanzato Ugo).

Così, ancora, è ritenuta legittima la trasgressione a restrizioni personali imposte dai genitori al minore che abbia abbracciato scelte ideologiche o culturali odiate dai genitori: le libertà fondamentali ed i diritti inviolabili dell'uomo sono costituzionalmente garantiti a tutti, anche ai minori (Tribunale dei minorenni Bologna, 26 ottobre 1973).

7. Il conflitto tra «codice» della famiglia e «codice» del minore: un caso autobiografico

Nei casi segnalati si profila dunque un conflitto tra «codice della famiglia» e «codice individuale del minore».

Nella stragrande maggioranza dei casi è il codice della famiglia che prevale: la trasgressione, anche se compiuta per onorare un proprio codice individuale, resta pur sempre una inaccettabile trasgressione. Tuttavia, come si è visto, in certe ipotesi, come appunto in quelle ricordate, il conflitto viene eccezionalmente risolto in favore del minore: in certi casi particolari la trasgressione al codice familiare è considerata lecita dal codice civile. Questi sono casi di «trasgressione lecita».

Nella fenomenologia della realtà, può verificarsi anche l'ipotesi inversa, l'ipotesi del minore che, costretto ad obbedire al codice della famiglia, finisce con il trasgredire il codice civile o il codice penale: penso ai casi dello zingarello, dello sciuscià, del ladro di biciclette, che per obbedire agli ordini paterni finisce con il violare l'art. 624 c.p. (furto). Questi sono casi di «obbedienza illecita».

Vi è infine un caso, sul quale vorrei concludere questo mio intervento, che penso sia unico al mondo e che è capitato a me: un caso di «obbedienza trasgressiva».

Da bambino ero piuttosto fragile di salute, figlio unico, di intelligenza precoce, ma solitario ed introverso. I miei genitori decisero allora di farmi iniziare gli studi in anticipo, ma di non mandarmi a scuola insieme a tutti gli altri bambini. Mi affidarono alle cure di un precettore: poi avrei sostenuto gli esami di prima e seconda elementare come privatista.

Per ragioni di salute fui costretto a lasciare Milano per il mare ed andammo a Rapallo. Allora, siamo alla fine degli anni quaranta, Rapallo era un paesino incantevole, dall'aria tersa e dal mare pulito. A Rapallo dunque studiavo e mi preparavo a sostenere gli esami presso la locale scuola dei salesiani. Il mio precettore privato, la brava, fidata, amorevole Signora Bolognesi, vantava relazioni sicure con gli insegnanti della scuola e per il tramite di queste amicizie venne a sapere che il tema di italiano che mi avrebbero assegnato sarebbe stato: «La nave». Cosa ovvia, del resto; essendo a Rapallo il tema non poteva non riguardare il mare. E così, per giorni e giorni, da bravo bambino, giocavo, studiavo, e mi esercitavo anche nel tema di italiano. Sulla nave sapevo tutto.

Giunse finalmente il giorno dell'esame. Fui accompagnato dai miei genitori, dai miei nonni e dalla Bolognesi alla scuola e venni introdotto in un'aula che mi parve immensa. Fui fatto sedere in un banco e lì rimasi tutto solo ad aspettare. La scuola, l'aula, queste lunghe file di banchi, tutte cose che non avevo mai visto prima, ricordo che mi avevano un po' impaurito. Dopo qualche minuto (che mi parve un'eternità) entrarono alcuni signori che mi consegnarono dei fogli a righe con il bollo della scuola. Quei signori confabularono tra loro e poi uno di essi si avvicinò al mio banco e rivolgendosi a me (ero il solo candidato) dettò il tema: «La mia mamma».

Ricordo perfettamente che rimasi un po' sorpreso, ma tirai diritto. Scrissi il mio nome e cognome in alto a sinistra, in bella calligrafia, poi una riga più sotto, in mezzo al foglio, il titolo del tema, e poi una riga ancora più sotto, a sinistra, iniziai di buona lena a svolgere il tema: «La nave galleggia sul mare. Ha la prua, la poppa, l'ancora, il comignolo e gli oblò...».

Giammai avrei trasgredito agli insegnamenti della mia famiglia e di una persona di fiducia e buona come la Signora Bolognesi, per obbedire alle strane pretese di taluni signori che vedevo per la prima volta e che mi chiedevano di parlare della mamma, quando proprio la mia mamma ed il papà e la Bolognesi mi avevano sempre detto che dovevo scrivere il tema sulla nave. Al momento non ebbi dubbi, ma la conclusione è che sono senz'altro l'unico cattedratico al mondo, o in Europa, che sia stato rimandato ad ottobre in prima elementare!

Il caso che ho ricordato è un caso di obbedienza (al codice familiare) trasgressiva (all'ordinamento civile e amministrativo della pubblica istruzione). Ora non desidero affatto concludere questo mio intervento con un elogio alla trasgressione allo scopo di compensare quell'elogio all'osservanza con cui avevo iniziato la mia relazione. Desidero solo dire che questa mia lontana trasgressione riempie di tenerezza la mia memoria e che insomma anche per un uomo che elogia l'osservanza, la trasgressione, per dirla con le parole di un insuperato poeta, qualche volta è forse soltanto «una pazzia discreta, una amarezza che soffoca, una dolcezza che alla fine ti salva».

Elogio della noia

di Renate Cogoy

Se vogliamo discutere sul tema: «Il bambino e le cose», credo che sia utile svolgere alcune brevi considerazioni sul modo in cui circondiamo i nostri bambini di cose ed in cui strutturiamo la loro vita quotidiana. L'abbondanza di cose e l'eccesso di strutturazione che oggi caratterizzano la vita dei bambini costituiscono senza dubbio una delle cause dei loro crescenti disturbi psichici. Vorrei dunque porre in discussione da un punto di vista psicanalitico i comportamenti che spesso adottiamo, senza riflettere nei confronti delle cose delle quali circondiamo i nostri bambini.

In primo luogo vorrei tuttavia ricordare il fatto che, quando mi riferisco (nelle osservazioni che seguono) ai bambini che partecipano al benessere della nostra società, so benissimo che ci sono anche nei nostri paesi ricchi tanti bambini che, ancor oggi, non dispongono delle cose elementari e necessarie alla vita: bambini che vivono in una situazione di povertà fisica e psichica. È vero poi che la maggioranza dei bambini del mondo non vive nel benessere, ma in un'estrema miseria.

Ma anche i nostri bambini, i bambini di famiglie cosiddette «normali» e benestanti, vivono spesso in una miseria d'altra natura, una miseria che sta aumentando, come risulta da numerose ricerche scientifiche e dalle esperienze pratiche di istituzioni pedagogiche e psicoterapeutiche.

Sembrerà forse un po' sorprendente se ritorno per un momento 70 anni indietro nella stanza di un bambino di un anno e mezzo d'età, che stava dedicandosi ad un gioco molto semplice, osservato da un famoso conoscitore dell'anima umana, cioè da Sigmund Freud, il quale stava facendo una delle scoperte più importanti per la teoria della psicoanalisi proprio osservando quel bambino.

Si tratta del famoso gioco col rocchetto di legno, di cui Freud parla nel suo scritto: *Al di là del principio di piacere*. Freud sottolinea che gli ci volle parecchio tempo per comprendere il significato di quel gioco.

Il bambino in questione era un bambino dallo sviluppo fisico e psichico nella norma, i cui genitori affermavano che aveva un carattere buono e sincero. Della situazione familiare si deve dire che la madre del bambino era spesso fuori casa per molte ore e che lasciava il bambino con la bambinaia.

Il bambino non se ne lamentava mai, un fatto a cui i genitori davano una notevole importanza. Ma questo bambino aveva un'abitudine spiacevole: cioè quella di buttar quanto più lontano possibile tutte le piccole cose di cui riusciva ad impadronirsi, e mostrava di ricavare da ciò un grande piacere.

Freud riferisce:

> Finalmente mi accorsi, che questo era un gioco, e che il bambino usava tutti i suoi giocattoli solo per giocare a 'gettarli via'. Un giorno feci un'osservazione che confermò la mia ipotesi. Il bambino aveva un rocchetto di legno intorno a cui era avvolto del filo. Non gli venne mai in mente di tirarselo dietro per terra, per esempio, e di giocarci come se fosse una carrozza; tenendo il filo a cui era attaccato, gettava invece con grande abilità il rocchetto oltre la cortina del suo lettino in modo da farlo sparire, pronunciando al tempo stesso il suo espressivo 'o-o-o'; poi tirava nuovamente il rocchetto fuori dal letto e salutava la sua ricomparsa con un allegro 'da' ['qui']. Questo era dunque il gioco completo – sparizione e riapparizione – del quale era dato assistere di norma solo al primo atto, ripetuto instancabilmente come gioco a sé stante, anche se il piacere maggiore era legato indubbiamente al secondo atto.
>
> L'interpretazione del gioco divenne dunque ovvia. Era in rapporto con il grande risultato di civiltà raggiunto dal bambino, e cioè con la rinuncia pulsionale (rinuncia al soddisfacimento pulsionale) che consisteva nel permettere senza proteste che la madre se ne andasse. Il bambino si risarciva, per così dire, di questa rinuncia, inscenando l'atto stesso dello scomparire e del riapparire avvalendosi degli oggetti che riusciva a raggiungere.

Il bambino ripeteva dunque nel gioco un avvenimento spiacevole, cioè lo scomparire della madre, per superarlo psichicamente.

Dal suo ruolo passivo di vittima (cioè di un bambino la cui madre andava via) poteva passare ad un ruolo attivo, (cioè a quello di un bambino che lasciava scomparire le cose).

La comprensione di questo meccanismo psichico condusse Freud alla scoperta della «coazione a ripetere», uno dei fenomeni centrali della psicoanalisi.

Ma non ho scelto questo esempio per entrare nel merito di una discussione sull'importanza della coazione a ripetere. L'ho scelto invece perché esso sottolinea in tutta la sua semplicità l'importanza del gioco per lo sviluppo psichico del bambino.

Per poter essere «normali» come quel bambino, i bambini devono avere la possibilità di esprimere ed elaborare i loro conflitti con i loro propri strumenti infantili. E lo strumento fondamentale per ogni bambino è il gioco.

A confronto con un mondo sconosciuto e sconvolgente, nel quale il bambino si sente spesso abbandonato, ansioso e molto piccolo, egli usa il gioco per difendersi da questi sentimenti, per sentirsi potente ed autonomo, il che è importantissimo per la crescita delle capacità dell'io.

Quest'esempio mette in rilievo due componenti fondamentali dello sviluppo psichico.

In un primo luogo la dipendenza emozionale del bambino dai suoi genitori (in questo caso la madre). Quanto più piccolo è il bambino, tanto più intensamente il suo mondo è dominato dai sentimenti sconvolgenti verso le persone dalle quali dipende: sentimenti d'amore, di fiducia senza riserve, ma anche sentimenti di ansia e di aggressività. Frustrazioni e delusioni, che anche nell'educazione più affettuosa sono inevitabili, producono conflitti psichici violenti che sconvolgono il bambino.

In secondo luogo l'esempio di Freud dimostra che, col gioco, il bambino ha la possibilità di liberarsi di sentimenti opprimenti e trovare proprie soluzioni per le frustrazioni sofferte. Il gioco è allora una funzione dell'io, un tentativo di far armonizzare processi fisici, psichici e sociali. Così il bambino può internalizzare le sue esperienze della realtà, sia delle relazioni umane che del mondo materiale. In questo senso il gioco è una condizione essenziale per lo sviluppo dell'io.

A questo punto dobbiamo chiederci quali siano le condizioni di cui un bambino ha bisogno per potersi creare il suo proprio mondo, per poter trovare fiducia in se stesso e per poter sviluppare il suo io. Certamente la base di tutto ciò è costituita dalle relazioni in cui cresce, l'amore e la dedizione dei genitori, della famiglia.

Ma nel momento in cui decidiamo di discutere delle cose, allora vorrei che ci domandassimo di quali cose e di quale ambiente materiale il bambino abbia bisogno.

In primo luogo direi che egli ha bisogno di uno spazio ampio e libero, nel quale dar libero corso alla sua fantasia. Tramite la fantasia egli si confronta con la sua ansia e con i suoi conflitti interiori ed impara ad assimilare le sue esperienze del mondo esterno. Egli ha bisogno di uno spazio suo che non sia già occupato o preconfezionato dagli adulti.

Le cose che aiutano il bambino a svilupparsi devono essere poco strutturate, incompiute come il bambino stesso. Così egli può attribuire loro molteplici significati, significati suoi personali che noi adulti spesso non comprendiamo. Un aspetto di ciò, per ritornare al titolo di questo saggio, è anche la noia, cioè tempo libero per ritrovare sé stessi, tempo non programmato e non riempito di cose sensate e perfette.

Se qui mi riferisco agli aspetti benefici della noia, vorrei mettere in rilievo il fatto che la noia non è tempo perso, ma piuttosto tempo nel quale possono succedere molte cose. Io credo che la nostra disposizione a far uscire quanto più presto possibile i nostri bambini da situazioni in cui si annoiano abbia le sue cause nella nostra propria paura della noia. In una situazione di noia possono venire infatti alla superficie sentimenti rimossi, spesso di natura ambigua e spiacevole. Se nella vita degli adulti può essere talora utile evitare simili sentimenti, per i bambini è vero il contrario.

Tutti hanno notato qualche volta un bambino che dice a sua madre «mamma, mi annoio». Se la madre ha la pazienza di sopportare questa fase di noia accompagnata di solito da piagnucolii, si sarà anche osservato che il bambino dopo questa fase incomincia a dedicarsi al suo mondo interiore in maniera molto creativa.

Vorrei allora affermare che proprio nella noia è da identificare quello spazio libero, nel quale crescono le capacità psichiche del bambino.

Nel lavoro terapeutico con bambini si può osservare questa funzione del gioco e dello spazio poco strutturato in maniera esemplare. Terapia psicoanalitica con bambini è infatti terapia per mezzo del gioco, qui il terapeuta non struttura nulla e funziona come uno specchio per tutto ciò che il bambino esprime. In questa situazione il bambino ha la possibilità di esprimere, spesso inconsciamente, i suoi traumi e i suoi conflitti interiori e di superarli per mezzo del gioco ritornandoci sopra ripetutamente. In tal modo può liberarsi da disturbi del suo sviluppo interiore e da altri sintomi che lo hanno condotto dal terapeuta. In particolare la possibilità della ripetizione ha una funzione importante per la sua guarigione. Si osserva spesso, nella terapia con un bambino fortemente disturbato, che egli molte volte oscilla da un gioco all'altro o che non è assolutamente capace di fare alcunché. Questa situazione può durare a volte dei mesi ed ha la funzione di nascondere i sentimenti rimossi fino al momento in cui egli acquista la fiducia di mostrarli nel gioco.

Si può dunque dire che tutto ciò che il bambino cosiddetto normale fa nella sua stanza è una specie di copione per l'azione scenica, alla quale il bambino disturbato partecipa con l'aiuto del terapeuta.

Ma ora vorrei dare un'occhiata all'ambiente che noi creiamo per i nostri bambini e alle cose che noi teniamo a loro disposizione. Possono adempiere queste cose alla descritta funzione di formazione dell'io?

La nostra società attribuisce una notevole importanza al mondo del bambino, sicuramente in maggior misura delle società che l'hanno preceduta. L'infanzia è, come descrive Philippe Ariès nel suo famoso libro sulla «storia dell'infanzia», un fenomeno moderno. A questa fase della vita umana viene attribuita oggi un'importanza particolare. Un indice di questo fenomeno si può riconoscere anche nel mondo delle «cose»: ad esempio nell'abbondanza di giocattoli, di libri per l'infanzia, di spettacoli cinematografici, televisivi e di attività sportive, musicali, teatrali o educative organizzate appositamente per bambini. Si pensi anche all'abbondanza della letteratura pedagogica, psicologica e sociologica sull'infanzia.

I genitori si preoccupano molto più che nelle epoche precedenti di fare tutto alla perfezione, per i loro bambini, di creare un ambiente propizio e di promuoverli in maniera ottimale. Sembra che esista un mondo per bambini, ricco, piacevole e magnifico.

Ma che mondo è? È veramente un mondo per i bambini, o non è piuttosto un mondo del quale gli adulti pensano che sia un mondo per bambini? Io credo che la seconda alternativa sia la più vicina alla verità. Gli sforzi della nostra società di creare un mondo per i bambini hanno, al di là della funzione di creare un mercato, anche quella di nascondere la crescente difficoltà delle relazioni umane, specialmente nei confronti dei bambini.

Le nostre società moderne sono in gran parte caratterizzate da una diminuzione della comunicazione personale e dei rapporti umani, che vengono sostituiti da una tendenza al consumismo.

La ricchezza nelle stanze dei nostri bambini serve, in questo senso, ad ignorare i nostri problemi emozionali e sociali nei nostri rapporti con i bambini. Il perfezionismo con cui sono costruiti i giocattoli moderni dimostra che noi abbiamo in gran parte perso la sensibilità per bisogni importanti dell'infanzia.

Infatti noi, con la nostra vita piena di organizzazione, di struttura, di lavoro, di cose utili, non possiamo più immaginare che le piccole cose senza valore siano importanti e che lo spazio libero, non strutturato, sia proprio quello spazio che è necessario per uno sviluppo psichico sano e ricco.

Un altro piccolo esempio tratto da un gioco: un bambino gioca con dei cubetti di legno. Egli costruisce una torre alta e traballante. Quando si osserva un simile gioco, si scopre spesso che, accanto all'orgoglio per la costruzione, per il bambino la cosa più importante sarà spesso la distruzione e poi la ricostruzione della torre, e così via per diverse volte di seguito. Che cosa vuole esprimere il bambino con questo gioco?

Egli dimostra chiaramente la sua situazione incerta nel mondo, in senso sia fisico che psichico. Egli dimostra come sia difficile rimanere in equilibrio sui suoi piccoli piedi, come sia difficile far valere i suoi piccoli desideri nei confronti degli adulti più forti. Ma per poter crescere il bambino deve ripetere l'esperienza di sapersi sempre rialzare ogni volta che cade, e di saper lottare per la soddisfazione dei suoi piccoli desideri. Questa lotta è sempre accompagnata da sentimenti sconvolgenti. Come nell'esempio del gioco con il rocchetto raccontato da Freud, anche quel bambino rovescia nel gioco la situazione per sentirsi potente ed autonomo.

Oggi i nostri bambini hanno invece spesso a disposizione dei meravigliosi cubetti per costruzioni, fatti da adulti e con i quali si possono edificare delle torri stabili e belle. Tali cubetti si possono combinare con un incastro fisso e perfetto e con loro si possono fare delle costruzioni fantastiche che non cadono mai.

Non vorrei dire che non sia molto bello creare delle costruzioni stabili e fantastiche con questi pezzi belli e colorati, ma osservo che questi giocattoli meravigliosi hanno perso una funzione importante: e cioè quella di rappresentare il mondo vero del bambino, un mondo piccolo, incerto, e spesso minacciato.

Col nostro mondo ben organizzato, che abbiamo trasferito nelle stanze dei bambini, creiamo in loro l'illusione di un mondo perfetto, che a livello della psiche equivale ad un sentimento di onnipotenza. Così promuoviamo nel carattere del bambino strutture e sentimenti di tipo narcisistico, piuttosto che non strutture favorevoli allo sviluppo delle capacità dell'io.

I crescenti problemi dei nostri bambini e degli adolescenti dimostrano molto chiaramente che qualcosa è sbagliato nella nostra vita sociale e nel nostro atteggiamento nei confronti dell'infanzia.

I risultati di diverse ricerche scientifiche sull'infanzia che sono stati pubblicati negli ultimi anni in Germania risultino veramente allarmanti. Per esempio un istituto psicologico di Monaco ha constatato che un terzo dei ragazzi osservati e presi in esame avevano seri problemi di contatti sociali, di inibizioni ed avevano scarsa fiducia in se stessi. Nelle scuole aumentano i problemi di concentrazione, i fenomeni di stress e i disturbi del linguaggio. I disturbi psicosomatici sono in aumento specialmente nel gruppo d'età compreso tra i 12 ed i 16 anni: tachicardia, mal di testa, insonnia e disturbi gastrici appaiono i sintomi più diffusi.

Parallelamente cresce anche il consumo di farmaci in questo gruppo d'età. Da un'altra ricerca scientifica risulta che un terzo dei ragazzi e la metà delle ragazze del campione prendono occasionalmente o regolarmente dei farmaci. Circa il 12% soffre di malattie psichiche derivanti dallo stress e dall'ansia. Nelle ricerche in questione, una delle cause di tali sintomi è identificata nell'eccesso di organizzazione della vita infantile. È importante sottolineare il fatto che i ragazzi studiati in queste ricerche fanno parte di un campione tratto dalla media della popolazione e non sono quindi rappresentativi unicamente delle cosiddette «multiproblem families».

Le categorie «efficienza» e «successo» che dominano la società degli adulti sono entrate nelle stanze dei bambini. La loro vita quotidiana è dominata dall'orologio, i loro giochi sono spesso scelti per incrementare le loro capacità di apprendimento. Tutto ciò è fatto con la lodevole intenzione di promuovere i bambini nel modo migliore possibile e di non farsi sfuggire eventuali talenti nascosti.

In un concorso di pittura per bambini, dal titolo «Il nostro mondo visto dai bambini», un ragazzino di 10 anni faceva il seguente disegno: una casa con molte stanze. In ogni stanza si vedeva un'azione o un lavoro da fare. Soltanto una stanza restava vuota. Qui c'era scritto: «tempo libero non esiste».

Certo, i disturbi psichici e psicosomatici dei bambini di cui abbiamo precedentemente parlato dipendono in modo significativo dai grandi problemi sociali. La crescente differenziazione e tecnicizzazione della società riduce lo spazio autonomo per lo sviluppo infantile. Per esempio, anche le crescenti cifre dei divorzi hanno condotto ad un radicale mutamento della struttura familiare, mutamento accompagnato spesso da conseguenze traumatiche per i bambini coinvolti. Si potrebbe continuare con tanti esempi.

Credo però fermamente che abbiamo la possibilità di cambiare qualche cosa di importante, nel mondo dei nostri bambini, con le piccole cose.

Per concludere, vorrei insistere sul fatto che non soltanto la qualità dei rapporti tra adulti e bambini è importante, ma anche la consapevolezza con la quale organizziamo il tempo e l'ambiente materiale dell'infanzia. Il bambino ha il diritto ad uno spazio libero per fare le sue esperienze con se stesso e con il mondo esterno, uno spazio non preconfezionato dagli adulti: in una parola egli ha il diritto alla noia.

L'ambiente

di Roberto Weigmann

1. Considerazioni introduttive

«C'era una volta...»: un primo modo di affrontare la questione potrebbe essere il racconto di una favola. Lo fa, all'inizio di un suo interessante articolo, Lakshman Guruswamy, uno studioso dal nome indiano e profetico (*Integrating Thoughtways: Re-opening of the Environmental Mind*, in *Wisconsin Law Review*, 1989, p. 463 e ss.). Più che di una fiaba, si tratta di una allegoria: l'inquinamento, questa tremenda minaccia per l'ambiente, è come l'idra dalle cento teste. Con programmi settoriali si interviene per tagliarne una, ma ecco che altrove ne rispunta un'altra.

La politica ecologica, negli Stati Uniti, è incominciata soltanto nel secondo dopoguerra e più precisamente verso la metà degli anni sessanta. In quel periodo si era diffusa una certa delusione verso le grandi agenzie amministrative, che il New Deal aveva istituito per affrontare i drammatici problemi della grande depressione. Si preferì fissare obiettivi limitati, ma precisi, quantificando in numeri i limiti tollerati per le emissioni inquinanti e ponendo dei termini rigorosi entro cui adeguare gli impianti. Tra gli studiosi di *public policy* si sosteneva l'incrementalismo: in un mondo difficile da comprendere e da governare, chi prende le decisioni non dispone mai di informazioni sufficienti. Dunque – si diceva – accontentiamoci di agire con la nostra razionalità limitata per approssimazioni successive, facendo cioè un passo dopo l'altro e cercando di migliorare e di correggere i nostri inevitabili errori. Perciò, per i differenti settori («terra mare cielo» secondo un vecchio *slogan* usato nelle *réclames* autostradali della Fiat degli anni cinquanta) si posero allora negli Stati Uniti leggi ed autorità amministrative separate. Gelosie politiche e umane, fra commissioni parlamentari e responsabili dei programmi amministrativi, accentuarono la parzialità degli interventi.

Ma si era dimenticato che nulla si distrugge: i residui, gli scarichi possono venir soltanto trasformati. Per l'appunto, come l'idra dalle cento teste, l'eliminazione di un inconveniente si converte in una nuova fonte di polluzione. Il rifiuto tossico solido viene bruciato, ma si trasforma in gas, il quale a sua volta con le piogge inquina i fiumi, il mare e di nuovo la terra.

La favola, essendo scritta per gli americani, che per definizione sono ottimisti, stringono i denti e vanno avanti senza scoraggiarsi e senza arrendersi, ha un lieto fine: se impostiamo una politica globale, riusciremo a vincere il mostro.

Ma l'impresa non è semplice. L'inquinamento non deriva solamente dalle tecniche di produzione, o dai residuati, sia del produttore, sia del consumatore finale. Sovente l'inquinamento è connesso con la scelta di produrre determinati beni anziché altri. Alcuni prodotti, addirittura, sarebbe meglio non fabbricarli affatto.

Mi limito ad un esempio, che tornerà utile a chi pubblicherà gli atti del convegno. Secondo le informazioni di Guruswamy, produrre carta patinata richiede quantità di energia, acqua e prodotti chimici enormemente superiori a quelli necessari per la carta normale. Meglio ancora se la carta non viene completamente sbiancata: i residui allo stato liquido diminuiscono di circa l'85-90%, quelli gassosi del 50%. Dunque, usiamo pure carta giallastra per stampare le nostre cupe riflessioni. Ma chi vieterà ai nostri colleghi più famosi ed amanti del successo di apparire sulle copertine di Class o Capital? Ci vorrebbe uno Stato pedagogo, come lo sognavano i teorici prussiani del XVIII secolo, artefici della monarchia illuminata?

È chiaro che gli interventi politici alterano profondamente il mercato, soprattutto di fronte alla concorrenza internazionale, perché nello Stato che li adotta si impongono maggiori costi o si introducono proibizioni altrove inesistenti. Basta pensare alla lentezza con cui vengono bandite le bombolette spray, che contribuiscono a forare la fascia di ozono che difende l'atmosfera terrestre. Altre volte difetta l'informazione di massa: si blocca, con *referendum*, la produzione di energia nucleare senza dire che così aumentiamo le importazioni di energia, prodotta sempre da scissione atomica, dalla Francia e dalla Svizzera. O senza avvertire che le centrali a carbone alimentano le piogge acide e l'effetto serra. Può darsi che questi ultimi siano mali minori. Sta di fatto che i consumi di energia, a livello popolare, non diminuiscono, anzi aumentano. Per cui il problema cambia solo di aspetto.

Il corpo dell'idra, sebbene Guruswamy apertamente non lo dica, è l'ideologia acquisitiva, legata alla nostra concezione dominante di progresso. L'adesione a questi valori è profondamente radicata nella nostra civiltà, nella cultura di destra come di sinistra. Noi non siamo educati a contemplare la natura, ma a trasformarla e ad appropriarcene.

La stessa diffusione delle religioni monoteiste ha probabilmente contribuito a fissare questi valori. Se il titolare di una avviata impresa chimica fosse convinto che il Lambro è protetto da un dio come ogni fiume, sarebbe più cauto nell'avvelenarlo coi suoi liquami. Oggi il Papa esorta al rispetto della natura come opera della creazione. Ma molte prediche dovranno ancora essere pronunciate, prima che i popoli cattolici incomincino a dargli retta nel loro modo concreto di operare.

Per queste ed altre considerazioni, noi europei siamo meno ottimisti e più allarmati degli americani, come si è visto nella recente conferenza di Washington su «Ricerca scientifica ed economica in relazione al cambiamento globale».

Inaugurandola, il 17 aprile 1990, pochi giorni prima che il 22 si celebrasse il ventesimo *Earth Day*, il Ministro del Tesoro degli Stati Uniti, Nicholas Brady, ha citato le seguenti parole: «Noi non abbiamo ereditato la Terra dai nostri padri; l'abbiamo avuta in prestito dai nostri figli, a cui la dovremo un giorno restituire» (Enrico Franceschini, *Gran consulto sui mali della Terra*, in *La Repubblica* del 18 aprile 1990).

La riflessione non è di un illustre economista del Mit, ma di un antico capo pellerossa.

Eppure essa corrisponde ad un secondo modo, con cui si potrebbe impostare il discorso sul bambino e l'ambiente. È l'approccio tipico della scienza delle finanze, che analizza la distribuzione dei costi e dei benefici fra le successive generazioni.

Il debito pubblico scarica sulle spalle dei figli le spese dei padri: di qui l'aurea regola che esso si giustifica solo quando serve a finanziare investimenti, destinati ad aumentare il reddito futuro.

Dal canto loro, già i teorici della Grecia classica ammonivano che la democrazia rischia di degenerare in demagogia. Una forma ricorrente di corruzione consiste nel cercare di conquistare consensi elettorali attuali con impegni che dovranno adempiere i posteri.

2. Il caso italiano

Limitiamoci al caso italiano. Il *deficit* pubblico è inarrestabile ed ormai quasi la metà del fabbisogno annuale di credito serve a pagare le innumerevoli pensioni promesse in passato, di cui lo Stato è in definitiva garante.

I nostri nipoti, se nel frattempo non affluiranno immigrati dall'Africa o dall'Europa orientale, vivranno in un mondo di vecchi, ma anche di giovani pensionati, tutti a loro carico. Essi dovranno lavorare sodo, per guadagnare meno, salvo che la produttività non aumenti con ritmi più veloci. Infatti una percentuale crescente del reddito servirà a pagare le nostre pensioni.

Prendiamo le proiezioni demografiche dell'Istat.

Nel 2025 ci saranno in Italia 6,6 milioni di bambini (cioè di cittadini fino ai 14 anni di età) e 10,7 milioni di vecchi (oltre i 65 anni), su una popolazione totale di 50 milioni e mezzo. Nel 1985, per fare un confronto, si contavano 11,2 milioni di bambini, 7,2 milioni di vecchi e 38,6 milioni di adulti, cioè 57 milioni di italiani in tutto.

Ma l'età media dei pensionati si sta abbassando: dal 1982 sono stati registrati in media 30.000 prepensionamenti all'anno, per favorire le ristrutturazioni. Ben presto ci sarà un pensionato per ogni lavoratore: nel settore dei dipendenti privati, gestito dall'Inps, che copre circa il 65% degli occupati, nel 1989 il rapporto tra iscritti e pensioni era già calato a 1,23, mentre nel 1971 era di 1,83 (traggo i dati dalla attenta analisi di Lucia Vitali, *Previdenza e imprevidenze: alcune riflessioni sul sistema pensionistico dei lavoratori dipendenti*, in *Responsabilità civile e previdenza*, 1989, p. 435 e ss.).

Noi cultori del diritto privato spesso siamo compiaciuti che leggi o interventi della Corte costituzionale allarghino la tutela, in nome del principio di uguaglianza, a soggetti ritenuti deboli.

Così salutiamo con favore il testo rinnovato dell'art. 9 della legge sul divorzio (v. art. 13 della legge n. 74 del 1987) che estende il diritto alla pensione di reversibilità, o ad una sua quota, all'ex coniuge del pensionato deceduto (v. l'attuale 2° comma).

Analogamente ci sembra corrispondere alla bellezza delle nostre anime di garantisti che venga dichiarato incostituzionale il precetto, secondo il quale il diritto alla pensione di reversibilità per il coniuge del dipendente statale matura solo quando si è sposati da almeno due anni (Corte cost., 16 marzo 1990, n. 123).

Ma è ovvio che, in tal modo, gli equilibri di gestione dell'Inps o degli altri fondi peggiorano. Né si provvede a migliorarli. Infatti oggi una donna va in pensione mediamente a 55 anni, dopodiché continuerà a vivere, con i nostri auguri, per altri 25. L'uomo, che contrariamente a quanto si pensa è meno garantito, anche se può riscattare negli anni contributivi come lavoro figurato il servizio militare, perché ha il privilegio di sparare su altri uomini in nome della patria, va in pensione a 60 anni e campa probabilmente per altri 17. Il diritto alla reversibilità deve fare i conti con le tavole statistiche di mortalità, cosa che i civilisti non fanno, perché si preoccupano solo di difendere la persona umana. Tanto i costi delle loro teorie li sopporteranno gli attuali bambini. Essi, a loro volta, non potranno presumibilmente nemmeno ribaltarli sui loro figli, perché la solvibilità dello Stato e quindi la sua capacità di indebitamento sarà già evaporata.

In cambio noi cercheremo di giustificarci, ricordando che abbiamo speso per fornire loro un'infanzia più opulenta ed una educazione migliore. Questa, come già affermano i giuristi americani, vivendo in mezzo a famiglie spendaccione che ormai non risparmiano più, rappresenta oggi la vera quota di legittima. La sicurezza per l'avvenire dei figli sta nel diploma di Yale o di Berkeley.

Con queste riflessioni sull'avvenire, che magari sembra lontano, abbiamo conseguito almeno due punti fermi.

Il primo è che il rapporto con l'ambiente è influenzato dall'educazione, dai valori che sono trasmessi. Di questo fatto è consapevole la recente legge di programmazione per la tutela ambientale (28 agosto 1989, n. 305, art. 12), che prevede la pubblicazione di materiale informativo e didattico da distribuire nelle scuole. E anche gli editori privati, come testimonia la recente fiera internazionale del libro per l'infanzia tenutasi a Bologna, si sono buttati sull'ecologia (Isabella Bossi Fedrigotti, *Bambini: pace tra libri e TV*, in *Corriere della Sera*, 6 aprile 1990).

Il secondo punto fermo è che l'ambiente è un complesso di relazioni sociali. Non bisogna concepire la natura come qualcosa di esterno all'uomo, ma come il luogo in cui si sviluppano le civiltà. Nella letteratura del Settecento veniva falsificato il rapporto con la natura mediante il mito dell'Arcadia, innocente e felice. Oggi ci avviamo a ritagliare, mediante i parchi naturali, dei pezzi di territorio meno contaminati, da visitare di tanto in tanto come si visitano i musei. Ma rischiamo di dimenticare che la stragrande maggioranza della gente vive quasi tutta l'esistenza su un diverso territorio, dove è consentito devastare e saccheggiare l'ambiente.

Il mondo del bambino è, in gran parte, un universo fantastico e simbolico: si ha paura del lupo ma si dorme volentieri con l'orsacchiotto. La televisione è certo il veicolo più potente fra quelli che condizionano i bambini: negli Stati Uniti si calcola che i nati nel 1990, quando avranno compiuto 70 anni, ne avranno trascorsi almeno 7 di fronte al video, su un totale di circa 45 vissuti da svegli (*La Stampa*, 18 aprile 1990).

3. I bambini parlano...

Ma su questi temi non voglio dilungarmi. C'è infatti un terzo modo per affrontare il rapporto fra il bambino e l'ambiente. Facciamo parlare i bambini, ascoltiamo cosa pensano. È ovviamente un sondaggio per campioni. Ma è, io credo, istruttivo.

Così ho letto anch'io i componimenti coloriti e drammatici degli scolari di Arzano (*Io speriamo che me la cavo, Sessanta temi di bambini napoletani*, a cura di Marcello D'Orta, maestro elementare, Milano, 1990: le citazioni che seguono sono alle pp. 84, 47, 79, 99, 25). Ed ho pensato di dare dei temi ai figli dei miei amici sull'argomento: da un lato i proletari meridionali, dall'altro i piccoli discendenti della borghesia intellettuale torinese.

Si tratta evidentemente di esperienze parziali. Ma come vedono questi bambini il loro ambiente?

«La mia casa è tutta sgarrupata, i soffitti sono sgarrupati, i mobili sgarrupati, le sedie sgarrupate, il pavimento sgarrupato, i muri sgarrupati, il bagnio sgarrupato. Però ci viviamo lo stesso, perché è casa mia, e soldi non cene stanno».

Per chi non l'avesse ancora capito, sgarrupato significa malconcio. E questo simpatico maschietto, che anche lui si sente un poco «sgarrupato», soggiunge:

«Mia madre dice che il Terzo mondo non tiene neanche la casa sgarrupata, e perciò non ci dobbiamo lagniare: il Terzo mondo è molto più terzo di noi».

Un altro bambino si duole, perché «la mia aula è sempre sporca, i cestini rimangono sempre pieni. I bidelli sono tutti della camorra e non vogliono far niente. Il direttore li grida e quelli gli bucano le ruote».

Un altro si lamenta perché nelle strade «c'è solo munnizzia e siringhe drogate»; più esattamente, in paese «ci sono un sacco di vicoli, che li chiamano vie, ma sono vicoli, io me ne accorgo».

Un altro, se fosse miliardario, a differenza di Berlusconi, darebbe tutti i soldi «ai poveri, ai ciechi, al Terzo mondo, ai cani randaggi», costruirebbe tutta Napoli nuova incominciando dai parcheggi, farebbe uccidere tutta la camorra e salverebbe i drogati.

Un altro ha capito che:

«L'effetto serra sta su tutto il mondo, e una specie di ombrello che fà rimbalzare i raggi del sole, e la temperatura aumenta. La causa di questa causa è l'inquinamento e la droga. A detto il maestro che se non la finiamo di: fumare, costruire fabbriche, drogarci, uccidere l'effetto serra non se ne andrà più dalla terra, e moriremo tutti entro febbraio. In Calabria già si puzzano dalla fame, figuriamoci con l'effetto serra».

Come si vede, questi bambini sono consapevoli ed hanno anche buoni sentimenti, nella loro commovente ingenuità.

I loro problemi sono le macchine, che investono i cani randagi e che lasciano poco spazio per giocare, perché mancano i parcheggi; la camorra; i drogati, che però non sono considerati responsabili della loro condizione, ma bisognosi di aiuto. C'è anche chi sta peggio: i calabresi ed il Terzo mondo.

Anche Maria, una bambina di dieci anni che vive a Torino, afferma: «Il mio parere non so se conta, però lo dico chiaramente. Non mi piace l'ambiente perché ci sono troppe macchine che portano il gas; e non si può più uscire di casa senza che senti questa puzza». E aggiunge: «Tu adulto o bambino ai fatto storia no?? allora oltre alle guerre si e capito che vivevano anche bene senza macchine», sicché bisognerebbe limitare il commercio di tutti i mezzi di trasporto.

Anche Giovanni, che è suo coetaneo, si trova d'accordo. Aggiunge: «Le persone che soffrono di più l'inquinamento sono sicuramente i bambini piccoli, che andando sulla carrozzella sono proprio all'altezza delle marmitte». I problemi di Torino sono il Po inquinato, i drogati, gli immigrati che non trovano lavoro, «per cui noi di questa città in parte siamo razzisti». È anche preoccupato, perché purtroppo «per andare a vedere la natura dal vivo bisogna fare viaggi molto lunghi».

Robbi, che ha 16 anni, giustamente ha un concetto largo dell'ambiente: «Ambiente vuol dire natura, vuol dire città, vuol dire società, e l'impatto tra esso e il bambino è inevitabile». Ed aggiunge: «Spesso ho legato l'idea dell'ambiente con qualche mio sentimento. Trovo che in qualche modo l'uno dipenda dall'altro». E ancora: «Sono sempre rimasto colpito dall'ambiente naturale, ma non ho mai provato un'attrazione esagerata verso di esso. Sentivo il fascino di ciò che non è stato cambiato dall'uomo e mi sembrava una cosa strana. Un po' lo stesso principio per cui i bambini abituati a stare in città trovano più normale passeggiare su un marciapiede che non in un prato e si adattano alla loro «carenza di natura», i diversi generi di ambiente si sostituiscono fra loro. Si esprime l'idea di ambiente, quindi, con l'idea di sentimento: tutto ciò che esprime sentimento, come la musica, esprime ambiente».

4. Il gioco

I bambini rivendicano spazi per giocare e considerano con ostilità le automobili nel momento in cui ingombrano i cortili e le strade. Si aggiungano i regolamenti, municipali o condominiali che vietano di giocare in questi luoghi, soprattutto a palla.

Eppure giocare bisogna. Ascoltiamo Sara, che ha 17 anni, ma ha raccolto impressioni dai più piccini:

Ore 19.30, Noli. I bambini sono ancora in giro.
Sono tanti, un esercito, giocano vanno in bicicletta in triciclo in passeggino, lì c'è una partita di pallavolo.
Mi sembra un sogno, forse sono loro i veri padroni di Noli.
Bambini che – finalmente – possono allontanarsi.
Bambini che non riescono a perdersi neanche volendo.
Bambini che se passi con una macchina ti guardano, ti studiano.
E vivono al mare, con palme caldo e aria più respirabile della mia di cittadina. Se aria si può ancora chiamare quel fumo nero che da anni ormai ci viene passato come tale. «Ci viene». Dalle macchine, dalle fabbriche… più di quanto si immagini da ognuno di noi.
Ricordo che all'Enel ci spiegarono che l'energia elettrica ci sarebbe bastata (e non sarebbe stata necessaria quella nucleare) se avessimo usato il boiler in certe ore piuttosto che in altre e avessimo avuto una sola macchina per nucleo familiare (la benzina risparmiata sarebbe andata a sostituire l'energia elettrica in altre situazioni). Verosimile e allettante, probabilmente irrealizzabile.
Ne parlo con Giulia, 10 anni, convinta ecologista:
«Meglio Noli, vorrei viverci anch'io. Non si può neanche andare in bici, qui, ci sono troppe macchine. Nei giardini disturbiamo i vecchietti, ma io penso che anche noi dobbiamo giocare in qualche posto, ma non c'è nessuno che ci dice dove. Così giochiamo per strada e a volte andiamo in collina.
Però io vorrei spegnere il boiler, se mi dicono quando, però poi tanto gli altri lo tengono acceso e poi Patrizia [la sorella maggiore] vuole la macchina e ha ragione, perché lavora lontano, ma anche papà e mamma ne hanno bisogno, sarebbero già tre macchine, però sono giuste perché a noi ci servono veramente».

O.K., ma i tram?
«Io in pullman e in tram non ci vado perché ho paura di perdermi e poi non è che spiegano bene quando arrivano e dove vanno e che tram si possono prendere lì, perché allora sarei più tranquilla e anche la mamma. E poi arrivano sempre in ritardo».
Tutto vero. Dopo tre giorni passati ad utilizzare la metropolitana parigina ho capito cosa vuol dire avere dei trasporti pubblici efficienti.
E il problema resta.
Elisa (anche lei 10 anni), secondo te com'è la Città dei Bambini?
«Ci devono essere le scuole ma anche molti parchi di divertimento e sulle strade dev'esserci scritto (vietato scrivere sui muri).
E poi nessuna macchina e nessuno che comanda».
Elisa ora mi saluta, deve andare a casa in fretta perché iniziano i cartoni animati alla TV. Correndo le cade il pacchetto di patatine che ha svuotato chiaccherando con me. Non si gira. Gli spazzini nella sua città ideale sono tutti adulti.

5. Considerazioni finali

Sara è spiritosa e maliziosa, nel cogliere le contraddizioni, che sono dei bambini e degli adulti.

Con Elisa son d'accordo anch'io: penso che scrivere sulle case ed i monumenti degradi l'estetica cittadina e quindi l'ambiente in cui viviamo. Quando vedo le pietre impregnate di vernice, penso che è una ragione in più per proibire le bombolette *spray*. E mi ricordo di quanto Vasari racconta nella vita di Piero di Cosimo, il quale si fermava ore ad osservare le pietre e i licheni dei muri che fiancheggiavano la sua città, ammirandone le infinite varietà di colore. Contro chi deturpa i muri penso si potrebbe applicare l'art. 2049 c.c.: l'ignoto tifoso della squadra di calcio agisce nell'interesse del committente noto, che incoraggia le tifoserie e ne trae profitto per la sua attività di impresa. Dunque bisognerebbe citare in giudizio le società calcistiche e potrebbe sperimentare questa strada un comune o una università, per affermare esemplarmente il principio.

Quanto al diritto di giocare, che contrasta con quello dei condomini o dei bagnanti di star tranquilli, è l'eterno problema del diritto, che come già diceva Kant è la tecnica per rendere le mie libertà compatibili con quelle degli altri, in modo che risulti complessivamente il massimo di felicità per tutti gli esseri umani. Ma, se lo spazio è stretto, a chi dare il sopravvento? Ai bambini che, come dicono i regolamenti, «schiamazzano», o agli adulti che hanno diritto di esser rispettati? È una di quelle alternative fra valori supremi, tra cui si può solo scegliere emotivamente, perché gli argomenti razionali non ci aiutano a sciogliere il dilemma. Leggiamo ancora un tema, di un bambino in vacanza:

L'estate lo trascorsa quest'estate, al mare, a Posilleco.
Mi sono divertito un sacco, al mare. C'era la sabbia, la rena, e il mare, a Pusilleco. Noi ci siano affittati un'ombrellone, una seggia sdraio e la cabbina. Mia sorella veniva già col costume sotto, quell'altra sotto invece non teneva niente.
Io portavo sempre le formette, le palle, il tamburello, i birilli giganti. Veramente a palla non si poteva giocare, ma a me che me ne fotte? io ci giocavo lo stesso!
A mare facevamo i cavalloni, gli spruzzi, gli sputi, i capitomboli, il morto.
Facevamo le telline, sulla spiaggia!
Quando io correvo sulla spiaggia tutta la rena andava in faccia ai signori che dormivano, e quelli gridavano. Ma a me che me ne fotte? io correvo!
Quando giocavo acchiapparella con Totore, lui cadeva sempre, e io gli gridavo: «Strunz, sì carut!» (Sei caduto!), ed ero felice.
Poi l'estate finì, e io sto sempre a Mugnano.

Di fronte a tanta felicità devo dire che sulla scelta fra la libertà di giocare e quella di star tranquilli non rimangono molti dubbi.

Gli animali

di Paolo Zatti

1. Le difficoltà del giurista

Il bambino e gli animali è un titolo bellissimo. Se il tema fosse affidato a un narratore, ci condurrebbe attraverso tutti i sentimenti e le fantasie dell'infanzia.

Il giurista dispone di attrezzi poco adatti a raccogliere queste suggestioni; siamo a nostro agio quando si discute di quattrini, di proprietà, di contratti, di danni; il mondo dei sentimenti entra nel diritto solo da qualche cruna d'ago, dalla quale esce miserevolmente ridotto al metro dei comportamenti accertabili e delle sanzioni punitive o riparatrici: in verità, il rapporto giuridico non è il posto più accogliente per la psiche.

Penso verrò capito se confesso che nel preparare queste note ho patito una sensazione di dismisura e di goffaggine, proprio come accade in certi sogni, quando ci capita di dover mescolare il caffè con una pala da giardiniere, o di partecipare al Giro d'Italia pedalando una carriola.

Sfogliando quanto mi capitava riguardo agli animali, ho però incrociato la recente questione della loro quasi-soggettività.

L'animale come organismo senziente sembra aver trovato nell'etica utilitaristica il fondamento di una sua lotta di liberazione dalla signoria della specie umana.

Può sembrare strano che, mentre i filosofi discutono di morte dell'anima, si faccia strada l'idea di una qualche comunanza nel mondo psichico tra animali e uomo, destinati egualmente al piacere e alla sofferenza. D'altra parte, un qualche riconoscimento gli animali ricevono anche dal Magistero della Chiesa, che accenna ad una continuità tra gli animali e l'uomo, il quale non sarebbe lasciato solo nel Regno dei cieli.

Qui mi pareva di vedere una qualche armonia, tra il modo in cui gli animali vengono considerati nel mondo degli adulti e il modo in cui essi sono naturalmente presenti nel mondo dei bambini.

Non rubo certo il mestiere agli psicologi se dico che per i bambini gli animali sono prima di tutto viventi provvisti di anima. Per i bambini, essi sono spesso cose, ma sono sempre anche persone, ed in un senso assai rigoroso.

2. La nozione di persona

Persona, si dice, è concetto di relazione, definito dalla comunicazione e in ispecie dalla comunicazione simbolica: persona è quell'altro con cui comunichiamo per simboli, siano parole o gesti.

Il bambino suscita nell'animale un simulacro di persona attraverso la parola.

Uno dei più perduti sogni dell'infanzia è quello che si incarna nel Dott. Doolittle, che aveva scoperto il segreto del linguaggio degli animali, e ne poteva conoscere i magici pensieri. Prestare i propri pensieri agli animali, e immaginare i loro pensieri; fare loro domande, e aspettare risposte; immaginare il mondo da dietro gli occhi dei pesci, degli uccelli, del gatto e del cane, del cavallo ma anche della mucca e del porcello, è uno dei più ricchi *topoi* dell'infanzia.

Anzi, una buona definizione di bambino può essere questa: bambino è chi parla con gli animali. Credo che una sordità affettiva possa affliggere chi non ha mai conversato con gli animali: come suggeriva un maestro dell'ironia, diffidate delle persone, che non hanno mai posto domande a un animale; ma ancor più diffidate di quelle cui l'animale non avrà risposto.

3. L'animale come oggetto e come soggetto

Chi teme che mi inoltri in una teoria della soggettività degli animali, si rassicuri: il mio obiettivo è più semplice e più realistico.

Legato a tutte le necessità pratiche, il diritto richiede la qualificazione dell'animale come oggetto, e come bene; a meno di non pensare a una società vegetariana, popolata di *guru* disposti a farsi divorare dalle zanzare, non possiamo promuovere gli animali a soggetti di diritto. Chi solleva obiezione di coscienza, lo faccia solo se porta scarpe di plastica o di tela.

Ma le qualificazioni giuridiche sono – anche se la cosa stenta ancora ad essere intesa – relative e funzionali. Se diciamo che una cosa è una cosa, non diciamo che sia sempre, e sotto ogni aspetto, e per ogni fine da trattare come una cosa.

Gli animali sono cose finché sono riguardati come oggetto di appropriazione, di commercio, di utilizzazione, di distruzione.

Già qui – finché, e benché trattato come cosa – l'animale è un oggetto che dev'essere trattato per ciò che è, come un vivente capace di soffrire, al quale si debbono – o meglio, in relazione al quale noi dobbiamo a noi stessi – condizioni e sorte tali da evitare l'inutile sofferenza, in vita e in morte. È un dovere verso la dignità della vita, che è un valore di cui l'uomo è partecipe, non esclusivista.

Dire che l'animale è un oggetto, non significa però che sia sempre un oggetto, ovvero che non compaia mai in una relazione diversa da quella che ci pone in relazione con le cose.

È qui che si deve dare a Cesare – supponiamo che il cane si chiami così – quel che è di Cesare.

4. Le relazioni fra uomo e animale

La relazione tra uomo e animale può essere quella tra proprietario e cosa; ma la relazione tra uomo e animale – e soprattutto, quella tra bambino e animale – esce dallo schema della proprietà quando assume contenuti affettivi; essa *imita* allora la relazione tra persona e persona, e trova, nel linguaggio corrente, un termine assai semplice che la definisce: è una relazione di *compagnia*, la relazione tra animale e *padrone*.

Se un cane ci morde, chiediamo certo «di chi è», perché il diritto ci garantisce il risarcimento contro il proprietario. Ma in famiglia siamo disposti a dire – e ci capiamo bene – che il «padrone» del cane è questo o quel familiare; né intendiamo indicare il proprietario, ma invece la persona, cui il cane è più legato ed alla quale obbedisce. Biblicamente, l'uomo diviene signore degli animali dando loro il nome; non ne diviene per questo proprietario, che è cosa assai diversa.

La relazione di «patronato» o di compagnia non nasce, in realtà, senza una misteriosa «scelta» da parte dello stesso animale. Ecco dunque un'altra differenza: l'animale subisce la relazione di proprietà – ne è anzi *oggetto* – ma è necessaria la sua collaborazione per instaurare la relazione di patronato. Questa poi, nell'esperienza umana, crea diritti e doveri suoi propri, paralleli ma differenti rispetto a quelli della proprietà. Diciamo la verità: il patto di patronato con un animale è quasi un matrimonio, e non ammette divorzio che per grave causa.

5. Il «padrone» e il «proprietario» nel diritto

Ora vi chiedo: è possibile che il diritto assuma questi significati, e dia qualche rilevanza alla relazione tra «padrone» e animale, che si intreccia e si distingue da quella tra proprietario e animale?

A me pare non solo possibile, ma giusto.

La relazione di «compagnia» tra uomo – in ispecie bambino – e animale, ovvero la relazione, non proprietaria ma complessa, di «patronato» significa che tra bambino e animale si è instaurato uno scambio che involge la sfera affettiva e intellettuale (sottolineo: intellettuale, perché vi passa la formazione della fantasia e del rapporto con i viventi).

A me pare che questa relazione possa assumere rilevanza come un aspetto della personalità dell'uomo che ne gode. Si tratta, come vedete, di una premessa antropocentrica e di per sé molto conservatrice. Essa implica di considerare l'animale come un oggetto, non come un soggetto; ma come un oggetto che è simbolo di valori, ed è il luogo materiale in cui si raccolgono valori della sfera affettiva e intellettuale dell'uomo. Per altre cose facciamo quest'operazione: basta pensare al diritto sui ricordi di famiglia; ebbene analoga operazione è fattibile per gli animali, quando essi entrano con un uomo nella relazione di «compagnia» o di «patronato».

6. Profili disciplinari

Intinta con qualche grazia la pala nel caffè, si tratta ora di mescolarlo.

Quali conseguenze si possono ricavare dalla rilevanza giuridica della compagnia tra bambino e animale?

Un primo ordine di considerazioni riguarda naturalmente l'inferenza della compagnia dell'animale nell'educazione, in relazione al rispetto dovuto alla personalità del bambino.

L'art. 147 c.c. impone ai genitori di tener conto delle capacità, delle inclinazioni naturali e delle aspirazioni dei figli; come tutti sanno, la regola è intesa come varco normativo utile all'ingresso, nel rapporto educativo, dei diritti della personalità, e come fondamento di una concezione del rapporto stesso nel quale l'interesse del minore può venire trattato come interesse in conflitto con l'autorità dei genitori anche se esercitata nei confini del lecito.

Ebbene, tra le inclinazioni naturali trova posto senza difficoltà quella alla compagnia degli animali; non mi sembra eccessivo affermare che tra i diritti del bambino, nella vita cementificata di oggi, sia da iscrivere quello alla frequentazione degli animali, e che a tale diritto si debba sacrificare la piena discrezionalità dei genitori nel decidere lo stesso indirizzo della vita familiare.

7. Conseguenze pratiche

Conseguenze pratiche sul terreno del diritto?

Poche a carattere diretto: per ipotizzare una violazione dei doveri inerenti alla potestà occorrerebbe immaginare una straziante storia di separazione del bambino dall'animale amico; eccellenti sentenze dei Tribunali per i minori hanno ordinato a genitori autoritari di non ostacolare la figlia minorenne nelle frequentazioni con il fidanzato immotivatamente sgradito: almeno altrettanto fondata dovrebbe sembrare la sentenza che ordinasse di non interrompere, senza congrui motivi, la consolidata amicizia con l'animale.

Più interessanti le conseguenze indirette dell'assunto, che inserisce la compagnia dell'animale tra i valori della personalità.

Le decisioni relative all'acquisto, alla cessione, all'eliminazione dell'animale domestico non vanno considerate come decisioni dell'ordine economico, ma dell'ordine dei rapporti personali. Esse hanno un contenuto immediatamente educativo, ed incidono sulla persona dei figli.

Supponiamo allora che il nonno abbia regalato un cane al nipote. Questi è proprietario dell'animale, e ne è al tempo stesso «padrone» secondo la distinzione sopra introdotta. In quanto bene, il cane è un cespite di più o meno significativo valore, da zero a qualche milione. In quanto compagno, il cane è termine di una relazione che incide sulla personalità del «padrone».

8. La cessione del cane

Supponiamo ora che i genitori decidano di cedere il cane. Se guardiamo al cane come a un bene, la decisione non supererà normalmente la soglia dell'ordinaria amministrazione, e non richiederà autorizzazioni. Ma se guardiamo al cane come compagno, la decisione esce dall'ambito dell'autonomia negoziale dell'ordine economico per entrare nel campo delle decisioni educative; qui, la discrezionalità dei genitori è tutta da discutere; e il nonno sarebbe legittimato, in caso di immotivata vendita del cane – o peggio, di vendita a scopo venale – a ricorrere al Tribunale dei minori a norma dell'art. 333 c.c.

Per analoghe ragioni, è evidente che in caso di disaccordo tra i genitori, non si deve applicare la regola – pure discussa – che consente loro di porre in essere atti di ordinaria amministrazione in rappresentanza del figlio anche disgiuntamente. La sorte del cane e del gatto non è questione di diritto patrimoniale, ma tema che rientra nell'indirizzo della vita familiare o nelle decisioni educative; essa va decisa di comune accordo, e in caso di dissenso la preferenza dovrebbe essere data al genitore che prospetti soluzioni non lesive del diritto del bambino alla compagnia dell'animale.

9. I maltrattamenti

Ancora: si sa che tra le ragioni, di cui si tien conto nelle liti per la separazione coniugale, possono rientrare comportamenti di incomprensione circa le cose di cui coniuge e figli abbiano bisogno; un coniuge che negasse, per esempio, ogni uso di mezzi di comunicazione potrebbe dar fondamento a una domanda di separazione addirittura addebitata. Mi pare del tutto evidente che *a maiori* si debba argomentare con riguardo al coniuge che ostacoli, interdica, interrompa la relazione quasi-personale con l'animale. La condotta del coniuge che maltratta il gatto di casa, o che attenta periodicamente alla sua vita, può certamente configurarsi sia come violazione del dovere di assistenza morale e di collaborazione nel campo educativo, sia, nei casi più crudeli, come condotta gravemente pregiudizievole alla prole tale da giustificare un abbandono della casa familiare, o una domanda di separazione. È ben giusto, del resto, che il coniuge intollerante verso l'animale – e al quale, è da credere l'animale si rifiuta di rispondere – sia sacrificato.

In questo corso di pensieri, è facile sostenere che sia negli accordi di separazione, sia nei provvedimenti del giudice che pronuncia la separazione giudiziale, la sorte del cane e del gatto debba essere decisa con maggior riguardo di quanto non avvenga per la sorte dell'automobile o del mobilio: queste sono cose, e solo cose, anche se possono avere un rilievo affettivo; il cane e il gatto sono termini di una relazione di compagnia, di rilievo affettivo primario. Il loro affidamento è la questione più importante dopo quella dell'abitazione, e va risolta nell'esclusivo interesse della prole.

10. Le clausole condominiali

Ma la relazione di compagnia non ha rilievo solo nel campo del diritto di famiglia. Essa assume importanza quando si sovrappone alla relazione di proprietà, e ne oscura le regole: quando cioè costringe a considerare l'animale come il riferimento vivente della personalità del padrone, e non come cosa, soggetta alle comuni norme che delle cose disciplinano l'uso, l'appropriazione, la successione, la riparazione del danno.

Una prima questioncella, che menziono soltanto, è quella dei divieti di tenere animali imposti dai regolamenti di condominio. La nullità della clausola può essere ritenuta sulla sola base del diritto del condomino al libero uso della proprietà individuale, fintanto che non siano lesi gli interessi paritari degli altri condomini o compromesso l'uso delle parti comuni. Da questo punto di vista è già possibile ritenere invalida la clausola che vieti la detenzione dell'animale senza fare riferimento a concreti e percepibili fastidi. Egualmente nulla sarebbe la clausola che vietasse senza condizioni di tenere in casa la televisione, o un impianto stereo.

Ma se consideriamo la relazione con l'animale non come un aspetto della proprietà e dell'uso delle cose, ma come una relazione di compagnia che attiene alla personalità, la nullità diviene molto più evidente e le ragioni, per cui giustificare il divieto, debbono farsi assai più serie: il regolamento interferisce infatti con la vita affettiva dei condomini, e con l'autonomia educativa della famiglia. Per fare un paragone, la clausola in parola non è troppo diversa da quella che vietasse ai condomini l'ospitalità.

11. L'occupazione degli animali

Un altro *quid iuris* può far ragionare sul tema. L'animale – dicevo – è cosa – anche se protetta come vivente – fin tanto che non riceve, dalla scelta dell'uomo, la qualità di compagno. Per esempio, per il venditore di cani, il cane è un bene commerciato. Ora immaginiamo che il cane scappi dal canile dell'allevatore o dalla bottega del venditore. Non è ben certo, qui, se possano trovare applicazione le regole sul ritrovamento di cose smarrite (come si ritiene per gli animali domestici) o quelle sulla fuga dell'animale mansuefatto (tale non è, si ritiene, il domestico). Ma come che sia, immaginiamo che una persona – anche un bambino – incontri un cane disperso, e se ne innamori. Se il cane fosse stato smarrito da un «padrone» e da un mero proprietario, due ragioni avrebbe chi l'ha perduto per reclamarlo: le ragioni della proprietà e quelle della compagnia. Ma se chi ha perduto il cane è solo proprietario, le ragioni del «patronato» costituito per reciproca scelta tra ritrovatore e cane prevalgono sulle ragioni della proprietà; il cane non va restituito, e le ragioni della proprietà si soddisfano con un'equa indennità.

Anche per l'animale derelitto, *res nullius*, qualche problema viene a cadere se si fa perno sull'idea di compagnia: nessuna capacità si può richiedere per il ritrovatore, se questi non è protagonista dell'occupazione di un bene, ma della nascita di un affetto.

12. Profili in materia successoria

Altri *quid iuris*.

In campo successorio, le regole di devoluzione sono dettate con riguardo alle sostanze del defunto. Esse valgono finché delle cose si ragiona come di cespiti patrimoniali. Quando i valori dell'affetto fanno aggio sui valori della proprietà – come nel caso dei ricordi di famiglia – i giuristi riconoscono la vigenza di regole diverse, che attribuiscono diritti di successione secondo un ordine differente da quello ereditario, o a soggetti esclusi dalla successione ereditaria; nell'ambito di questa, i valori affettivi sono riconosciuti come fattori che alterano le regole della divisione.

A me pare del tutto evidente che la successione di diritto comune investe gli animali di cui il defunto era proprietario, se e finché essi fossero riguardati, vivo il defunto, come cose. Ma se sussistevano relazioni di compagnia, esse possono determinare il diritto a rimanere «padrone» dell'animale per soggetti che non ereditano – ad esempio per un parente lontano ma convivente – o sottrarre l'animale alla divisione a favore di quello dei coeredi che pur non essendo proprietario dell'animale ne fosse, nella vita domestica, «padrone».

Ancora: le regole di impignorabilità dell'art. 515 c.p.c. fanno riferimento a interessi, di ordine personale, che prevalgono sulle ragioni del creditore: le cose che soddisfano quegli interessi non sono trattate come cespiti pignorabili, ma come propaggini, per così dire, della persona del debitore. Tra i beni impignorabili non si nominano il cane, il gatto o il pappagallo; ma io non dubito che siano *res sacrae miseris*, sottratte al pignoramento anche se di cospicuo valore.

13. Morte dell'animale e danno morale

Di tante altre questioni, una mi pare degna di particolare considerazione. Una nota decisione della Cour de Cassation (16/1/1962, in Rec. *Dalloz*, 1962, p. 199) statuiva che, indipendentemente dal pregiudizio materiale, la morte dell'animale può essere per il suo proprietario la causa di un pregiudizio di ordine soggettivo e affettivo, che dev'essere riparato con un'indennità.

Il caso riguardava un cavallo, e la Corte riconobbe che il pregiudizio affettivo non poteva essere soddisfatto dal pagamento di una somma pur sufficiente a comperare un animale delle stesse qualità: quell'animale era stato perduto, e c'era in questa perdita qualcosa di insostituibile.

Al di là del caso, il principio potrebbe essere corretto precisando che la riparazione del pregiudizio affettivo spetta non già al proprietario come tale, ma al «padrone»: a chi aveva con il cavallo quella relazione che ho chiamato di «compagnia» – per esempio, all'allenatore.

Affermo perciò, che nel caso di uccisione di animali senza valore, nulla è dovuto al proprietario, ma molto è dovuto al «padrone» dell'animale. Se il padrone è un bambino, il risarcimento spetta al bambino.

Certo non è facile sostenere questa soluzione in un ambiente giuridico in cui si stenta ancora a riconoscere il danno morale del congiunto per le lesioni subite dalla persona cara. La via della proprietà consentirebbe di superare l'ostacolo nel caso dell'animale; ma preferisco ammettere francamente che il bene leso non è la proprietà dell'animale, ma la relazione di compagnia, che attiene alla personalità.

Tra gli effetti a catena che si possono prospettare per la sentenza della Corte costituzionale in tema di danno biologico, mi pare che la risarcibilità della lesione della personalità subita per la perdita della relazione di compagnia con l'animale, sia uno dei più degni.

Un tema assai complesso, infine, lascio per intero inesplorato: quello del consenso al trattamento medico dell'animale, e della eventuale sua eutanasia. Accenno soltanto alla premessa, che facilmente si immagina: non il proprietario come tale, ma il «padrone» deve prestare il necessario consenso; ed anche il padrone-bambino, se in grado di capire, dovrà essere informato ed interpellato – se il problema non è troppo grave per la sua serenità – così che prenda parte ad una decisione che incide sulla sorte di una sua relazione affettiva.

14. Considerazioni finali

Qualcuno dirà che ho davvero mescolato il caffè con una pala, e che la tazzina dei dogmi si è frantumata.

Vorrei giustificarmi con una valutazione conclusiva, che riguarda tutto il tema del bambino.

C'è proporzione, c'è misura tra il modo in cui l'adulto sta in relazione con le cose, ed anche con gli animali, e il diritto. Il mondo del diritto è di necessità un mondo adulto, governato dal principio di realtà: le cose vi compaiono per quello che sono nella «norma», cioè in una tipizzazione che esclude i valori e le misure non ricorrenti.

La relazione del bambino con il mondo non ha misura – o ha diversa misura – e quella con l'animale è spesso smisurata, governata com'è dalla fantasia. Le regole del diritto male riflettono le fantastiche leggi dell'infanzia. Si può, quasi per gioco, piegare lo specchio; se qualche dogma geme, non è poi cosa tanto grave.

La Convenzione delle Nazioni Unite sui diritti del bambino

di Maria Rita Saulle

1. Le difficoltà inerenti alla stesura di un documento a carattere individuale e vincolante

La tutela dell'individuo, prevista dalla Dichiarazione universale dei diritti dell'uomo e dai Patti internazionali delle Nazioni Unite concerne tutti gli esseri umani indipendentemente dalla loro età, dal sesso, dalla condizione fisica o mentale, dalla lingua, dalla razza, dalla religione ecc. Ma nel corso degli anni, durante i quali la normativa contemplata dagli strumenti internazionali ora citati è stata applicata, è risultata evidente l'esistenza di talune specificità per la situazione delle donne, dei minori e, eventualmente, dei disabili che hanno richiesto o comunque richiederebbero, l'elaborazione di accordi internazionali finalizzati espressamente alla loro tutela. La conclusione della convenzione per l'eliminazione di ogni forma di discriminazione nei confronti delle donne, cui si accenna di seguito, nonché l'elaborazione del progetto di convenzione sui diritti del bambino costituiscono una riprova di questa asserzione.

Iniziati nel 1978, i negoziati relativi alla preparazione del progetto di convenzione per i diritti del bambino, promossi dal Consiglio economico e sociale dell'Onu, presso la Commissione dei diritti dell'uomo, si sono conclusi a Ginevra nel dicembre 1989. Il testo che ne è risultato consta di 54 articoli, dei quali ben 45 formano il «corpo», ossia contengono la disciplina dell'oggetto del trattato. Esso è stato approvato dall'Assemblea generale delle Nazioni Unite il 20 novembre 1989, e la convenzione è stata aperta alla firma degli Stati nel gennaio 1990. Alla firma seguirà la ratifica o l'adesione degli Stati che intendono divenirne parti.

Ciò comporterà, sulla base dell'art. 4 della medesima, l'adozione, da parte degli Stati contraenti, di misure giuridiche di carattere legislativo o costituzionale dirette a tutelare adeguatamente il minore e, in ogni caso, l'assunzione di provvedimenti volti a dare esecuzione alla convenzione nell'ambito degli ordinamenti di ciascuna delle parti contraenti.

Secondo l'art. 1, la Convenzione riguarda lo «status» dei minori fino agli anni 18, salvo che, secondo l'ordinamento considerato, essi divengano maggiorenni ad una età diversa.

Non può non dirsi, a conclusione dei lavori, che il desiderio di giungere alla redazione di uno strumento giuridico, a carattere universale e vincolante per il maggior numero di Stati, avente per oggetto i diritti dei minori, sia stato condiviso dai delegati di tutti i paesi, sebbene alcuni argomenti, da un lato, e le specificità dei vari ordinamenti giuridici, delle diverse culture, tradizioni e religioni, dall'altro, abbiano talora rappresentato un ostacolo al consenso o abbiano richiesto un impegno ancora maggiore da parte dei negoziatori. Si accenna, a titolo di esempio, nel primo caso alla questione concernente l'utilizzazione dei bambini per i trapianti, specialmente nei paesi del Terzo mondo e la sperimentazione su di essi di nuovi farmaci, all'insaputa dei genitori o con l'acquiescenza di genitori disinformati o non in grado di valutare i pericoli corsi dai figli, la cui normativa non è stata approvata. Per ciò che riguarda, invece, il secondo caso, si ricorda la difficoltà di pervenire al consenso sulla questione relativa ai diritti sul minore da parte della famiglia, i quali variano – come è noto – nelle diverse culture.

2. I principi ispiratori della Convenzione

Senz'altro qualificanti sono tutte le norme della Convenzione, comprese alcune di quelle contenute nel preambolo e non nel corpo della stessa. Si intende fare espresso riferimento alle due disposizioni preambolari concernenti, rispettivamente, la tutela più ampia da accordarsi ai bambini che vivono in condizioni di particolare difficoltà e la tutela del bambino prima e dopo la nascita, proposte dall'Italia, nonché quella concernente la cooperazione internazionale ampiamente sostenuta dal nostro paese. Inoltre la Convenzione ha introdotto per la prima volta un nuovo concetto, riguardante «il migliore interesse del minore» (art. 3), in base al quale le scelte dello Stato, della società e della famiglia devono essere realizzate, con il risultato di trasformare il minore da semplice «oggetto» di rapporti giuridici familiari o extrafamiliari, in un soggetto titolare di situazioni giuridiche soggettive consistenti in diritti soggettivi e, in ogni caso, in un essere in funzione del quale devono essere compiute le scelte, senza che debba già trovarsi esso stesso coinvolto, più o meno casualmente, in esse. In base a tale «filosofia», che pervade l'intero progetto di Convenzione, l'obbligo di allevare i figli deve essere adempiuto (art. 18) tenendo presente l'interesse del minore, e in funzione di questo gli Stati sono tenuti a dare ai genitori l'aiuto appropriato, specialmente nel caso in cui questi lavorino. Del pari, nel caso di separazione o divorzio dei genitori, il bambino ha il «diritto» di intrattenere regolarmente rapporti col genitore col quale non convive, ma non può essere obbligato a ciò, dovendosi sempre considerare «il superiore interesse del minore» (art. 9). Come si vede si tratta di innovazioni di non poco conto che implicano una radicale modifica nell'approccio ai problemi che derivano dalla separazione e dal divorzio dei coniugi, nell'ambito dei quali, spesso, i minori sono ancora considerati non solo oggetti da dividere, ma persino di contesa, alimentata da contrasti e da rivalse personali.

Un cenno meritano, poi, le norme sulla non-discriminazione (art. 2), sul diritto ad un nome ed a una cittadinanza (art. 7), all'identità, che implica anche la tutela della cosiddetta «privacy» del minore (art. 8), e all'onore e alla reputazione (art. 16), nonché al diritto alla vita (art. 6) (la cui affermazione è costata una lunga battaglia), unito a quello allo sviluppo ed alla sopravvivenza.

Il principio della non separazione del bambino dai suoi genitori è anch'esso un principio importante, essendo orientata la Convenzione nel senso di riconoscere al bambino, non già isolatamente, ma nell'ambito familiare un'adeguata tutela giuridica. Proprio a questa esigenza risponde la norma di cui all'art. 10 e quella di cui all'art. 11 che vieta il cosiddetto «international Kidnapping».

Altre norme sono dedicate a particolari situazioni del minore: così l'art. 22 concerne il minore rifugiato, o che aspira ad essere dichiarato tale, nei cui confronti gli Stati sono tenuti a prendere le misure appropriate – qualunque sia lo stato di salute del minore – per facilitare il ricongiungimento con la propria famiglia e per usufruirne dell'assistenza umanitaria conforme alla sua situazione; l'art. 23, per il quale gli Stati riconoscono che ogni minore, mentalmente o fisicamente disabile, deve godere di una vita piena e decorosa (l'Italia aveva proposto la formula, che non ha ottenuto il consenso, «quanto più possibile conforme alla norma») e deve poter accedere alla istruzione, alla formazione, alle cure sanitarie, alla rieducazione, alla preparazione all'impiego e alle attività ricreative, in modo tale da avere una integrazione quanto più ampia possibile; l'art. 20 riguarda la situazione dei minori abbandonati, ai quali gli Stati devono garantire una protezione alternativa secondo la propria legislazione nazionale, che può comprendere sia l'affidamento in un nucleo familiare, sia il ricorso alla «Kafala», un istituto di diritto islamico, sia l'adozione, e, per ultima, la sistemazione in un istituto, sempre tenendo conto – nell'ottica di un miglior interesse del minore – delle origini etniche, religiose, culturali e linguistiche del medesimo.

Quanto all'adozione, che ha costituito oggetto di qualche contrasto nel corso dei negoziati, l'art. 21, dopo aver affermato che, nella sua realizzazione, il superiore interesse sarà sempre preminente, afferma che gli Stati controlleranno che essa avvenga in conformità della legge e delle procedure applicabili tenendo conto della concreta situazione dei minori in rapporto a ciascuno dei genitori nonché dei rappresentanti legali e di altre persone interessate e dopo il consenso da parte di questi. Inoltre, con riferimento all'adozione internazionale, essa è considerata come «extrema ratio» nel caso non sia possibile l'affidamento o l'adozione in una famiglia nel paese di origine, e verificando che il minore goda delle garanzie previste da norme equivalenti a quelle esistenti nell'ordinamento di origine, escludendo altresì ogni forma di profitto indebito da parte di intermediari e prendendo accordi bilaterali e multilaterali diretti a rafforzare i controlli già previsti.

Alla salute del minore sono dedicati gli artt. 24-25. La riduzione della mortalità attraverso l'alimentazione rappresenta uno degli scopi della Convenzione che prevede in questo settore la cooperazione internazionale verso la realizzazione integrale del diritto alla salute del minore in cui gli Stati sono impegnati, al pari dell'assistenza medica e delle cure mediche adeguate che comprendono anche la prevenzione; la lotta contro le malattie e la malnutrizione è del pari contemplata dall'art. 24 che prevede anche cure adeguate prima e dopo il parto. Particolare interesse merita il n. 3 dell'art. 24 per il quale gli Stati prendono tutte le misure efficaci per abolire le pratiche pregiudizievoli alla salute del minore, che comprendono anche le mutilazioni sessuali. Questa norma è stata frutto di un compromesso, cui ha partecipato l'Italia, in quanto la nostra richiesta prevedeva l'abolizione delle pratiche sessuali, ma gli Stati si sono richiamati al rispetto delle loro tradizioni e delle loro culture. La verifica da parte degli Stati della erogazione di cure da parte delle autorità competenti, cui sia affidato il minore, garantisce l'effettuazione delle cure.

Il diritto alla sicurezza sociale ed a un livello di vita tale da permettere lo sviluppo fisico, mentale, spirituale, morale e sociale è previsto dagli artt. 26 e 27, in conformità dei quali gli Stati, nell'ambito delle loro risorse, s'impegnano a riconoscere a qualsiasi minore il diritto alla sicurezza sociale e prendono le misure appropriate per aiutare i genitori e qualsiasi altra persona si occupi dei minori a realizzare il diritto ad un livello di vita decente, che comprende anche la pensione alimentare.

I diritti di libertà di espressione e comunicazione sono contenuti negli artt. 12-17. Al diritto di esprimersi liberamente sono dedicati gli artt. 12 e 13. In base all'art. 12 le opinioni del bambino devono essere prese in considerazione tenendo conto dell'età e del grado di maturità del minore. Questo diritto comporta la possibilità per il minore di essere ascoltato in un procedimento giudiziario o amministrativo che lo interessi, sia direttamente sia attraverso un proprio rappresentante o un ente appropriato, in conformità alle norme di procedura della legislazione nazionale.

Quanto all'art. 13, esso attribuisce al minore le più ampie possibilità in questo settore, con le uniche limitazioni che sono prescritte dalla legge o sono necessarie per motivi inerenti al rispetto dei diritti e dell'altrui reputazione, alla salvaguardia della sicurezza nazionale, dell'ordine pubblico, della salute e della pubblica moralità.

Alcuni contrasti si sono verificati nel corso dei negoziati in relazione all'adozione dell'art. 14, concernente il diritto del minore alla libertà di pensiero, di coscienza e di religione. Tali contrasti hanno riguardato i diritti e i doveri dei genitori e dei rappresentanti legali di guidare il minore nell'esercizio di tale diritto in corrispondenza con la capacità di sviluppo del minore stesso.

La libertà in parola è sottoposta, oltre che alle limitazioni sopraesposte, a quella inerente alla salute e alla morale e all'esercizio, da parte degli altri, delle proprie libertà e dei diritti fondamentali. La norma di cui all'art. 14 deve raccordarsi con quella contenuta all'art. 30 – posto a tutela delle minoranze etniche, linguistiche e religiose, cui è consentito di avere la propria vita culturale e professare il proprio credo all'interno del gruppo di appartenenza.

Considerazione a parte merita l'art. 17 sulla funzione «dei media», alla cui informazione il minore deve avere accesso, così come al materiale proveniente da fonti diverse, nazionali ed internazionali, specialmente mirate a promuovere il suo benessere sociale, spirituale e morale e la sua salute fisica e mentale.

In tale ottica gli Stati: 1. promuovono la diffusione di informazioni e di materiali che presentino un'utilità sociale e culturale per il minore, favorendo la cooperazione internazionale al fine di produrre, diffondere e scambiare informazioni e materiali di questo tipo, provenienti da diverse fonti culturali, nazionali ed internazionali; 2. incoraggiano la produzione e la diffusione dei libri per i minori, tenendo conto dei bisogni linguistici dei bambini appartenenti a gruppi minoritari; 3. favoriscono l'elaborazione di principi direttivi appropriati, volti a proteggere il minore contro l'informazione e i materiali che minacciano il suo benessere.

Il diritto all'istruzione ed ai suoi obiettivi e il diritto al riposo e al tempo libero sono contemplati, rispettivamente, agli artt. 28, 29, 31. Per ciò che concerne l'istruzione, il relativo diritto deve realizzarsi sulla base della parità di opportunità, prevedendosi l'istruzione primaria come obbligatoria e gratuita. Inoltre gli Stati incoraggiano l'istruzione, nei diversi tipi, di ordine secondario e l'accesso all'insegnamento gratuito in tale ordine scolastico, avverrà in funzione delle capacità di ciascuno, con ogni mezzo appropriato, rendendo disponibile a tutti l'informazione e l'orientamento scolastico e professionale; prenderanno misure dirette ad incoraggiare la regolarità della frequenza scolastica ed a ridurre i tassi di abbandono scolastico. La disciplina scolastica è considerata con attenzione dalla Convenzione che la vuole conforme alla dignità umana del minore e alle finalità complessive della Convenzione stessa. L'abolizione dell'ignoranza e dell'analfabetismo viene indicata al n. 3 dell'art. 28 come oggetto di una più stretta cooperazione internazionale nel campo dell'istruzione, la quale, ai sensi dell'art. 29, deve tendere: 1. allo sviluppo della personalità del minore e delle sue attitudini mentali e fisiche; 2. al rispetto dei diritti dell'uomo e delle libertà fondamentali nonché dei principi consacrati dalla Carta dell'Onu; 3. al rispetto dei genitori, della sua identità, della sua lingua, dei valori nazionali sia del paese in cui vive sia di quello di cui è originario; 4. a mettere in grado il minore di assumere le proprie responsabilità, in una società libera, nello spirito di comprensione, di pace e di tolleranza; 5. ad inculcare al minore il rispetto dell'ambiente naturale. L'art. 29 sottolinea la possibilità che persone fisiche o morali possano creare e dirigere istituti di istruzione nel rispetto dei principi enunciati dallo stesso articolo e purché l'istruzione impartita sia conforme alle norme minime prescritte in materia dallo Stato considerato.

Quanto al riposo ed allo svago, di cui all'art. 31, il minore è titolare del relativo diritto che comprende anche la partecipazione alla vita culturale ed artistica che deve essere in vario modo incoraggiata dagli Stati in condizioni di parità.

Nella Convenzione è poi possibile individuare tutta una serie di norme particolarmente protettive nei confronti del minore: alla tutela contro le varie forme di violenza, ivi compresa la violenza sessuale, è dedicato l'art. 19 concernente la prevenzione contro ogni abuso da parte dei genitori – o di uno di essi –, del rappresentante legale e di ogni altra persona cui il minore sia affidato.

Gli artt. 32-36 riguardano, rispettivamente, la protezione contro lo sfruttamento economico (art. 32), in relazione al quale gli Stati, al fine di impedirlo, dovranno fissare l'età minima per l'accesso al lavoro, indicare l'orario e le condizioni di lavoro, nonché prevedere sanzioni adeguate in caso di trasgressioni; la protezione contro l'uso di sostanze stupefacenti e psicotrope (art. 33); la protezione contro ogni forma di sfruttamento e di violenza sessuale (art. 34); la protezione contro la vendita e la tratta dei minori in qualsiasi modo avvenga e sotto qualsiasi forma (art. 35) e contro qualsiasi tipo di sfruttamento pregiudizievole all'interesse del minore (art. 36).

Oggetto di molte discussioni è stato l'art. 38, concernente l'età minima per la partecipazione ai conflitti armati che, contrariamente alle richieste presentate dall'Italia, è stata fissata a quindici anni per la partecipazione diretta alle ostilità, essendo vietato l'arruolamento di ragazzi che non abbiano raggiunto tale età e dandosi la precedenza, nell'arruolamento stesso, ai più anziani, ove si arruolino ragazzi aventi più di quindici anni e meno di diciotto.

Per quanto riguarda il diritto penale e il diritto processuale penale, si ricordano le norme contenute negli artt. 37, 39 e 40. L'art. 37, difatti, oltre a vietare la tortura, le pene ed i trattamenti inumani o degradanti, afferma l'impossibilità di pronunciare una condanna capitale o l'ergastolo per colpe commesse da un minore di anni diciotto. Inoltre contiene il divieto di arresto illegale o arbitrario, prevedendo che in ogni caso l'arresto debba avvenire in conformità della legge, come misura di ultima istanza e di durata più breve possibile. Nel corso della detenzione, il minore deve essere trattato con umanità e rispetto della sua dignità umana, in modo da tener conto dei suoi bisogni e della sua età; dovrà essere separato dagli adulti, salvo che ciò risulti contrario al suo interesse, ed avrà il diritto di restare in contatto con la famiglia – salve circostanze eccezionali – attraverso la corrispondenza e le visite.

Esso avrà, altresì, il diritto all'assistenza legale ed a qualsiasi forma appropriata di assistenza e potrà esercitare il diritto di contestare la legalità della privazione della libertà davanti ad un tribunale o ad altra autorità competente, indipendente ed imparziale, affinché sia presa una decisione rapida al riguardo.

L'art. 39 obbliga gli Stati a prendere tutte le misure appropriate per facilitare il riadattamento fisico e psichico, nonché il reinserimento sociale di ogni minore vittima di qualsiasi forma di negligenza, sfruttamento e sevizie, di torture e di ogni altra forma di pena o trattamento crudele, inumano o degradante o di conflitto armato. Anche il riadattamento e il reinserimento devono realizzarsi n condizioni che favoriscano la salute, il rispetto di sé e la dignità del minore.

Quanto all'art. 40, gli Stati riconoscono ad ogni minore sospettato, accusato o reo di un'infrazione, il diritto ad un trattamento che sia idoneo a favorire il suo senso di dignità e di valore personale e rafforzi il suo rispetto per i diritti umani e le libertà fondamentali altrui, tenendo conto della sua età e delle necessità di facilitare la sua reintegrazione nella società e di fargli assumere un ruolo costruttivo nel suo ambito. In particolare gli Stati si impegnano: 1. affinché il minore non sia sospettato, accusato o perseguito per un'infrazione alla legge penale a causa di azioni od omissioni che non erano vietate dal diritto nazionale o internazionale allorché furono commesse; 2. affinché ogni minore sospettato o accusato di un'infrazione alla legge penale abbia almeno il diritto alle garanzie: a) di essere presunto innocente finché non sia provata la sua colpevolezza sulla base della legge, b) di essere informato nel più breve tempo possibile delle accuse rivoltegli o, se occorre, con il tramite dei genitori o dei suoi rappresentanti legali, c) di beneficiare di un'assistenza legale o di ogni altra assistenza appropriata per la preparazione e la presentazione della sua difesa; 3. affinché la sua causa sia discussa senza ritardo da un'autorità o da un'istanza giudiziaria competente, indipendente ed imparziale secondo una procedura equa, a termine di legge ed in presenza di un consulente legale, o di altro consulente, e dei suoi genitori o del legale rappresentante a meno che ciò non sia considerato contrario all'interesse superiore del minore, in ragione specialmente della sua età o della sua situazione; 4. a rispettare il diritto di non essere costretto a testimoniare e di dichiararsi colpevole, di interrogare i testimoni a discarico in condizioni di parità; 5. ove sia accertata la violazione di una legge penale, a riconoscere il diritto di appellarsi contro la decisione e contro ogni misura decisa in conseguenza, davanti ad un'autorità o ad un'istanza superiore competente, indipendente ed imparziale secondo la legge; 6. a riconoscere al minore il diritto di farsi assistere gratuitamente da un interprete se non è in grado di comprendere la lingua usata; 7. affinché la vita privata del minore sia rispettata in qualsiasi stadio del processo.

Gli Stati si sforzano di promuovere l'adozione di leggi, procedure, l'istituzione di autorità competenti ed enti specialmente concepiti per i minori sospettati, accusati e perseguiti per un'infrazione alla legge penale e in particolare: 1. di stabilire un'età minima secondo la quale i minori saranno presunti di non avere la capacità di infrangere la legge penale; 2. di prendere misure, ogni volta che sia possibile, per trattare i minori senza ricorrere alla procedura giudiziaria, essendo inteso che i diritti dell'uomo e le garanzie legali debbano essere pienamente rispettati.

Anche in questo caso tutta una gamma di disposizioni relative alle cure, all'orientamento, alla supervisione, ai consigli, all'approvazione, all'affidamento familiare, ai programmi di educazione generale e professionale e a soluzioni diverse dall'istituzionalizzazione saranno previste in vista di assicurare ai minori un trattamento conforme al loro benessere e proporzionato alla loro situazione e infrazione.

3. La Convenzione e i Patti delle Nazioni Unite sui diritti dell'uomo

Le osservazioni fin qui svolte mostrano come la Convenzione si collochi in linea con i Patti sui diritti umani e con la Convenzione per l'eliminazione di ogni forma di discriminazione contro le donne, in quanto, al pari di questi strumenti, essa possiede valore obbligatorio per le parti contraenti, una volta che sia stata ratificata dal numero necessario di Stati perché essa entri in vigore.

Inoltre, la Convenzione prevede, rispetto sempre agli atti ora ricordati, alcune specificità inerenti alla stessa condizione minorile che avevano trovato un'enunciazione di carattere programmatico nella Dichiarazione dei diritti del fanciullo del 1959. Essa, in ogni caso, si propone di creare, a favore dei minori, uno «standard» di diritti soggettivi da far valere all'interno dei vari ordinamenti giuridici, non inferiore rispetto a quello riconosciuto dai Patti alle persone in quanto tali (corrispondenza che si riscontra nella massima parte delle disposizioni) e di valorizzare la pluralità delle culture e la loro reciproca compatibilità alle quali deve tendere l'educazione del minore.

Ove il diritto nazionale o il diritto internazionale prevedano norme più favorevoli alla condizione minorile, l'art. 41 del progetto di Convenzione introduce una norma di «salvaguardia», diretta a privilegiare la norma più favorevole rispetto anche alla norma posta dalla Convenzione stessa.

Particolare importanza rivestono le norme di cui agli artt. 42-45, intese ad instaurare un Comitato di controllo sull'applicazione della Convenzione, in analogia con quanto previsto dai citati Patti nonché dalla Convenzione, sopra menzionata, sulle donne del 1979.

Infine, la Convenzione prevede la possibilità di emendamento (art. 50) su proposta di uno Stato parte. Il Segretario generale dell'Onu comunica la proposta di emendamento agli Stati parti i quali si esprimono sulla opportunità di convocare una conferenza di Stati per esaminare la proposta e metterla ai voti. Ove nel termine di quattro mesi dalla comunicazione, almeno un terzo degli Stati parti si sia pronunciato a favore della convocazione di una tale conferenza, il Segretario generale delle Nazioni Unite provvederà in tal senso e convocherà una conferenza nell'ambito dell'Onu.

L'emendamento sarà adottato a maggioranza dei presenti e votanti e sottoposto per approvazione all'Assemblea generale dell'Onu la quale si pronuncia a maggioranza dei due terzi degli Stati membri. Una volta approvato, l'emendamento vincolerà solo gli Stati parti che lo accettano, mentre gli altri resteranno legati alle disposizioni originarie della Convenzione. Sebbene la procedura prevista dall'art. 50 sia conforme a quella indicata agli artt. 39-40 della Convenzione di Vienna sul diritto dei trattati del 1969, si può ritenere che essa contempli, più che un emendamento in senso proprio, una sorte di «riservanza differita», la quale si riscontrerebbe, peraltro, in tutti i trattati aventi contenuto analogo a quello della Convenzione di cui qui si parla, che consentirebbe ad un maggior numero di Stati di assumere obblighi diversi in relazione ad un medesimo trattato internazionale. Ciò, sia pure in teoria, può portare a superare l'ostacolo per cui in genere – e così accade pure per la Convenzione – non possono apporsi riserve contrarie allo scopo e all'oggetto del trattato. Vale la pena di notare, a conclusione di questi cenni, che la numerazione degli articoli e, quindi, il loro ordine sistematico appare alquanto discutibile – e nel corso dei negoziati non è stato discusso solo per ragioni di tempo – poiché non corrisponde a criteri di ordine e di sistematicità che la Convenzione stessa, data la sua importanza, avrebbe richiesto.

Tuttavia l'importanza di questo atto internazionale risiede, oltre che nel contenuto dei singoli articoli, nell'approccio globale al problema dell'infanzia, per il quale la convenzione stessa presenta un carattere assolutamente innovativo, nonché per le accennate modifiche nei rispettivi ordinamenti interni degli Stati che vi partecipano in seguito all'entrata in vigore della medesima.

Bambini di altri mondi

di Marco Guadagni

1. Iceberg

A prima vista il tema dei minori nella società dei consumi pare avere come protagonisti solo i nostri bambini, quelli della nostra società industrializzata e occidentale. A ben vedere, però, è tutt'altro che fuor di luogo prendere in considerazione anche altri minori, quelli che vivono in società diverse dalla nostra, in mondi che non appartengono all'occidente industrializzato.

Non bisogna dimenticare, infatti, che il «nostro» mondo (quello della società dei consumi) riguarda solo una piccola parte dell'umanità contemporanea, di cui costituisce appena il 15%. Esso è, in fin dei conti come la punta emersa di un iceberg, la maggior parte del quale è sommersa. E come nella montagna di ghiaccio la punta emerge grazie alla spinta della massa sommersa, così nella società dei consumi l'elevato livello di benessere è in parte dovuto anche al basso tenore di vita in cui si trova la maggior parte della popolazione mondiale.

Fino ad ora ciò era comunemente affermato in relazione al c.d. Terzo mondo (che da solo rappresenta il 75% dell'umanità). Il rapporto di interdipendenza – non solo economica, ma anche culturale, ad esempio – tra paesi industrializzati e paesi in via di sviluppo è ben noto e ad esso si devono alcuni dei problemi di cui si parlerà più avanti.

Ma ora anche per i paesi del mondo ex-socialista si apre la prospettiva di un rapporto subalterno rispetto a quelli «capitalisti» (per esempio nel fornire a basso costo manodopera specializzata). Tale realtà, tuttavia, è ancora troppo recente e in fase di rapida evoluzione per poterne trattare in questa relazione, la quale si limita a considerare i rapporti tra società dei consumi e paesi in via di sviluppo.

2. Cose dell'altro mondo

Un primo aspetto di tali rapporti è costituito dai riflessi che il consumismo ha sul sottosviluppo. Sul piano economico è noto quanto l'economia dei paesi industrializzati sia intrinsecamente necessitata ad espandersi verso mercati sempre nuovi e come, di conseguenza, anche i paesi in via di sviluppo finiscano per ricevere in vari modi i beni «di consumo» originariamente concepiti per i paesi industrializzati.

E si sa anche quale grande attrattiva rappresenti, nei paesi in via di sviluppo, il fenomeno socio-culturale del cosiddetto «consumismo», soprattutto per quella parte della popolazione urbanizzata che viene maggiormente a contatto con il modello di vita occidentale.

Questi due fenomeni (economico e socio-culturale) fanno sì che nei paesi in via di sviluppo si incontrino, spesso in modo incongruente, aspetti propri di una società dei consumi. Aspetti che, in un contesto di generale sottosviluppo, creano problemi particolari e pongono interrogativi preoccupanti, ai quali anche il diritto è chiamato a dare una risposta.

La particolarità dei problemi è data soprattutto dal fatto che nei paesi in via di sviluppo la gente non dispone di tutti gli strumenti (positivi e negativi) della società dei consumi, ma solo di alcuni di essi. Questi elementi importati per via commerciale o donati come aiuti, inserendosi in un contesto complessivamente diverso ed estraneo, alterano gli equilibri tradizionali della vita locale [1].

Questo fenomeno non è di per sé negativo: anzi in molti casi è un provvidenziale elemento per migliorare le condizioni locali e per avviare un processo di sviluppo. Tuttavia, lo studio degli effetti che gli aiuti stranieri provocano nei paesi in via di sviluppo dimostra che almeno nel breve e medio periodo (una o due generazioni) il prezzo che la gente locale paga per questo sviluppo «indotto» dall'esterno, in termini di sofferenza sociale, è spesso inutilmente troppo alto [2].

1. Gli aspetti giuridici dei rapporti con i paesi in via di sviluppo sono in particolare oggetto del Diritto della Cooperazione Internazionale, materia da noi ancora poco diffusa, ma non così altrove. Si veda, ad esempio, P. Lampue, *Droit d'outre-mer et de la coopération*, Paris 1969, e più in particolare, A. Pellet, *Le droit international du développement*, Paris 1978. In senso critico v. M. Benchikh, *Droit international du sous-développement. Nouvel ordre dans la dépendance*, Paris 1983.

2. Fondamentale in proposito è il «Rapporto Brandt», *Nord-Sud. Un programma per sopravvivere*, Milano 1980. Sull'evoluzione della situazione da allora, i rapporti mondiali della Banca mondiale costituiscono forse la più utile e autorevole fonte di informazione.

Prendiamo in considerazione in particolare i bambini che vivono nel Terzo mondo. Occorre innanzitutto osservare che, pur nella povertà di «cose» (in senso occidentale) in cui essi vivono, il contesto tradizionale offre loro una posizione sociale (e giuridica) che è al tempo stesso di grande protezione e di notevole responsabilità [3].

Ciò non è estrinsecato o estrinsecabile in una sorta di decalogo sui «diritti dell'individuo bambino», perché nel diritto tradizionale il soggetto primario è la comunità e non il singolo individuo. Ma all'interno della comunità, con la sua struttura gerarchica e i suoi ruoli ben definiti, il bambino è considerato uno dei principali elementi di ricchezza sociale, e come tale è circondato da precise norme di tutela. Per fare un esempio, la condizione di figlio illegittimo è impensabile nel diritto tradizionale [4].

Il contesto tradizionale, che può apparire povero ai nostri occhi, è invece ricco di «cose», di relazioni e di attività (anche spirituali), il cui equilibrio ben consolidato, è regolato da un complesso sistema di norme tradizionali. In questo sistema il bambino non ha un ruolo passivo, ma già da piccolo ha una serie di precise responsabilità. Nella società tradizionale possiamo dire in generale che i bambini diventano adulti, cioè anche giuridicamente capaci, molto prima che da noi [5].

Questa situazione di equilibrio tradizionale viene alterata dalla presenza di «cose» (e attività) importate dalla società dei consumi.

La popolazione locale (e in particolare quella minorile) è impreparata (e spesso incapace) a gestirle o a relazionarsi correttamente con esse. Contrariamente a quanto avviene da noi, nei paesi del Terzo mondo l'avvento della società dei consumi comporta un innalzamento dell'età a cui un bambino raggiunge la capacità di agire [6].

Occorre poi osservare che le «cose» importate sono state ideate e prodotte per contesti diversi da quelli tradizionali locali, cosicché

3. M. Gelfand, *Growing up in a Shona society. From birth to marriage*, Harare 1979.

4. *Le droit de la famille en Afrique et a Madagascar* (a cura di M'Baye), Paris 1968 e *Law and the family in Africa* (a cura di Roberts), Uppsala 1977.

5. Si calcola che già all'età di 5-6 il bambino abbia «ripagato» i genitori per il suo mantenimento, attraverso il suo lavoro (soprattutto domestico, per le bambine e pastorale per i bambini). Cfr. *The state of the world's children* (a cura di Grant), Oxford 1990.

6. Sul problema della capacità giuridica nel diritto consuetudinario v. A. Allott, *Legal personality*, in *Ideas and procedures in African customary law* (a cura di Gluckman), Oxford 1969. Nei vari «strati» dell'ordinamento giuridico v., invece, R. Sacco, *Le grandi linee del sistema giuridico somalo*, Milano 1985.

il loro uso nei paesi in via di sviluppo può essere non solo inappropriato, ma anche intrinsecamente inadeguato o addirittura dannoso [7].

Certo, non è sempre così. Ad esempio, il contenitore di plastica che noi possiamo considerare pericoloso per i nostri bambini dal punto di vista della salute o dell'ambiente, in molti paesi in via di sviluppo può essere invece un prezioso sostituto dei più pesanti e meno efficienti contenitori tradizionalmente usati (soprattutto dalle bambine) per il trasporto dell'acqua [8].

Questo diffuso riciclaggio (materiale, ma anche economico e socio-culturale) delle «cose» importate è un aspetto importante del processo di adattamento della società tradizionale locale a quella dei consumi di origine straniera. Non sempre, però, il riciclaggio è possibile e positivo. Si pensi, ad esempio al campo alimentare e della medicina. Sono stati spesso denunciati gli effetti negativi, anche su larga scala, dovuti alla diffusione del latte in polvere quale sostituto o integrazione dell'allattamento materno in luoghi dove l'acqua per diluire la polvere manca o è malsana. Per non parlare dei medicinali usati in modo improprio o fuori scadenza in zone dove non esiste la possibilità di controllo sanitario [9].

Gli stessi aiuti internazionali e i programmi di assistenza all'infanzia promossi dalle organizzazioni mondiali – apparentemente al di sopra di ogni sospetto – possono in realtà rivelarsi controproducenti quando traspongono i nostri modelli di vita e di sviluppo in un contesto tanto diverso, come quello del Terzo mondo.

In questo senso qualcuno sostiene che perfino i programmi di vaccinazione infantile possono essere una «trappola» mortale quando, eliminando un elemento di selezione naturale, non fanno altro che ritardare di qualche anno una sicura morte per fame e malattia di un numero ancora più alto di bambini, cui il contesto locale non può offrire sufficienti mezzi di sostentamento e di protezione sanitaria [10].

7. L'inadeguatezza del diritto consuetudinario a prevedere forme risarcitorie al riguardo risulta, ad esempio, in J. Ibik, *The customary law of wrongs and injuries in Malawi*, in *Ideas and procedures...*, cit. Per il diritto moderno v. H. Ott, *Bhopal and the law: the shape of a new international legal regime*, in *Third World Quarterly*, 1985, p. 648.

8. Sugli aspetti giuridici della «modernizzazione», soprattutto in relazione alle donne, v. J. May, *Changing people, changing laws*, Harare 1987.

9. L'inadeguatezza del controllo sanitario locale è denunciata, ad esempio, in H. Hof, *On the problem of sanitary legislation in Africa*, in *Hahrbuch fur Afrikanisches Recht*, 1982, p. 69.

10. Il c.d. «rapporto King», *Health in a sustainable state*, in *Lancet*, 2, 1990, p. 664.

Certo, questi sono problemi che non solo trascendono l'aspetto giuridico, ma per i quali spesso è difficile anche, ad esempio, inquadrare responsabilità giuridiche sul piano interno e su quello internazionale. Tuttavia, il diritto può contribuire alla loro soluzione, per quanto ad esso compete, nel fornire qualche utile strumento regolamentare. Non si può ipotizzare, ad esempio, l'inserimento nei rapporti di diritto internazionale e transnazionale di procedure analoghe a quelle di «valutazione dell'impatto ambientale», volte a garantire anche sul piano giuridico la compatibilità dell'intervento esterno (sia esso aiuto pubblico o investimento privato) alle condizioni locali [11].

3. Cattivi modelli

Ci sono poi altri aspetti legati alla diffusione del consumismo nei paesi in via di sviluppo che più indirettamente, ma non meno preoccupantemente, possono avere effetti negativi nei confronti dell'infanzia e dei minori.

Un primo aspetto è costituito dal fatto che il modello consumista altera l'economia e il modo di vita tradizionale a livello familiare. Come si è accennato sopra, nell'economia di sussistenza il sostentamento e la crescita dei bambini rientrano in un sistema produttivo e di organizzazione domestica che risponde a precisi (anche se talvolta precari) equilibri sociali e ambientali, garantiti e tutelati dal diritto consuetudinario [12].

Con l'introduzione incontrollata dell'economia di mercato e del suo aspetto più evoluto costituito dall'economia di consumo, questi equilibri vengono drammaticamente alterati, lasciando spesso scoperte le esigenze dei soggetti meno capaci di auto-adeguarsi alla nuova realtà socio-economica, cioè proprio i bambini. In questi casi il diritto consuetudinario, pur con la sua connaturata versatilità, spesso non è in grado di offrire una risposta idonea, né lo stato – anche se lo volesse – avrebbe i mezzi per intervenire efficacemente [13].

La necessità o il desiderio di guadagnare denaro porta spesso i genitori ad allontanarsi dall'ambiente rurale tradizionale per trasfe-

11. G. Feuer, H. Casson, *Droit international du développement*, Paris 1985.

12. U. Wanitzek, *Kindschaftsrecht in Tansania*, in *Jahrbuch fur Afrikanisches Recht*, 1986, p. 211.

13. D. Koyana, *Customary law in a changing society*, Città del Capo 1980. Sulle difficoltà di riformare il diritto di famiglia in un paese africano v. M. Guadagni, *Il diritto in Mozambico*, Trento 1989.

rirsi nei centri urbani. In alcuni casi i figli vengono affidati a qualche parente del villaggio d'origine, dove non sempre i pur forti vincoli di solidarietà familiare possono supplire al venir meno del sostegno e del controllo diretto dei genitori che sono emigrati altrove.

Altre volte anche i figli minori vengono portati in città, dove non solo le condizioni di vita sono spesso molto peggiori che in campagna, sia dal punto di vista materiale che da quello sociale e culturale, ma anche viene a mancare del tutto la tutela giuridica offerta dal diritto consuetudinario [14].

Per i minori, un altro aspetto negativo dell'economia dei consumi nei paesi in via di sviluppo è rappresentato dal loro diretto coinvolgimento in tale economia, dove li possiamo trovare addetti a lavori non solo inidonei alla loro età, ma spesso del tutto privi di controlli e tutela, oppure costretti ad arrangiarsi in traffici e attività illegali. Sulla necessità di combattere, anche sul piano giuridico, il lavoro minorile si accennerà più avanti.

Come si è detto, ciò non significa, ovviamente, che il progresso economico e neppure la diffusione di beni di consumo nei paesi in via di sviluppo (anche attraverso gli aiuti internazionali) siano necessariamente fenomeni dannosi. Tutt'altro. Ciò che si vuole mettere in luce, però, è che tali fenomeni non dovrebbero avvenire in modo incontrollato, determinati dalla sola esigenza di espansione dei paesi industrializzati, ma dovrebbero venire opportunamente regolati, a livello nazionale e internazionale, in modo da consentire ai paesi del Terzo mondo uno sviluppo globale ed equilibrato, adeguato alle proprie reali capacità e alle esigenze di protezione dei loro cittadini più deboli e vulnerabili, quali sono appunto i bambini [15].

4. Bambini colorati

Tra i giuristi le considerazioni sin qui fatte riguardano soprattutto chi studia il diritto nei paesi in via di sviluppo. Per chi si occupa, invece, del nostro diritto (nazionale o internazionale) più rilevanti possono essere altre considerazioni, che riguardano i riflessi del Terzo

14. *Urban legal problems in East Africa* (a cura di Kanyeiamba e McAusaln), Uppsala 1979 e *Urban black law* (a cura di Bennett et al.), Città del Capo 1985.

15. Society for International Development (SID), *Innovative approaches to rural development*, Roma 1983 e, sugli aspetti giuridici, *New perspectives and conceptions of international low. An Afro-European dialogue* (a cura di Ginther e Benedek), Vienna 1983.

mondo nella nostra società dei consumi. Fra i molti possibili spunti di riflessione, se ne richiamano qui tre in particolare.

Il primo riguarda un problema da noi assai dibattuto negli ultimi anni: quello dell'adozione internazionale. A questo proposito qui si vuole solo rilevare come (ancora una volta) l'applicazione di nostri modelli a contesti diversi dal nostro possa portare a una minore tutela del bambino del Terzo mondo rispetto a quella offerta al bambino italiano.

Così è, ad esempio, per lo «stato di abbandono», che non sempre appare valutato in termini adeguati al contesto locale nel consentire l'espianto da questo di un bambino destinato a genitori adottivi nostrani. Si ha talvolta la sensazione che, per il nostro diritto, il bambino del Terzo mondo sia più oggetto che soggetto di adozione. La stessa sensazione (di disagio) che si prova in questi giorni guardando lo spot pubblicitario in cui con un piatto di spaghetti (seppure di marca) si vorrebbe cancellare lo smarrimento di quegli occhi a mandorla che parlano di un mondo tanto lontano dal nostro, non solo geograficamente.

La seconda riflessione riguarda proprio la presenza del «bambino colorato» nella pubblicità. Qui viene da chiedersi se sia legittimo l'uso strumentale di chi è simbolo di diversità e discriminazione al fine di promuovere la vendita di un prodotto che, per contrasto, diventa ancora più appetibile e rassicurante simbolo di benessere. È evidente che il «soggetto» dell'azione pubblicitaria (e del suo messaggio) è il prodotto, la cosa, mentre il bambino (colorato) funge da strumento, quindi da «oggetto». Questa mercificazione della diversità è più sofisticata, ma non sostanzialmente differente rispetto al vecchio sfruttamento spettacolare dei «fenomeni da baraccone», che la morale (e il diritto) di oggi condannano. Ma forse la povertà (degli altri) è considerata (per noi) meno nociva del fumo, per cui, contrariamente a questo, non si sente l'esigenza di proibirne l'uso pubblicitario.

La terza riflessione concerne non la vendita, ma la produzione dei beni di (nostro) consumo. Per molti di questi il basso costo di produzione è ottenuto non già con l'innovazione tecnologica, ma con lo sfruttamento del lavoro minorile in paesi lontani. Per quanto le organizzazioni internazionali abbiano da tempo denunciato il fenomeno e nonostante che questo sia ormai oggetto di frequenti reportages giornalistici, e quindi di conoscenza comune, non risulta che siano allo studio nel nostro paese interventi normativi volti ad impedire l'importazione e la vendita di prodotti tanto dannosi per i bambini (che li producono).

Parte seconda

Il bambino tra scienza e diritto alle soglie del Duemila

Le manipolazioni genetiche

di Mauro Giacca e Arturo Falaschi

1. Introduzione

Negli ultimi anni è cresciuta l'aspettativa, da parte dell'opinione pubblica, che la scienza medica, ed in particolare quella genetica ed ostetrica, possano assicurare che nascano soltanto bambini sani. Contemporaneamente, l'espansione degli strumenti biotecnologici attualmente a disposizione del medico per la diagnosi ed il trattamento delle malattie ha fatto sì che il medico stesso debba confrontarsi con diversi dilemmi etici e legali.

Va premesso che l'enorme progresso che l'ingegneria genetica ha compiuto negli ultimi 15 anni ha consentito di conseguire traguardi in campo medico che sono di indiscusso valore ed utilità. Uno dei campi di applicazione dell'ingegneria genetica su cui non esiste, fondamentalmente, seria controversia è quello della produzione di farmaci mediante clonaggio di geni in microorganismi. Molte molecole ormai entrate nel repertorio terapeutico (insulina, ormone della crescita, interleuchine, attivatore tissutale del plasminogeno, interferoni, ecc.) sono di derivazione biotecnologica; inoltre, l'uso di anticorpi monoclonali, a fini sia di *purging* del midollo osseo, sia di indirizzamento specifico di agenti chemioterapici sulle cellule tumorali, è attualmente in fase avanzata di sperimentazione clinica. Le tecniche di ingegneria genetica offrono, inoltre, la possibilità di produrre nuovi vaccini clonando in un microorganismo innocuo soltanto un frammento, anch'esso innocuo, del genoma di un microorganismo patogeno. I vaccini ricombinati così ottenuti sono altrettanto efficaci di quelli tradizionali, ma di assoluta sicurezza.

Strumenti di derivazione biotecnologica, inoltre, hanno recentemente consentito di porre la diagnosi di malattie di tipo infettivo, e specialmente di quelle virali, a livelli di sensibilità e specificità irraggiungibili dalle comuni tecniche diagnostiche convenzionali. L'importanza terapeutica di una diagnosi virologica precoce, sicura e sensibile, è di intuibile utilità per il singolo paziente, ma presenta anche notevole rilevanza sociale per malattie quali l'epatite virale di tipo B o l'Aids.

Tuttavia, bisogna rilevare che, attualmente, l'applicazione ancora di gran lunga più importante dell'ingegneria genetica per la salute dell'uomo è di carattere conoscitivo: infatti, grazie al clonaggio dei geni, e ad altre forme d'intervento sul patrimonio genetico delle cellule, è possibile oggi studiare in modo molto più rapido, efficiente e preciso del passato l'organizzazione e l'espressione del patrimonio genetico di organismi complessi come l'uomo. Anche questo, evidentemente, non soltanto non solleva problemi etici, ma anzi apre prospettive diagnostiche e terapeutiche anche per tutta una serie di patologie di tipo degenerativo e neoplastico. Beneficeranno di queste conoscenze consentite dalle nuove tecnologie *in primis* malattie ereditarie di grande rilevanza sociale, quali, ad esempio, la distrofia muscolare e la fibrosi cistica, i geni responsabili delle quali sono stati recentemente clonati.

2. Problematiche legate alla diagnostica

L'aumento delle conoscenze, di carattere scientifico, accumulate per molte delle malattie ereditarie umane, ha aperto problematiche nuove dal punto di vista etico. Infatti, la conoscenza del difetto genetico offre quasi immediatamente la possibilità di effettuare la diagnosi di malattia ereditaria mediante sonde basate sul Dna. Questa pratica si sta sempre più estendendo, ed in linea teorica soltanto ostacoli di tipo tecnico, ma non concettuale, potranno impedire che in un futuro relativamente immediato siano a disposizione metodologie per il riconoscimento di ogni difetto genetico che causi o predisponga ad una patologia, o tale da conferire lo stato di portatore sano per la medesima. Intuibili sono i problemi etici correlati con tale situazione, a partire dal quesito se si debba in ogni caso far conoscere l'eventuale predisposizione patologica al paziente. È infatti noto che alcune malattie ereditarie (come, ad esempio, la corea di Hungtinton), si manifestano soltanto in età avanzata, senza che peraltro la scienza medica abbia attualmente a disposizione alcun tipo di rimedio terapeutico. È eticamente corretto informare un individuo che fra un certo numero di anni andrà incontro ad una grave ed incurabile forma di malattia? O, viceversa, può il medico arrogarsi il privilegio di essere depositario di un segreto che riguarda il proprio paziente e di cui non lo rende partecipe? Questo tipo di problematica è ancora più delicata per quanto riguarda costituzioni ereditarie che non sono così drammatiche ed univoche, come alcune malattie ereditarie conclamate (quali la distrofia muscolare, la corea di Hungtinton, la fibrosi cistica, ecc.), ma che piuttosto risultano in una generica predisposizione ad una certa patologia. A tale proposito, la costituzione genetica di un individuo, determinata in dettaglio per tutti quegli aspetti che ci appaiono e ci appariranno interessanti dal punto di vista appunto della predisposizione alle malattie, sarà un tipo di conoscenza che diventerà sempre più disponibile nei prossimi anni. È evidente che gli unici depositari di tale tipo di informazione debbano essere il paziente stesso ed il medico di fiducia del paziente, strettamente vincolato dal segreto professionale; essi debbono concorrere a creare per il paziente situazioni ambientali e lavorative tali da poter rallentare l'insorgenza della patologia. Mai, invece, tale tipo di informazione dovrà essere disponibile a terzi, che potrebbero utilizzarla, ad esempio nel caso di un datore di lavoro, per non assumere persone che corrano maggior rischio di ammalarsi, per l'eventuale danno che questo porterebbe alla propria azienda. Questo tipo di situazione etica, con cui ci si confronterà entro breve tempo, difficilmente può prescindere da un vero e proprio intervento legislativo e da una precisa definizione nella deontologia medica.

Un altro grande capitolo sollevato dalle possibilità diagnostiche delle malattie ereditarie concerne la possibilità di diagnosi prenatale; questa è una problematica già ampiamente esistente, dibattuta, e vagliata da un numero concreto di esperienze vissute. Bisogna innanzitutto dire che, quando sia possibile, ogni malattia ereditaria va diagnosticata nei genitori prima della gravidanza: quando vi sia il sospetto o la possibilità statistica di concepire un bambino malato il medico deve informare in che maniera il difetto genetico possa essere trasmesso ed in cosa possa risultare per il bambino. Le moderne tecniche ginecologiche, abbinate alle metodiche del Dna ricombinate, consentono oggi la diagnosi prenatale affidabile di tutta una serie di malattie ereditarie ponendo ai genitori, in caso di riscontro positivo, il dilemma etico di ricorrere all'aborto o meno. A questo proposito va fatto rilevare che la diagnostica prenatale di certe malattie non offre semplicemente una probabilità statistica che un certo evento morboso colpisca il nascituro, ma altresì la certezza che il bambino nascerà malato (come nella sindrome di Down o la malattia di Tay-Sachs). È auspicabile che, in ogni caso, il consiglio genetico non sia direttivo, e cioè che il medico rimanga il più possibile obiettivo nel fornire l'informazione al paziente, evitando l'imposizionc dci propri valori morali. In qucst'ottica è indispensabile che ai genitori venga assicurata la totale informazione e la disponibilità della più completa assistenza qualunque sia la loro decisione. Questi principi sono in perfetto accordo con la dottrina medica del *consenso informato*.

3. Problematiche legate alla terapia genica

Lo spettacolare progresso tecnologico dell'ingegneria genetica negli anni consente oggi di prendere in considerazione la possibilità di curare le malattie genetiche direttamente mediante la correzione della sequenza alterata del Dna nel genoma umano. Il numero delle malattie ereditarie gravi nell'uomo è piuttosto elevato, ed alcune di esse sono particolarmente diffuse in determinate aree geografiche. Nella maggior parte dei casi non sono disponibili terapie soddisfacenti o, se lo sono, queste devono essere continuate per tutta la vita di paziente. La terapia genica consente invece il trasferimento di un allele normale del gene non funzionante all'interno del corredo genomico del paziente. Il patrimonio genetico del paziente è in questo modo alterato, ed il gene aggiuntivo ha la funzione di compensare la mutazione esistente e quindi di *curare* il difetto.

Non tutti i tipi di difetti genetici possono, tuttavia, essere trattati in linea di principio con la terapia genica. Limitazioni di ordine tecnico o concettuale impongono che possano essere candidati in prima istanza alla terapia genica solo difetti che interessino un unico gene e che abbiano fenotipo recessivo (cioè che necessitino di avere alterati entrambi i geni di derivazione materna e paterna per manifestarsi). Si calcola che difetti ereditari autosomici recessivi o legati al cromosoma X interessino più di un bambino ogni 500 nati vivi.

Inoltre, il gene in questione deve essere clonato ed i suoi meccanismi di regolazione ben conosciuti a livello molecolare; la mortalità e morbidità della malattia e le limitazioni delle terapie convenzionali devono giustificare l'approccio di terapia genica e, infine, l'espressione del gene deve essere ottenuta nel corretto tessuto e ad un livello tale che possa risultare in un beneficio per il paziente. Quest'ultimo punto risulta particolarmente rilevante per patologie genetiche legate al controllo del tasso di espressione, come nel caso dei geni delle globine (emoglobinopatie e talassemie), o difetti endocrini (come il diabete mellito e l'ipopituitarismo), che richiedono una specifica espressione del gene difettoso a carico espressamente del fegato. Al contrario, difetti in proteine circolanti (come i fattori della coagulazione o l'α_1-antitripsina) possono non richiedere uno stretto controllo del livello di espressione. Infine, malattie genetiche del sistema nervoso centrale, come la sindrome di Lesch-Nyhan o la malattia di Tay-Sachs, presentano un difetto attualmente insormontabile per la terapia genica, in quanto si tratta di un tessuto inaccessibile e, in molti casi, il danno instaurato è irreversibile al momento della diagnosi.

Riassumendo, per eseguire una soddisfacente terapia genica bisogna soddisfare la seguente serie di requisiti: il nuovo gene dev'essere presente nelle cellule dell'organo appropriato e nel corretto numero di copie; la cellula curata deve replicarsi con la stessa frequenza della cellula originaria; l'espressione genica deve avvenire ad un livello fisiologico; il gene inserito non deve danneggiare la cellula ospite né l'organismo.

In considerazione di queste limitazioni, gli sforzi al momento attuale sono stati indirizzati verso alcune delle malattie genetiche che si manifestano anche nei tessuti ematopoietici ma che non riguardano l'eritropoiesi, e che quindi sono meno esigenti nelle loro richieste di regolazione. In particolare, l'attenzione è diretta verso alcune gravi malattie di immunodeficienza combinata (Severe Combined Immune Deficiencies, SCID), ed in particolare alla sindrome generata dalla carenza di adenosina deaminasi (Ada), ed a quella dipendente da deficienza di purin-nucleoside fosforilasi (PNP).

4. Considerazioni conclusive

Dal punto di vista etico, la terapia genetica è controversa perché sembra presagire la possibilità di manipolazione del *pool* genico dell'uomo e quindi del futuro della razza umana stessa. A questo proposito è indispensabile distinguere fra manipolazione genica quale strumento terapeutico per trattare le cellule somatiche di un singolo paziente malato e manipolazione genetica a carico delle cellule germinali tale da poter essere trasmessa nella progenie. Mentre il secondo tipo di manipolazione genetica è correntemente eseguito a carico di diverse specie animali, il ragionato consenso tra le persone attive in questo campo è stato di bandire, almeno per il momento, tali tentativi nell'uomo. Alla luce di questa precisazione, la terapia genica del singolo paziente presenta, in verità, un elevatissimo numero di problemi di carattere tecnico tuttora da risolvere, ma va comunque annoverata fra le tecniche terapeutiche intese nel senso convenzionale. Come tale, anche ogni tentativo di intervento genetico deve essere eseguito *soltanto* se: 1 – c'è probabilità scientifica ragionevole del successo terapeutico; 2 – con il consenso informato, volontario, competente e cosciente delle persone coinvolte.

In conclusione, è evidente che le problematiche con cui saremo chiamati a confrontarci in futuro a causa dell'avanzamento biotecnologico sono destinate ad aumentare, e con esse il numero delle scelte a forte contenuto etico cui saremo sottoposti. È necessario essere preparati a questo futuro ricordando sempre che l'accrescimento della conoscenza è comunque sempre un bene, e che il fine del medico e della medicina dev'essere sempre il bene del malato e la salvaguardia della dignità dell'individuo.

Manipolazioni genetiche e diritto. Tutela anticipata del soggetto: proibire tutto?

di Pier Giuseppe Monateri

1. Tre modi di raggiungere una soluzione giuridica

Per il giurista il primo problema è sempre quello del come raggiungere una soluzione con gli strumenti a disposizione. Ogni novità tecnologica induce a riflettere su come può funzionare il diritto. Un funzionamento che presuppone essenzialmente una buona capacità mentitoria del giurista: si tratta di attribuire ai frammenti, ai testi, alle proposizioni con cui il giurista deve lavorare un senso che essi non possedevano, ma che ora ricevono in virtù di un loro riutilizzo in condizioni che erano probabilmente ignote e impensabili nel momento in cui furono concepiti. In questo senso, effettivamente, la capacità del giurista è molto simile a quella di uno *story-teller*.

Spesso tali questioni vengono poste solo in termini di fonti formali con cui regolamentare il nuovo fenomeno. In realtà il problema è più complesso, perché la scelta di una data fonte involve la scelta di meccanismi istituzionali assai differenti, dotati di caratteristiche diverse, per raggiungere e implementare una soluzione.

Tali tentativi sono interessanti non solo perché conducono alla proposta di soluzioni, ma anche perché svelano i vari modi in cui il diritto può funzionare.

Essenzialmente gli strumenti che il diritto offre per regolamentare qualunque fenomeno sociale sono tre: la legislazione, il sistema delle corti, e quello che, con fare volutamente americaneggiante, potremmo chiamare della aggiudicazione costituzionale.

Com'è ampiamente noto, l'uso della legislazione implica che sia presa una scelta collettiva esplicita sul punto. I termini di tale scelta dipenderanno strettamente dai meccanismi istituzionali scelti per raggiungerla: dal sistema elettorale, ai comportamenti parlamentari in uso ecc. Com'è altrettanto noto, la legislazione si pone come strumento principe quando si tratti di imporre regole generali che fissino *standard* di comportamento, senza che si possa attendere il più lento operato delle corti (si pensi alla regola per cui le auto non possono viaggiare a più di 35 miglia orarie).

Un correlato della legislazione è anche l'istituzione di enti, di agenzie statali, o locali, che amministrino l'implementazione della legislazione stessa. L'istituzione di tali enti, normalmente destinati ad autorizzare *ex ante* e a controllare *ex post*, si rende soprattutto necessaria quando si tratti di operare una prevenzione *ex ante* per evitare *ex post* il prodursi di conseguenze tragiche; nel senso di conseguenze che non possono venire facilmente rimosse o internalizzate con gli strumenti privatistici classici della tutela di diritti soggettivi amministrata attraverso l'esperimento di rimedi inibitori e risarcitori.

Il sistema delle corti, che è poi il sistema classico del diritto privato, funziona particolarmente bene quando si tratta di esercitare un controllo graduale *ex post* affidato all'iniziativa dei privati, e che perciò entra in funzione solo quando i privati non siano stati in grado di trovare da sé una soluzione soddisfacente, attraverso il contratto o la transazione. Un tale sistema, com'è noto, opera come una serie di filtri successivi che, eliminando man mano certi comportamenti, conduce al prodursi di un ordine spontaneo delle azioni sociali. In effetti le corti decidendo un caso selezionano determinati comportamenti, e le opinions che declamano, e che dovrebbero contenere la spiegazione dei principi in base a cui hanno agito, non ricevono, in realtà, un contenuto concreto se non nell'applicazione che altre corti ne facciano in singoli casi concreti.

Chiamiamo tale modo di procedere del diritto privato sistema delle corti per semplice comodità. In realtà, come si è ampiamente mostrato, in esso non operano come soggetti principali solo le corti, ma anche la dottrina e la professione forense. Non solo la dottrina è importante per gli argomenti che suggerisce e il senso che attribuisce alle sentenze dei giudici, ma anche la professione forense può svolgere un compito di estremo interesse. In particolare sono gli avvocati che pre-selezionano gli argomenti portati all'attenzione delle corti, e spesso certe posizioni assunte dalla giurisprudenza possono spiegarsi proprio come risposte ad un certo modo di impostare i problemi giuridici, insorto all'interno della professione forense.

È chiaro come un tale sistema produca un'evoluzione molto graduale e lenta, e come esso sia particolarmente adatto quando si tratta di amministrare attività con caratteristiche in continua evoluzione.

Il sistema della aggiudicazione costituzionale è un mezzo molto potente per eliminare leggi, ma anche per guidare lo sviluppo delle *rationes*, mediante cui si perviene alle soluzioni giuridiche tramite il sistema delle corti. L'aggiudicazione costituzionale serve ovviamente a far procedere l'evoluzione delle credenze e attitudini cui attribuiamo un ruolo di massimo livello, tale da poter contrastare anche il processo rappresentativo di decisioni collettive prese tramite l'apparato politico. Naturalmente, allora, si tratta di badare attentamente a quali sono le idee, le ideologie, che imprestiamo alla costituzione nello svilupparne un significato. È necessario, infatti, comprendere l'importanza delle cautele che impone la potenza dell'interpretazione costituzionale, ovvero come occorra andar cauti nel far diventare alcune idee, alcuni valori, così potenti, e così pregnanti per l'ordinamento.

Il sistema più semplice sarebbe comunque quello di provocare una decisione collettiva presa politicamente, e risolvere in questo modo i problemi posti dalle manipolazioni genetiche. Nondimeno lo studio delle *rationes* sviluppabili a partire da considerazioni sul diritto esistente ci aiuta proprio a indagare quale potrebbe essere il contenuto ragionevole di una tale decisione legislativa.

2. È necessario definire il soggetto?

Buona parte delle discussioni sulle manipolazioni genetiche, o anche sulla tutela del feto, tendono a imperniarsi sulla definizione di soggetto o persona. Naturalmente è possibile risolvere il problema in questo modo, mediante una definizione opportunamente presa, e dando per scontato che la protezione cominci e finisca con l'inizio e la fine della persona. In realtà, come è arci-noto, la protezione di un soggetto può ben concepirsi come indipendente dal momento in cui il soggetto nasce o si estingue. Ovvero, poiché il problema che si vuole affrontare ridefinendo i soggetti giuridici è un problema operazionale di rimedi e di protezione, si può affrontare più esplicitamente tale questione operazionale lasciando impregiudicata la definizione di soggetto.

Ciò che noi possiamo fare è concepire una tutela anticipata del soggetto che retroagisca anche anteriormente alla sua nascita e che possa venire azionata dal soggetto stesso quando abbia raggiunto la piena capacità giuridica e di agire.

Vi è un momento in cui il soggetto può guardare indietro e chiedere conto della gestione dei suoi interessi non patrimoniali (che sono quelli che qui ci interessano). Un momento in cui gli è concessa una azione per la critica dell'operato delle figure che hanno, fino a quel momento, gestito i suoi interessi non patrimoniali.

3. Due modelli contrapposti

Possiamo immaginare due modelli contrapposti.

Un primo modello in cui non esiste alcuna tutela anticipata del soggetto ed un secondo modello, in cui invece esiste una tale tutela anticipata.

Il modello privo di protezione anteriore considera la protezione del soggetto soltanto a partire dalla fine della gestazione e dal distacco dal grembo materno. In tale modello, tutto ciò che avviene prima è estraneo alla protezione del soggetto.

Nel secondo modello, invece, si ammette una tutela anticipata del soggetto, anche se la definizione di nascita della persona rimane quella imperniata sul distacco alla fine della gestazione dal grembo materno. È così ben chiaro come il problema non dipenda in realtà dalla definizione di nascita o di persona.

Questi due modelli devono essere presi in considerazione rispetto a tre possibili interventi di manipolazione genetica: la gene therapy, volta a evitare la trasmissione di malattie ereditarie, e comunque effettuata a tutela della salute del futuro soggetto; la possibile, anche se per ora ancora abbastanza fantascientifica, possibilità di selezione di caratteristiche indifferenti rispetto alla salute del soggetto, come la selezione di caratteri chiari/scuri, biondi/bruni, ecc.; e, infine, la possibilità di intervenire in quel campo di sperimentazioni che è definito ormai come biohazards.

È evidente come, se adoperiamo il primo modello privo di protezione anteriore, tanto gli interventi di gene therapy come quelli volti alla selezione di caratteristiche indifferenti siano perfettamente leciti. Vi è da chiedersi se lo siano anche le manipolazioni che possono dar adito a biohazards. Mi sembra chiaro come in questo caso possano intervenire questioni di rilevanza pubblicistica, e non solo privatistica, che vale la pena affrontare in seguito dopo aver visto come funziona il modello a tutela anticipata.

4. Il modello a tutela anticipata

Consideriamo la vita normale extrauterina del bambino sottoposto alla patria potestà dei genitori. I poteri dei genitori di intervento sulla salute del bambino sono, com'è risaputo, molto ampi.

I genitori selezionano l'alimentazione, le medicine, gli sport, i trattamenti medici. Impongono busti di gesso per raddrizzare le schiene, gabbie di metallo per raddrizzare le gambe, apparecchi per raddrizzare i denti. Insomma il campo di intervento dei genitori sulla tutela del minore è assai ampio, così come lo è nella selezione di caratteri estetici normalmente giudicati gradevoli.

Io credo che si possa concedere come valido il seguente principio: la tutela anticipata del soggetto, relativa a ciò che succede prima della sua nascita, non può essere superiore alla tutela di cui il soggetto gode per ciò che avviene dopo la sua nascita. Ovvero non pare possibile che la protezione del feto o la protezione anticipata sia superiore a quella di cui gode il bambino.

Cerchiamo, allora, di trattare il problema delle manipolazioni genetiche semplicemente come trattiamo i poteri dei genitori sui bambini. Non credo che si possa pensare ad un'azione di danno del bambino divenuto maggiorenne contro i genitori perché costoro hanno cercato di tutelare la sua salute prevenendo, con l'imposizione di vari trattamenti medici, l'insorgere di malattie. Né, credo, si può pensare ad un'azione di danno del bambino divenuto maggiorenne contro i genitori perché costoro gli hanno raddrizzato la schiena mentre egli preferiva avere un fisico da esistenzialista.

In definitiva, gli interventi volti a tutelare la salute del bambino devono essere considerati perfettamente leciti. In conseguenza, non possono essere illeciti neanche gli interventi volti allo stesso fine sol perché avvengono prima della nascita del soggetto. Abbiamo qui la semplice estensione di un principio consolidato in nuovo campo aperto dall'evoluzione tecnologica. Allo stesso modo anche gli interventi, diciamo, di carattere estetico sono indifferenti all'opposizione danno/non danno, ovvero non possono dar luogo ad un'azione di risarcimento, e se essi sono permessi nel corso della vita del bambino (pur imponendosi al bambino dei sacrifici: avere una bella dentatura non migliora necessariamente di molto la sua salute, e gli impone il sacrificio dell'apparecchio, ma non può costituire il fondamento di un'azione di danno), allora devono esserlo anche se la tecnologia giunge a permetterli operando in un tempo anteriore alla sua nascita.

D'altronde vari discorsi, anche di livello costituzionale, che si incentrano sulla tutela della dignità e integrità personali, in questi casi dimostrano di far coincidere tali nozioni semplicemente con il rispetto della procedura «naturale» di nascita. Qualsiasi cosa modifichi tale processo naturale, è vista con sospetto, e si guadagna consenso intorno a tale atteggiamento facendosi paladini della dignità umana. In realtà, un tale rispetto per ciò che è naturale è buffo se lo confrontiamo con il nostro modo di operare con il bambino già nato. Nessuno permette, o vuol permettere, che la natura faccia il suo corso, ad esempio che selezioni (facendoli morire) tutti i bambini che hanno la tendenza a infilare le dita nelle prese della corrente, che la natura selezioni tutti i bambini che senza l'ausilio di maglioni e del riscaldamento non riescono a superare i primi inverni. Tutti gli interventi dei genitori, e buona parte dell'educazione impartita al bambino, servono proprio a contrastare in modo completo il normale andamento della «natura». Quasi tutto ciò che i genitori cercano di fare è di evitare che la bruta selezione naturale faccia il suo corso. Ora non si vede perché invece si debba mutare completamente atteggiamento per ciò che accade prima della nascita. Un rispetto assoluto della natura nel processo prima della nascita non è giustificato neanche nel modello protettivo che stiamo considerando.

A questo punto è chiaro come rispetto alla gene therapy, e selezione di caratteri indifferenti, i due modelli, con e senza tutela anticipata, operino nello stesso modo, ovvero convergano verso soluzioni identiche, e perciò come tali soluzioni possano godere di un buon fondamento.

5. Un modello ultra-interventista. I diritti del bambino ed i poteri del giudice

Considerando la patria potestà dei genitori ci imbattiamo in una norma imbarazzante. L'art. 333 c.c. prevede quanto segue: «Quando la condotta di uno o di entrambi i genitori non è tale da dar luogo alla pronuncia di decadenza prevista dall'art. 330, ma appare comunque pregiudizievole al figlio, il giudice, secondo le circostanze può adottare i provvedimenti convenienti...».

Di fronte a tale norma, ci si rende perfettamente conto dell'ovvia verità per cui estendere la protezione del bambino verso i genitori significa estendere il potere del giudice di governo della famiglia, e conseguentemente sulle scelte che riguardano il bambino.

Peraltro, come è noto i provvedimenti emessi *ex* art. 333 non sono considerati impugnabili *ex* art. 111 cost., in quanto chiudono un procedimento di tipo non contenzioso, ma si esauriscono, appunto, in un governo da parte del giudice dell'esercizio della potestà del genitore nei rapporti con il figlio, senza risolvere un conflitto di diritti contrastanti (cfr. Cass. 87/8974).

Allo stesso modo, tali interventi del giudice non danno mai luogo al formarsi di un giudicato, ma sono sempre modificabili e revocabili (Cass. 88/2673). Col che diviene chiara la figura del giudice che, avendo cominciato a intervenire nella vita di una famiglia, prosegue poi con costanza la sua opera di governo di essa.

Finora i casi giurisprudenziali di applicazione del 333 sono stati limitati. I precedenti concernono sostanzialmente casi di condotta ostativa dei genitori alle relazioni affettive del figlio: repressione del comportamento dei genitori volto a impedire al bambino di vedere i nonni (Cass. 81/1115); repressione del divieto imposto dai genitori al figlio di vedere la fidanzata (Tribunale dei minori, Bologna, 26/10/72, in, GI 1973, I, 2, 330).

Vi è uno scarto evidente tra l'ampiezza della norma e le *rationes* dei precedenti giurisprudenziali. A livello di precedenti, per ora il 333 si sostanzia come un rimedio contro l'isolamento del bambino. È però ben chiaro come la norma in esame possa offrire un facile fondamento per tutte le interpretazioni che, con le più lodevoli intenzioni di tutela dei minori, intendano scardinare le scelte operate dai genitori a favore del governo del giudice.

È chiaro, cioè, come vi sia uno scarto tra i *mores* correnti, e le possibilità di intervento offerte al giudice. La norma è così vasta per cui da essa può ben scaturire un modello ultra-interventista. Un modello in cui è il giudice che seleziona medicine, sport, trattamenti dentistici, caratteristiche fisico-estetiche, ecc.

La norma del codice è così vaga che non permette neanche più la ricostruzione operazionale del contenuto della potestà dei genitori. Ora io credo sia compito dell'interpretazione limitare la possibile portata dirompente del 333, e fornire uno schema per un suo inquadramento ragionevole all'interno degli equilibri familiari.

Io credo che la patria potestà sia l'alternativa sociale migliore a disposizione, pur considerando i genitori come gestori degli interessi del bambino, rispetto alle soluzioni consistenti nel governo della famiglia da parte del giudice o del burocrate.

Dopo tutto i genitori sopportano più direttamente le conseguenze delle loro decisioni sui figli, mentre tali decisioni non sono interiorizzate né dal giudice né dal burocrate, o almeno, possono esserlo in modo molto più indiretto. Perciò, in generale, le decisioni concernenti i minori sono internalizzate meglio se sono affidate ai genitori; pur con gli ovvi limiti, e possibilità di decadenza, offerti dal codice, indipendentemente dal disposto del 333.

La migliore applicazione del 333 consiste, secondo me, nel recuperare nella sua interpretazione la nozione di ingiustizia quale viene evolvendosi nell'ambito dell'applicazione dell'art. 2043, e riportare quindi la sua tematica nell'ambito degli intrafamily torts, così come essi vengono concepiti nell'ambito di paesi di cultura giuridica affine.

In sostanza ritengo che il modello ultra-interventista vada rigettato, e non sia neanche in accordo con molti valori che normalmente riteniamo fondamentali, e che si debba operare sulla base dei due principi già esposti.

Il primo principio valido è quello per cui la protezione anticipata riguardante gli interventi sul Dna e sul feto non può essere più ampia di quella di cui gode il bambino già nato. Peraltro, non credo che una protezione più ampia di quella del bambino potrebbe essere giustificata in termini di valori fondamentali largamente condivisi.

Il secondo principio è quello della migliore internalizzazione delle decisioni prese dai genitori rispetto ad un governo ultra-interventista del giudice.

L'importante è non fare differenze tra prima e dopo la nascita.

6. Scetticismo, agencies e biohazards

L'argomento che qui abbiamo sviluppato, della convergenza dei due modelli, non è che una particolare versione dell'argomento dello scettico. Esso tende, cioè, a mostrare come anche partendo da un punto di vista di massima protezione verso ciò che i genitori decidono di fare prima della nascita del soggetto, e che non può comunque mai essere superiore alla protezione accordata ai soggetti già nati, si giunga a poter ammettere una serie di interventi di manipolazione genetica. In effetti si giunge qui ad una convergenza anche con atteggiamenti assunti da vari giuristi cattolici i quali considerano leciti gli interventi sull'embrione diretti al miglioramento delle sue condizioni di salute. Resta da affrontare il problema legato ai biohazards.

Una tale questione può essere affrontata dal punto di vista dell'aggiudicazione costituzionale, non solo a livello nazionale, ma anche a livello sovranazionale, mediante l'invenzione di super diritti *ad hoc*, o mediante una nuova attribuzione di significati a diritti già noti come il rispetto della dignità umana. Secondo Siniscalco, ad esempio: «Le manipolazioni rivolte alla produzione di esseri umani selezionati secondo qualità prestabilite sono sicuramente contrarie alla dignità personale dell'essere umano».

Ora, la questione è se si possa includere nella costituzione una particolare visione della dignità umana. Se cioè vi sia una nozione comune di dignità umana che si estende al problema dei biohazards che possa venire imprestata alla nostra costituzione, con tutte le conseguenze che da ciò possono derivare.

Io credo che la questione non possa venire risolta cercando di definire la dignità umana. In ogni caso, qualunque tentativo di questo tipo finirebbe per recepire un dato modello di dignità umana, su cui la costituzione non si pronuncia direttamente, per farlo diventare una parte fondamentale della costituzione. Ovvero ogni tentativo finirebbe per essere la sponsorizzazione di un dato modello. Possiamo veramente ammettere, ad esempio, che l'ideale greco di perfezione umana divenga parte del nostro diritto positivo? Un tale ideale è definibile cristiano? I lettori di Bultmann potrebbero avere grandi perplessità al riguardo. Io non credo che discussioni di questo tipo possano condurre ad altro che a decisioni prese a maggioranza, sia in Parlamento che in Corte. E credo sia insoddisfacente per tutti ammettere che la dignità umana è ciò che una maggioranza temporanea di giudici della consulta dice che essa è.

Cerchiamo piuttosto di ragionare su questioni di più basso profilo. Ad esempio sul modo in cui il legal process potrebbe amministrare delle regole sui biohazards.

Vi sono situazioni in cui, è ben noto, il semplice uso di strumenti risarcitori, concessi ai privati, non è un modo soddisfacente di amministrazione dei danni. Ciò si verifica ad esempio quando possano prodursi *ex post* dei danni altamente tragici, dal punto di vista del loro possibile impatto sulla coscienza sociale. Pensiamo alla produzione di ibridi. Noi non possiamo creare un ibrido e accontentarci di dire che gli può essere risarcito un danno perché è un ibrido. In questi casi si adotta generalmente la strategia del controllo preventivo attraverso la creazione di enti amministrativi. L'alternativa potrebbe essere quella di vietare tutto. Ma questa alternativa mi sembra un po' miope. Dopo tutto noi non sappiamo, per la buona ragione che non possiamo conoscere oggi ciò che scopriremo solo domani, quali benefici possono derivare dagli esperimenti di frontiera sul Dna umano. L'intervento di una legge che permetta di effettuare tali esperimenti, e li sottoponga a controlli preventivi è un compromesso *prima facie* valido, e infine anche consono allo spirito italiano. La presenza di una legge pare richiesta anche da coloro che sono favorevoli a tali sperimentazioni, per non cadere vittime delle decisioni iniziali eventualmente negative delle corti. E, come abbiamo visto all'inizio, quando non si può aspettare il lento processo delle corti una legge è necessaria. Senonché occorre considerare quanto segue. Un tale ente amministrativo di controllo avrebbe, come hanno tutti gli organi burocratici nel nostro sistema, fortissimi incentivi a proibire più che a permettere, o, meglio ancora, a rimandare la decisione. In realtà sappiamo molto bene come un tale ente potrebbe mal funzionare, ed essere gravemente di ostacolo ad uno sviluppo della conoscenza medica. La possibile composizione di un tale ente lascia poi molto perplessi. I politici vi includerebbero senz'altro alti dirigenti, che non riescono a progredire nelle strutture in cui sono già inseriti rappresentanti di fantomatici comitati spontanei per la bioetica, e perché no sindacalisti, altri politici trombati a posti di maggior interesse, ecc. Sono molto scettico sulla soluzione di questo problema. Credo soltanto, infine, che se si deve creare un organismo di controllo preventivo sia preferibile lasciare tale organismo nelle mani della professione medica.

La vecchia regola di affidarsi all'autogoverno delle professioni non è una regola sempre disprezzabile. Lo è quando in tal modo si cerca di prevenire la concorrenza tra i professionisti, onde foraggiare alti compensi per servizi di modesto livello. Ma se le questioni in gioco sono del tipo di quelle qui affrontate, e continuiamo a credere che lo sviluppo della conoscenza sia un valore, allora la soluzione dell'autogoverno, bilanciato con meccanismi di responsabilità, appare sicuramente non buona, ma meno peggiore di altre.

Problemi di bioetica

di Furio Bouquet

1. Lo spazio della bioetica

Il rapido progresso delle conoscenze e delle tecnologie bio-mediche pone oggi problemi etici di non facile soluzione e sollecita una presa di coscienza, che non è nuova nella storia della medicina, ma non mai ha avuto un carattere tanto pressante: per fare un esempio, fino a 25 anni orsono, allorché Steele e Breg comunicarono la prima analisi cromosomica su cellule del liquido amniotico umano [1], «far diagnosi», momento fondamentale dell'operare medico, non poneva problemi etici di rilievo, ma il grande sviluppo successivo delle diverse tecniche di diagnosi prenatale ha aperto tutta una serie di interrogativi etici ai quali non siamo giunti sufficientemente attrezzati.

È nata così la *bioetica*, termine coniato nel 1971 dal biologo V.R. Potter [2], che ne ha parlato come di «un approccio cibernetico alla ricerca della saggezza».

Il termine «bioetica» ha subito visto schierati in campi opposti sostenitori e critici, questi ultimi convinti che la tradizionale espressione «etica medica» fosse sufficiente, e non ci fosse bisogno di un brutto neologismo.

Al di là di queste dispute, non ancora sopite, la bioetica si è affermata, nelle più diverse aree linguistiche e culturali [3] come disciplina

1. Steele, Breg, *Chromosome analysis of human amniotic fluid cells*, in *Lancet* I, 1966, 383.

2. V.R. Potter, *Bioethics. Bridge to the future*, Prentice-Hall, Englewood Cliffs, New York 1972.

3. C. Viafora (a cura di), *Vent'anni di Bioetica*, Fondazione Lanza e Libreria Gregoriana Editrice, Padova 1990.

autonoma che ha come oggetto *lo studio sistematico della condotta umana nell'ambito delle scienze della vita e della sanità, esaminata alla luce dei valori e dei principi morali* [4] (altri leggono diversamente l'inglese «of» e traducono «alla luce *di* valori e *di* principi morali»).

Va tuttavia ricordato come, anche tra coloro che riconoscono uno spazio autonomo alla bioetica, c'è chi dubita che essa possa essere definita una *disciplina*, con una sua epistemologia ed un suo corpo dottrinale, e preferisce considerarla un *movimento*, che fa capo al bisogno di ripensare la ricerca biologica e le sue applicazioni in termini etici.

Nell'introdurre i lavori del Comitato etico nazionale francese (1985) il Presidente Mitterand diceva «più veloce è il mondo, più velocemente esso va verso l'ignoto e bisogna aver tempo per riflettere: è il tempo dell'etica».

Tuttavia ci si muove ancora tra due estremi:

- *ad un estremo, non è riconosciuto, è negato, spazio all'etica*: è la posizione assunta negli anni sessanta da Marcus (citato da Sgreccia, 1988) [5], quando chiedeva che alle libertà della rivoluzione francese (la libertà dei diritti civili) ed a quelle della rivoluzione marxista (la libertà dal bisogno), si aggiungessero la libertà dal lavoro (che rende schiavo il corpo), la libertà dalla famiglia (che rende schiava l'affettività) e la libertà dall'etica (che rende schiava la mente).

Applicata al nostro tema, tale posizione diventa: «non ci sono problemi etici in ambito biomedico, ma solo problemi scientifici e tecnici: quel che si è imparato a fare può essere fatto».

- *All'estremo opposto, c'è il rischio del fondamentalismo, di una sorta di «sacralizzazione» della natura* (dove sacrale non è sinonimo di sacro, dimensione religiosa dell'esistenza, ma espressione di una sua deformazione): qui la natura rischia di diventare un intangibile patrimonio ricevuto, da custodire e conservare intatto e la bioetica rischia di diventare un insieme di permessi e di divieti [6].

In mezzo sta il *rischio della libertà*, intesa non solo come «libertà da...» (nel nostro caso, dalla sofferenza, dalla malattia), ma anche nel senso della «libertà per...» (nel nostro caso, per un «progetto salute», continuamente definito e ridefinito).

4. W.T. Reich (ed.), *Encyclopedia of Bioethics*, New York 1978.

5. E. Sgreccia, *Manuale di Bioetica*, Milano 1986.

6. M. Mori, *Il filosofo e l'etica della vita*, in *Bioetica* (a cura di Di Meo A. e Mancina C.), Bari 1988.

E c'è l'uomo che, spinto da un insopprimibile desiderio di conoscenza, non può che *«manipolare» la natura* [7], creando quindi nuovi problemi e cercando di affrontarli e risolverli, domandandosi ogni volta qual è il segno di questo «fare» e qual è la responsabilità nei confronti della natura, nella consapevolezza del rischio del possesso e del dominio.

Questo è lo spazio dell'etica, nella duplice dimensione, personale ed ecologica [8]:

- che fa capo all'*uomo come persona*: non un individuo dei tanti della specie, ma un essere unico ed irripetibile, con un suo destino unico, storico per tutti ed anche meta-storico per i credenti;
- che si muove *tra alcune apparenti antinomie*: primato della coscienza/irrinunciabilità della relazione (condizione per lo sviluppo della persona), primato dell'autonomia/impossibilità di prescindere dal patrimonio di valori ricevuti (e quindi da una certa eteronomia), obbedienza al codice dei valori condivisi/irrinunciabile disponibilità alla trasgressione (a fronte di eventi nuovi ai quali tale codice non si applica se non a spese della o facendo violenza alla persona) [9].

Parlando di manipolazione biomedica è appena necessario ricordare che l'operare medico ha due dimensioni, quella cognitiva (il conoscere della biologia) e quella etica (l'istanza terapeutica).

L'*atto medico* appare così [10] *fondamentalmente pratico* (esiste solo perché orientato al *curare* ed al *guarire*, originato dalla radicale disponibilità ad *aver cura* dell'altro, anche quando il «guarire» non può più essere un obiettivo ragionevolmente perseguibile) e *subordinatamente teoretico* (senza il supporto della ricerca e della conoscenza il curare diventerebbe un vano o pericoloso affacendarsi, incapace di dare una risposta adeguata all'istanza terapeutica).

È questo lo spazio della bioetica, che concerne tanto il momento della ricerca (gli strumenti, il metodo, l'impegno delle risorse...), quanto il momento dell'applicazione dei suo risultati (tecnologie, informazione e consenso, ancora una volta impegno delle risorse...), non essendo possibile dimenticare, neanche al livello epistemologico, che l'uomo è contemporaneamente «oggetto» della ricer-

7. J. Endres, *L'uomo manipolatore*, Roma 1974.
8. S. Spinsanti, *Etica bio-medica*, Milano 1987.
9. J. Malherbe, *Etica Medica*, Milano 1989.
10. P. Cattorini, *Medico e filosofo. Itinerari di una teoria della medicina*, in *Medicina e Morale* 36, 1986, 118-143.

ca e delle sue applicazioni e «soggetto» di conoscenza e di libere decisioni [11].

2. Il bambino e la bioetica

Ma quando parliamo di bioetica con riferimento all'età evolutiva, essa assume una valenza particolare, data dal fatto che il bambino, «protagonista piuttosto particolare della vita, inserito in singolare posizione lungo il fluire di essa, in quanto immediatamente collocato tra natura e cultura» [12], è fin dall'inizio un essere «affidato», il cui consenso è mediato, cosicché il normale divario tra «giuridicamente lecito» ed «eticamente buono» può dilatarsi, talora fino al conflitto tra interessi dell'adulto ed interessi del bambino [13].

Alcune situazioni esemplificano efficacemente la portata del tema e suscitano interrogativi che, al di là di semplificazioni riduttive, non sono stati ancora soddisfacentemente risolti.

3. La fecondazione assistita

Non ci può essere dubbio che la sterilità costituisca un limite, e possa essere guardata anche come una «malattia» e debba, se possibile, essere superata e vinta.

Non si può quindi dubitare del diritto a combattere la sterilità.

Ma *la sterilità è solo malattia*? Non ha forse dimensioni, culturalmente e socialmente condizionate, che vanno al di là della contrapposizione normale/patologico, e non possono essere ignorate e trascurate, pena una pericolosa semplificazione?

Il diritto a combattere la sterilità equivale al *diritto ad avere un figlio, a tutti i costi, a qualsiasi costo, a/in qualunque condizione?* O non si deve piuttosto considerare anche il diritto del bambino a nascere nelle condizioni che ne garantiscano la crescita come persona?

Il problema delle donne sieropositive per il virus dell'Aids pone oggi un quesito analogo, e più in generale *il problema dell'Aids*, di

11. M. Ceruti, *Autonomia del vivente ed Epistemologia Sperimentale*, in *Bioetica per il Bambino*, Pavia 1989.

12. G.R. Burgio, *Il bambino tra natura e cultura*, in *Federazione Medica* 43 (5), 1990, 359-363.

13. F. Panizon, *Etica Medica e Pediatria*, in *Rivista Italiana di Pediatria* 4/1, 1978, 81-92.

fronte al quale siamo ancora totalmente disarmati, ci costringe ad interrogarci sul senso del desiderio e della relazione sessuale: può un comportamento che celebra la vita diventare veicolo di morte per il partner e/o il figlio [14]?

4. La diagnosi prenatale

La *diagnosi prenatale* pone una serie di interrogativi analoghi.

In Cina e in Giappone, prima dell'occidentalizzazione, si pensava che il bambino alla nascita avesse già un anno [15].

La prima reazione è quella di sottolineare l'ingenuità prescientifica di tale convinzione, ma cosa ci dice il fatto che oggi, quando ancora la nostra età viene calcolata dall'inizio della vita extra-uterina, per molti l'album di famiglia comincia con le immagini ecografiche del bambino in utero, mettendo di fatto in discussione la definizione tradizionale della «nascita» e confermando intuitivamente ciò che la scienza viene scoprendo e cioè che esistono molte «competenze» che fanno del feto un «protagonista» attivo fin dalla vita intrauterina?

È possibile non domandarsi *chi è il destinatario della diagnosi prenatale?* La madre, il bambino, entrambi? Ed a quale scopo, ed a beneficio di chi, viene perseguita la diagnosi, che in medicina è tradizionalmente finalizzata alla terapia?

Ci si può fermare all'affermazione del *diritto ad avere un figlio sano* o non si deve riflettere sul *diritto del bambino ad essere concepito responsabilmente?*

È possibile impostare il discorso della *qualità della vita* [16] solo sulla contrapposizione tra difesa della vita ad ogni costo ed eliminazione della vita priva delle qualità richieste (da chi? con quali criteri?)?

Come la sterilità anche *l'handicap è un limite: ma può essere guardato solo come «malattia»?* O non ha forse dimensioni culturalmente e socialmente condizionate?

Non ci possono essere dubbi sul diritto/dovere a garantire al bambino che nascerà le migliori condizioni di vita possibili, ma ancora

14. J. Malherbe, *Orientamenti e tendenze della Bioetica nell'area linguistica francese*, in *Vent'anni di Bioetica* (a cura di Viafora c.), Padova 1990.

15. S. Spinsanti, *Etica bio-medica*, cit.

16. M. Mori, *Il filosofo e l'etica della vita*, cit.

una volta si ripropone il tema dell'assolutizzazione del punto di vista medico in termini di normale/patologico.

5. La terapia intensiva

La terapia intensiva nel bambino ripropone gli stessi problemi, ma apre anche una prospettiva simmetrica.

Il tema della «qualità della vita» sfocia qui nel tema della *qualità della morte*: certamente il criterio della consapevolezza di sé si applica male al bambino molto piccolo, ma le acquisizioni recenti sul *dolore del bambino* (del feto, del neonato e del bambino anche molto piccolo) ci impediscono una condizione di «buona coscienza» [17].

Ci troviamo di fronte al *dolore di chi non ha parola* e non è lontano il tempo in cui pensavamo che i «selvaggi» non potessero soffrire, chiudevamo gli occhi di fronte al dolore inflitto agli animali ed ai «matti): *possiamo ignorarlo*?

È indubbio che i progressi della medicina hanno permesso la sopravvivenza, anche senza esiti invalidanti, in condizioni solo pochi anni fa proibitive: basti pensare alla «grande prematurità» (fino al limite delle 24 settimane di età gestazionale), al «peso estremamente basso» alla nascita (fino al limite dei 500 grammi)..., ma questo non può far dimenticare che, fin dall'età neonatale si pone il problema che si è già posto per l'adulto: quando l'operare del medico diventa *accanimento terapeutico*, senza più riferimento con la duplice istanza terapeutica del «curare» e dell'«aver cura»?

6. I trapianti nell'età infantile

I *trapianti* pongono anche al pediatra problemi etici.

Anche se «sono l'espressione di due fallimenti: la morte spesso evitabile del «donatore», e la lesione irreparabile, anch'essa in molti casi prevenibile, dell'organo omologo del «ricevente» ed espongono al rischio del «crudele principio: mors tua vita mea» [18], la possibilità di mettere la morte al servizio della vita è un'indiscutibile conquista della medicina, come la «cultura della donazione» è un sicuro progresso nel senso dell'«etica della solidarietà».

17. F. Bouquet, *Appunti per una riflessione bioetica*, in *Il dolore nel bambino*, numero monografico di *Prospettive in Pediatria*, 1989 (vol. 19).

18. G. Berlinguer, *Bioetica quotidiana e bioetica di frontiera*, in *Bioetica* (a cura di Di Meo A. e Mancina C.), Bari 1989.

E tuttavia non possiamo eludere alcuni quesiti con connotazioni specifiche per l'età pediatrica.

Possiamo tranquillamente estendere al neonato, specialmente prematuro, i criteri per la diagnosi di «morte cerebrale», già codificati per l'adulto? Si può osservare che questo è un problema scientifico, ma non ci si può sottrarre all'interrogativo etico che esso sottende.

È possibile finalizzare una nascita all'utilità di disporre di «materiale biologico» con le caratteristiche richieste per il trapianto (per esempio midollo osseo isto-compatibile, da trapiantare in un fratello leucemico)?

Più ancora, è possibile finalizzare un concepimento ed un'interruzione di gravidanza al fine di disporre di materiale da utilizzare per «impianti» nel sistema nervoso centrale?

Ho tratteggiato alcuni temi, tralasciandone altri come la sperimentazione, il consenso, l'abuso, l'ospedalizzazione, ponendo solo degli interrogativi, ma lo scopo di questa riflessione non poteva essere quello di una trattazione sistematica né era quello di dare risposte a quesiti bioetici, ma quello di tratteggiare la giustificazione della domanda bioetica in pediatria.

La complessità dei problemi rende difficile, o almeno non scontato, che il medico assommi oggi tutte le competenze per affrontare le diverse dimensioni del suo agire.

Qui si pongono il tema dei *Comitati di Bioetica* e quello del diverso, ma non contrapposto, *ruolo del medico e del filosofo*, un tempo unificati, oggi invitati a confrontarsi sul terreno della bioetica: la funzione del medico si riferisce al «guarda ed agisci», quella del filosofo all'«immagina e ragiona».

Quella bioetica è una domanda che non si pone dietro, al di sopra, al di là, contro la scienza ed alle sue domande sul «come», ma ne costituisce l'irrinunciabile integrazione, ponendosi domande attorno al «perché».

Questo lascia anche intuire come la bioetica, ed ancor meno i Comitati di Bioetica, non possano essere gli strumenti del consenso tra posizioni etiche non conciliabili e d'altra parte «una pura oggettività priva di presupposti non si dà, è un'utopia scientifica... oggettività non significa assenza di presupposti, ma trasparenza sulla legittimità dell'esistenza e del modo d'agire dei presupposti... questo vale anche per la problematica etica» [19].

19. F. Demmer, *Deuten und handeln*, Freiburg 1985; tr. it. di M. Pedrazzoli, *Interpretare e agire*, Roma 1989.

Dietro espressioni entrate ormai nel linguaggio corrente, quali «rapporto costi/benefici», «qualità della vita»... stanno presupposti che debbono essere conosciuti per evitare un loro uso ambiguo o addirittura contraddittorio.

Bioetica e Comitati di Bioetica non possono comporre i «modelli di riferimento» (liberal-radicale, pragmatico, socio-biologico, personalista) [20]; (etica della sacralità della vita, etica della qualità della vita) [21]..., ma debbano essere piuttosto il luogo per un dialogo, per un confronto tra posizioni diverse, per la ricerca della più grande convergenza possibile, oltre alla quale si apre l'inviolabile campo della libertà di coscienza.

20. E. Sgreccia, *Manuale di Bioetica*, cit.
21. M. Mori, *Il filosofo e l'etica della vita*, cit.

Le tecniche di fecondazione assistita

di Gianfranco Scarselli, Giuseppe Ricci
e Francesco Barciulli

1. Introduzione

I primi tentativi di ottenere embrioni umani in laboratorio dall'unione in provetta («in vitro») di gameti maschili (spermatozoi) e gameti femminili (ovociti) risalgono agli anni quaranta e cinquanta, ad opera di Rock e Menkin (1944) e di Schettler (1951). Mentre nel campo della zootecnia ben presto si arrivò a standardizzare metodiche che consentivano la fecondazione extra-corporea delle uova e successivo trasferimento in utero dell'embrione con regolare svolgimento della gravidanza, in campo umano furono necessari diversi anni di studio perché si arrivasse a riprodurre artificialmente le prime fasi del fenomeno della riproduzione. Si deve soprattutto all'opera di due diversi gruppi di ricercatori, il gruppo inglese di Edwards e Steptee (Manchester, Cambridge) e il gruppo australiano di Lopata, Trounson e Wood (Melbourne) se alla fine degli anni settanta si raggiunse il primo successo.

Il primo caso di embrione ottenuto in laboratorio, fu descritto dagli australiani nel 1973, ma l'embrione non sopravvisse fino al «trasferimento» in utero. Occorsero altri 5 anni per registrare il primo risultato, con la nascita di Louise Brown, primo essere umano concepito in provetta, nascita che avvenne nel luglio 1978, nell'Oldham General Hospital di Manchester. Pochi mesi dopo anche il gruppo australiano ottenne la prima gravidanza a termine con la nascita di Candice Reed. Si apriva così l'era delle tecnologie riproduttive che dovevano trovare una rapida diffusione in tutto il mondo e subire una tumultuosa evoluzione nel volgere di pochi anni.

Attualmente sono nati diverse migliaia di bambini con la fecondazione in vitro e trasferimento dell'embrione in utero (Fivet), e molte altre tecniche di riproduzione assistita sono state sviluppate come varianti o alternative alla Fivet.

2. La Fivet (Fertilization In Vitro and Embryo Transfer)

Nella donna normale in età fertile ogni mese ha inizio una serie di eventi, molto complessi, che costituiscono nell'insieme il cosiddetto ciclo mestruale, che prende nome proprio dal fenomeno più eclatante, la mestruazione, e che ha lo scopo di portare alla maturazione di una cellula uovo o ovocita, disponibile per la fecondazione e nello stesso tempo di preparare l'organismo materno, e l'utero in particolare, ad accogliere un eventuale uovo fecondato. Sotto l'impulso di complessi meccanismi ormonali, ogni mese a livello dell'ovaio iniziano un ciclo maturativo diversi ovociti, ma solo uno viene selezionato e giunge a completare la maturazione, che avviene a metà circa del ciclo (quattordicesimo giorno in un ciclo tipico di 28 giorni). A questo punto la cellula uovo è rilasciata dall'ovaio (fenomeno dell'ovulazione) ed è captata dalla tuba. Inizia così il suo viaggio nelle vie genitali femminili dove, se la donna ha avuto rapporti sessuali, potrà incontrare gli spermatozoi ed essere fecondata.

Anche gli spermatozoi che vengono depositati in vagina durante il coito iniziano a migrare nelle vie genitali femminili, attraverso il canale cervicale, la cavità uterina, le tube. In questo lungo viaggio subiscono una drammatica selezione, per cui da svariati milioni (in ogni rapporto vengono emessi normalmente circa 200-400 milioni di spermatozoi) si riducono, nel tratto terminale delle tube, a poche centinaia. In questo tratto, detto tratto ampollare, si ritiene che avvenga l'incontro con l'ovocita. Soltanto uno spermatozoo può penetrare all'interno della cellula uovo, realizzandosi così il processo della fertilizzazione. L'uovo fecondato rimane 2-3 giorni nella tuba, dove per successive divisioni cellulari raggiunge lo stadio di embrione di 8-16 cellule. A questo punto arriva in cavità uterina dove si annida e si sviluppa per il resto della gravidanza.

Da questo breve riassunto degli eventi che portano all'avvio di una nuova vita, si evince come le tube abbiano un ruolo fondamentale, per il trasporto dei gameti e per il loro incontro. E proprio la sterilità tubarica, vale a dire casi di donne con danni irreversibili delle tube o prive di tube (per anomalie congenite, interventi chirurgici, ecc.), ha costituito da sempre una sfida per il medico ginecologo, che ha tentato in vari modi di risolvere tali problemi, ricorrendo alle più disparate tecniche chirurgiche, addirittura ai trapianti, ma senza risultati significativi. Proprio da questa esigenza è nata l'idea della Fivet, in cui si ripercorrono le tappe del processo riproduttivo, facendo avvenire in laboratorio ciò che normalmente si verifica nelle tube, vicariando alle loro funzioni.

In origine le candidate alla Fivet erano essenzialmente le pazienti con sterilità tubarica, ma ben presto le indicazioni si sono ampliate e quindi ridefinite con l'introduzione di altre tecniche di fecondazione assistita.

Attualmente si può affermare che l'indicazione primaria della Fivet è la sterilità tubarica definitiva, ma che tutte le altre forme di sterilità possono essere sottoposte a questo trattamento in caso di fallimento di tecniche più semplici.

Il procedimento della Fivet si articola in quattro fasi principali: a) si stimola con farmaci la maturazione degli ovociti; b) si prelevano dalle ovaie gli ovociti giunti a maturazione; c) si mettono in incubazione in provetta ovociti e spermatozoi fino ad ottenere la fertilizzazione; d) si trasferisce l'embrione nell'utero della madre.

a) *L'induzione e il «timing» dell'ovulazione*

Sebbene la prima gravidanza sia stata ottenuta con un ciclo naturale, successivamente è stata adottata da tutti la stimolazione farmacologica dell'ovulazione, per ottenere la maturazione di più ovociti (induzione della crescita follicolare multipla). Questo perché il ciclo naturale presenta alcuni fondamentali svantaggi: è disponibile un solo ovocita, ed invece si è osservato che le probabilità di successo aumentano, almeno fino ad un certo limite, se si ottengono più embrioni. In secondo luogo, il momento dell'ovulazione può avere un inizio estremamente variabile e la sua determinazione richiede l'esecuzione di ripetuti dosaggi sul sangue o sulle urine dell'ormone che scatena il meccanismo (ormone luteinizzante o LH), sia diurni che notturni, il che risulta estremamente pesante sia per la paziente che per il laboratorio.

Infine il prelievo dell'ovocita deve essere effettuato obbligatoriamente circa 34 ore dopo che l'ormone luteinizzante raggiunge il suo valore massimo (picco dell'LH), per cui potrebbe essere necessario intervenire in orari scomodi per gli operatori ed il laboratorio.

In considerazione di tutto questo sono stati elaborati protocolli di trattamento che consentono di ottenere un maggior numero di ovociti e di indurre l'ovulazione nel momento più favorevole con la somministrazione di un ormone che riproduce gli effetti dell'LH naturale, la gonadotropina corionica umana o hCG (human Chorionic Gonadotropin).

Durante la stimolazione farmacologica dell'ovulazione è indispensabile controllare la crescita dei follicoli, sia per identificare il momento più opportuno per far avvenire l'ovulazione con la somministrazione dell'hCG, sia per evitare una stimolazione esagerata delle ovaie. Il monitoraggio in genere è duplice: ecografico ed ormonale. Mediante l'ecografia, tecnica semplice e non invasiva che si avvale degli ultrasuoni per ottenere immagini degli organi interni del corpo umano, è possibile valutare quotidianamente in maniera del tutto atraumatica per la paziente, il numero e le dimensioni dei follicoli ovarici, che contengono le uova in maturazione.

b) *Il prelievo ovocitario*

Mentre i gameti maschili possono essere raccolti facilmente, più indaginosa è la procedura per prelevare gli ovociti, che devono essere aspirati direttamente dalle ovaie. Nei primi anni della fecondazione in vitro il prelievo dell'ovocita veniva eseguito in laparoscopia, con aspirazione sotto visione diretta. La tecnica, non del tutto semplice, aveva il grosso svantaggio di richiedere l'ospedalizzazione della paziente ed una anestesia generale. Successivamente è stato introdotto il prelievo sotto guida ecografica, per via transvaginale, transuretrale o transaddominale.

c) *La fertilizzazione*

Gli ovociti che sono stati prelevati vengono osservati al microscopio, al fine di valutarne il grado di maturazione. Se non sono maturi vengono messi in incubazione per un periodo di tempo variabile dalle 6 alle 24 ore. Nel frattempo viene preparato il liquido seminale, con metodiche che tendono a selezionare gli spermatozoi più validi e a indurre quelle modificazioni metaboliche e strutturali che permetteranno la fertilizzazione. Gli spermatozoi vengono lavati con particolari medium, per separarli dal resto del liquido seminale, che si ritiene contenga vari fattori che inibiscono la fertilizzazione.

Un numero variabile di 50-100.000 spermatozoi vengono messi in coltura con ciascun ovocita e si attende la fertilizzazione, complesso fenomeno che comprende la penetrazione di uno spermatozoo all'interno della cellula uovo e la fusione dei due nuclei. La penetrazione dello spermatozoo all'interno dell'ovocita induce le modificazioni finali dell'ovocita stesso (definite in termini tecnici come completamento della seconda divisione meiotica, a cui segue l'estrusione del secondo globulo polare). Dopo 16-17 ore, se la fusione di due gameti ha avuto successo, cioè è avvenuta la fertilizzazione, all'interno dell'uovo fecondato si può osservare la presenza di due strutture, dette pronuclei, che costituiscono il segno dell'inizio dello sviluppo dell'embrione, che procederà attraverso successive divisioni cellulari. Infatti dopo circa 37 ore la cellula uovo fecondata si è già divisa in due cellule, che a loro volta, in poche ore, si divideranno ancora, e lo stesso le cellule derivate. Tale processo di divisione cellulare proseguirà ininterrottamente, fino a dare origine a tutte le varie strutture dell'embrione, quando le varie cellule assumeranno caratteristiche specifiche (processo di differenziazione cellulare).

d) *Il trasferimento dell'embrione*

Dopo 48-72 ore dalla unione dei gameti, quando si sono già sviluppati embrioni di 4-8 cellule, si procede al loro trasferimento nell'utero materno. Mediante appositi cateteri, passando attraverso il canale cervicale e cercando di evitare ogni traumatismo, si depongono gli embrioni in cavità uterina, dove se tutto procede regolarmente si impianteranno e proseguiranno il loro normale sviluppo.

3. Risultati della Fivet

Le percentuali di gravidanze che si possono ottenere con la Fivet sono molto variabili. Vari fattori possono influenzare i risultati:

1. *la selezione delle coppie*; in molti centri vi sono criteri molto rigidi di ammissione alla Fivet. In particolare sono escluse le donne di età superiore ai 38-40 anni e i casi di sterilità maschile molto grave. È stato infatti dimostrato che dopo i 35 anni di età le probabilità di gravidanza sono molto ridotte, così come per valori molto bassi di spermatozoi validi;
2. *la definizione di gravidanza*; in molti casi sottoposti a Fivet si ha una gravidanza che si interrompe nelle primissime fasi, per cui l'unico segno è la presenza nel sangue dell'ormone specifico della gravidanza. Tali gravidanze, dette biochimiche, vengono di solito escluse dalle casistiche;
3. *la rappresentazione dei dati*; quando si calcola la percentuale di gravidanze («pregnancy rate»), bisogna tener conto che di tutte le coppie che fanno richiesta di Fivet, solo una parte viene accettata (per i limiti suddetti). Delle coppie che iniziano la terapia un'altra percentuale viene esclusa, in quanto la donna non riesce a produr-

re ovociti sufficienti. Il numero si riduce poi ulteriormente in quanto in alcuni casi, pur ottenendo ovociti maturi, gli spermatozoi non sono in grado di fecondarli. Di conseguenza se sono 100 le coppie ammesse alla Fivet, solo nel 60% circa dei casi si arriva ad ottenere l'embrione per il trasferimento in utero. Se si considera poi che di queste solo un 20-25% hanno una gravidanza, e che una certa percentuale esita in aborto, la percentuale finale di «bambini in braccio» è piuttosto bassa, e comunque varia notevolmente se calcolata in base alle coppie trattate, o a quelle che hanno ottenuto gli embrioni e così via.

Proprio per avere dati omogenei e controllabili, negli Stati Uniti, in Australia e in Francia sono stati istituiti registri nazionali. Da tali fonti, le più recenti pubblicazioni riportano percentuali di successo pari al 19-22,8% di gravidanze in tutte le coppie in cui si è arrivati al trasferimento dell'embrione (circa il 60% di quelle ammesse alla Fivet). La reale resa clinica, vale a dire la percentuale di gravidanze con parti con neonati vitali è invece del 14-15,5%.

4. Il Gift (Gamete Intra-Fallopian Transfer)

La più consistente critica etica e religiosa alla Fivet riguardava e riguarda la manipolazione dei gameti e degli embrioni e la fecondazione extra-corporea. La Fivet prevede un momento in cui la vita, almeno potenziale, esiste al di fuori del corpo umano, inoltre quasi sempre si ottiene un numero di embrioni in eccesso rispetto a quelli che vengono trasferiti nell'utero materno. Vi è quindi una selezione degli embrioni, basata su criteri a volte arbitrari, e gli embrioni eccedenti non hanno un destino ben definito. Spesso vengono congelati, per cui la vita umana, o quello che questi possono rappresentare secondo le convinzioni di ognuno, viene ad assumere una dimensione di sospensione temporale, finora sconosciuta.

Proprio nel tentativo di risolvere parte di questi problemi, di ricondurre tali tecniche ad un ambito fisiologico e soprattutto di rispettare i vincoli bio-etici della fertilizzazione, evitando la fase «in vitro», ha trovato larga accettazione la tecnica introdotta nel 1984 da Asch nota come Gift (Gamete Intra-Faloppian Transfer, trasferimento intratubarico dei gameti).

Si tratta di una procedura che ricalca i tempi della Fivet fino al prelievo dei gameti, con la differenza che questi non vengono messi in incubazione in laboratorio per ottenere l'embrione, ma vengono depositati nelle tube, dove avverrà la fecondazione (intra-corporea quindi).

In sintesi, si facilita l'incontro degli spermatozoi con gli ovociti, by-passando tutti gli ostacoli che questi potrebbero incontrare durante la loro migrazione.

Il Gift prevede che le pazienti siano sottoposte a stimolazione ovarica, a monitoraggio della crescita follicolare, a induzione dell'ovulazione, secondo i protocolli elaborati per la Fivet, e lo stesso avviene per il trattamento del liquido seminale. Il prelievo ovocitario viene effettuato per aspirazione follicolare in laparoscopia. Gli ovociti riconosciuti maturi vengono subito dopo caricati in un catetere, insieme a 100-200.000 spermatozoi opportunamente preparati. Sempre sotto visione laparoscopica il catetere è introdotto nella tuba e i gameti vengono trasferiti nel tratto ampollare, che si ritiene il sito naturale della fecondazione nella specie umana.

Questa tecnica, a differenza della Fivet, non prevedendo una fase di fecondazione extracorporea è stata accettata dalla Chiesa Cattolica, a patto che siano rispettate due condizioni. La prima è che la coppia abbia un normale rapporto sessuale, in cui l'uomo applica una sorta di condom forato che consenta di recuperare parte del liquido seminale da utilizzare. La seconda che nel catetere che viene impiegato per depositare i gameti nelle tube, gli ovociti siano separati dagli spermatozoi da una bolla d'aria, che garantisca che la fertilizzazione avvenga soltanto in vivo.

Il più grosso limite di questa tecnica è che, ovviamente, è necessario che almeno una tuba sia integra, per cui possono beneficiarne soltanto una parte delle coppie da sottoporre a Fivet.

5. Risultati del Gift

Anche i risultati riportati dai vari centri con il Gift sono molto variabili e risentono di tutti quei fattori già illustrati a proposito della Fivet. I dati medi, ricavati dai registri USA e da uno studio cooperativo italiano, indicano una percentuale di gravidanze cliniche del 27-29%, con una percentuale di neonati ridotta ulteriormente di un quinto. Occorre notare come sia molto importante l'indicazione, variando la «pregnancy rate» da un 10-15% nei casi di fattore immunologico o maschile ad un 30-40% nei casi di sterilità inspiegata. La percentuale di aborti spontanei è inferiore rispetto alla Fivet (16%

Vs. 25%), mentre il tasso di gravidanze extrauterine è sostanzialmente sovrapponibile (4%).

Se il Gift presenta significativi vantaggi rispetto alla Fivet, non solo etici, in quanto il processo di fertilizzazione e gli stadi successivi di sviluppo avvengono nella sede naturale e soprattutto l'embrione arriva in cavità uterina nel momento fisiologicamente più idoneo per l'impianto, nessuna informazione invece offre riguardo la capacità di interazione dei gameti. Vale a dire in caso di fallimento non consente di stabilire se i gameti di quella data coppia possono dare origine ad un embrione. Manca quindi in tal caso la prova di compatibilità di due partners.

Per sfruttare i vantaggi del Gift, come metodo più fisiologico, senza rinunciare alle potenzialità diagnostiche della fecondazione in vitro, sono state successivamente elaborate altre tecniche, che riproponevano però le stesse problematiche bioetiche della Fivet.

6. Zift, Prost, Tet

Nel 1986, Devroey per primo ha descritto la tecnica Zift (Zygote Intra-Fallopian Transfer, trasferimento intra-tubarico dello zigote), che consiste nel trasferire nella tuba anziché i gameti, lo zigote, vale a dire la struttura che si forma dopo 24 ore dalla fertilizzazione.

I risultati del Zift e del Tet sono molto incoraggianti (il Prost è stato in pratica abbandonato), e ormai esistono ampie casistiche che dimostrano come nei centri più affermati le percentuali di successo siano dell'ordine del 30-40% nei casi in cui si ottiene la fertilizzazione.

Nonostante i significativi progressi delle tecniche di fecondazione assistita, rimangono esclusi i casi di grave alterazione del liquido seminale e i casi in cui comunque gli spermatozoi, anche se di numero sufficiente, non riescono a fecondare, l'ovocita.

In questi ultimi anni sono state sviluppate nuove tecniche di micromanipolazione che rappresentano le nuove frontiere nel campo della fecondazione assistita. Il principio che ne è alla base è quello di favorire la penetrazione del singolo spermatozoo all'interno dell'ovocita con vari mezzi, fino all'estremo di iniettare meccanicamente lo spermatozoo nella cellula. Se da una parte si vengono in tal modo a superare altri eventuali ostacoli che si oppongono alla fusione dei gameti e soprattutto si offre una possibilità anche ad individui con numero estremamente basso di spermatozoi, dall'altra si esaspera l'impronta tecnologica della fecondazione e si pongono altri problemi.

Peraltro occorre anche considerare che ciò che fino ad alcuni decenni fa sembrava fantascienza, la nascita di un essere concepito in provetta, oggi è routine in molti centri, per cui è ipotizzabile che in un futuro molto prossimo tali tecniche trovino normale diffusione.

7. Tecniche di micromanipolazione

a) *Zona Drilling*
La zona pellucida è un involucro glicoproteico che riveste l'ovocita e probabilmente costituisce la principale barriera alla penetrazione degli spermatozoi. Infatti la sua completa rimozione provoca polispermia (penetrazione di più spermatozoi) e riduce la capacità di sviluppo dell'embrione. Sulla base di queste considerazioni si è ipotizzato che, in casi di gravi alterazioni degli spermatozoi, potesse essere efficace una tecnica che facilitasse in qualche modo il passaggio dello spermatozoo attraverso la zona pellucida. Sono state proposte varie procedure: dissoluzione con soluzione di Tyrode a pH acido, con enzimi, tipo tripsina o pronasi, ma con scarsi risultati, in quanto si determina comunque una grave lesione dell'ovocita.

b) *Interruzione parziale della zona pellucida*
Molto più interessante è risultata la cosiddetta «zona cracking» o la sua variante «partial zona dissection», in cui si provoca la perforazione meccanica con microaghi, o più recentemente con raggio laser.

c) *Microinseminazione e microiniezione*
La microinseminazione consiste nella introduzione mediante micromanipolatori di uno o più spermatozoi nello spazio perivitellino, al di sotto della zona pellucida. La microiniezione consiste nella introduzione diretta di un singolo spermatozoo nel citoplasma dell'ovocita.

8. Altre tecniche di micromanipolazione

La biologia molecolare, l'ingegneria genetica, o più generalmente le bio-tecnologie possono essere applicate alla riproduzione umana attraverso la fertilizzazione in vitro. Tuttavia la possibilità di effettuare una procedura non equivale a legittimarla. Alcune metodologie sperimentate nell'animale non sono, per lo meno per ora, trasferibili alla medicina umana, possono comunque fornire utili informazioni sia sulla fisiologia, sia su future terapie.

a) *Enucleazione microchirurgica*

Il 5% circa delle fecondazioni in vitro è complicata da polispermia; come già detto la penetrazione di più spermatozoi all'interno dell'ovocita impedisce che l'embrione abbia un regolare sviluppo. Questo problema è particolarmente importante nei casi in cui gli ovociti disponibili sono pochi. È stata messa a punto una tecnica di micromanipolazione per eliminare l'eccesso di pronuclei in uno zigote.

b) *Biopsia ovocitaria o embrionaria*

La possibilità di prelevare parti dell'embrione da analizzare si basa sulla totipotenza dei singoli blastomeri fino allo stadio di 8 cellule. Vale a dire fino a quando l'embrione è costituito solo da 8 cellule, ognuna (blastomero) è in grado di dare origine ad un individuo completo, per cui il prelievo di un blastomero a questo stadio non altera le capacità di sviluppo dell'embrione.

La possibilità di analizzare direttamente il Dna dell'embrione amplia notevolmente il campo delle diagnosi che è possibile effettuare precocemente. Un sostanziale progresso è stato ottenuto con l'introduzione di tecniche che consentono di ottenere risultati in poche ore e con pochissimo materiale (amplificazione selettiva del Dna o «Polyumerase Chain Reaction»). Questo ha consentito anche di esaminare il Dna di singoli ovociti, permettendo di accertare la possibilità di trasmissione di malattie su base genetica, quali la fibrosi cistica e la distrofia muscolare, o di prevenire la nascita di bambini con Sindrome di Down (mongolismo).

c) *Inserzione di nuovi geni nell'embrione*

Si tratta di tecniche sperimentate negli animali, che consistono nella microiniezione di Dna estraneo del pronucleo maschile degli ovociti fecondati. I topi nati dopo queste manipolazioni sono definiti «transgenici» e sono in grado di trasmettere il gene estraneo alla progenie. Sono stati utilizzati per riprodurre diversi modelli di malattie umane, infettive e genetiche, dimostrando anche l'efficacia di una eventuale terapia genica, oppure nell'industria farmacologica o agricola.

9. Problematiche delle tecniche di fecondazione assistita

La manipolazione dei gameti e degli embrioni e le possibilità che si aprono hanno portato ad una serie di problemi che aumentano con l'evolversi delle stesse tecniche. Si può fare un semplice accenno a quelli più rilevanti.

a) *Donazione di gameti, embrioni*
Le tecniche di fecondazione assistita prevedono la possibilità di donare con successo, non solo gli spermatozoi, come da tempo è pratica, ma anche gli ovociti e gli embrioni. Ne consegue una mancata coincidenza fra genitori biologi (l'uno o l'altro, o entrambi) e i genitori sociali.

b) *Crioconservazione di gameti, embrioni*
È possibile attualmente congelare gli spermatozoi e gli embrioni, mentre maggiori difficoltà sussistono per gli ovociti. Questo comporta una paradossale scissione fra fecondazione e gestazione.

c) *«Affitto» di uteri*
È possibile trasferire gameti o embrioni di una coppia nell'utero di una donna estranea alla coppia stessa, e ottenere gravidanze a termine. Il nato è poi adottato dalla coppia «committente».

d) *Selezione del sesso*
È possibile determinare il sesso già sullo zigote, potendo così in teoria prevenire malattie genetiche legate al sesso (anche se sono molto rare). Tale metodica potrebbe essere utilizzata impropriamente soltanto per ottenere su richiesta della coppia un feto del sesso desiderato.

e) *Studi sugli embrioni*
Gli studi sull'embrione umano potrebbero portare ad una maggiore comprensione dei meccanismi dell'embriogenesi, degli effetti di sostanze e farmaci sulla teratogenesi, alla diagnostica precoce di anomalie.

Tali problematiche escono necessariamente dall'ambito puramente scientifico ed investono la sfera del diritto e dell'etica, con infinite implicazioni di ordine filosofico, antropologico, psicologico, sociale.

Purtroppo alla tumultuosa evoluzione delle tecniche di fecondazione assistita non ha fatto seguito un altrettanto rapido impegno di coloro preposti a tracciare le linee guida del vivere sociale e civile, o quantomeno tale impegno non si è concretizzato. La tendenza pressoché generalizzata in tutti i paesi è stata di non legiferare, ma di preparare il terreno ad una regolamentazione.

Nell'attesa tutta la materia si muove in un clima di estrema incertezza e di imbarazzo legati essenzialmente al fatto che ci si trova di fronte a nuove entità giuridiche, quali i gameti, gli embrioni, a paternità, maternità, non assimilabili, se non pretestuosamente, ad altre figure previste dal nostro ordinamento. È auspicabile quindi che rapidamente si arrivi ad una regolamentazione di tutte le tecniche di riproduzione, che fissi limiti e obblighi, nel rispetto e nella tutela di tutti i soggetti della fecondazione assistita: coppie, nascituri, nati, operatori sanitari. Necessariamente le scelte saranno su indicazioni politiche, in quanto né con categorie etiche, né con categorie filosofiche è possibile stabilire con assolutezza quando la persona umana diventa tale ed ha perciò diritto ad essere tutelata.

Bibliografia

P.C. Steptoe, R.G. Edwards, *Birth after the re-implantation of a human embryo*, in *Lancet*, 1978, 2: 366.

R.H. Asch, L.R. Ellsworth, J.P. Balmaceda, *Pregnancy following translaparoscopic gamete intrafallopian transfer (Gift)*, in *Lancet*, 1984, 2: 1034.

P. Devroey, P. Braeckmans, J. Smitz, L. Van Waesberghe, A. Wisanto, A.C. Van Steirteghem, L. Heytens, F. Camus, *Pregnancy after tranlaparoscopic zygote intrafallopian transfer in a patient with sperm antibodies*, in *Lancet*, 1986, 1: 1329.

H.W. Jones, G.S. Jones, G.D. Hodgen, R. Zosenwaks, *In Vitro Fertilization*, Baltimore 1986.

J.L. Yovich, D.G. Blackledge, P.A. Richardson, P.L. Matson, S.R. Turner, R. Draper, *Pregnancies following pronuclear stage, tubal transfer*, in *Fertil. Steril.*, 1987, 48: 851.

J.P. Balmaceda, C. Gastaldi, J. Remohi, C. Borrero, T. Ord, R.H. Asch, *Tubal embryo transfer as a treatment for infertility due to male factor.*, in *Fertil. Steril.*, 1988, 50: 476.

M.M. Seibel, *A new era in reproductive technology. In vitro fertilization, gamete intrafallopian transfer, and donated gametes and embryos*, in *N. Engl. J. Med.*, 1988, 318: 828.

J.W. Gordon, N. Laufer, *Applications of micromanipulation to human in vitro fertilization*, in *Vitro Fertil. Embryo Trans.*, 1988, 5: 57.

E. Cefalù, A.P. Ferraretti, L. Gianaroli, *Evoluzione delle tecniche Fivet e Gift*, Palermo 1988.

E. Cittadini, *La sterilità umana*, Palermo 1990.

Ngf S.c., A. Bongso, H. Sathananthan, S.S. Ratnam, *Micromanipulation: its relevance to human in vitro fertilization*, in *Fertil. Steril.*, 1990, 53: 203.

The American Fertility Society Ethics Committee, Ethical Considerations of the New Reproductive Technologies, in *Fertil. Steril.*, 1990, 53: Suppl. 2.

Parte terza

Il bambino e l'impresa

Oggetti di consumo e bambini-consumatori

di Enzo Marigonda

1. Espansione dei consumi infantili

Nel grande gioco della produzione e del consumo di oggetti di marca e di massa, il bambino ha oggi il ruolo riconosciuto di un protagonista.

Uomini di marketing e pubblicitari trattano con un occhio di particolare riguardo il bambino-consumatore, non solo utilizzandolo come una presenza privilegiata all'interno di molte argomentazioni di vendita, ma cercando di studiarne in modo più sistematico i gusti emergenti, i comportamenti di scelta, le aspettative, le reazioni ai prodotti e ai messaggi che via via escono alla ribalta.

Tale sforzo è giustificato dalla crescente rilevanza economica dei beni di consumo destinati ai bambini e ai teenagers, o comunque fruiti da essi. Si tratta di un mercato tuttora in espansione a dispetto della stagnazione demografica, che si traduce in un restringimento del parco dei potenziali consumatori.

L'espansione si spiega perciò in termini di maggiore intensità e frequenza dei consumi infantili, grazie a una condizione generalizzata di agiatezza e disponibilità a spendere da parte delle famiglie.

Oltre all'aumento in cifre assolute della spesa familiare per i consumi dei figli, si registra una tendenza alla maggiore articolazione di tale spesa, che diventa più differenziata, distribuita su più classi e tipi di prodotti, dove è notevole l'incidenza delle forme di consumo ad alto tasso di tecnologia (home computer, apparecchiature musicali, videogames, ecc.), ma anche quella dei beni di consumo più legati al «look» individuale (capi d'abbigliamento, accessori per la scuola, ecc.).

2. Precoci responsabilità consumistiche

Accanto e parallelamente all'aumento quantitativo, si possono avvertire all'interno dei consumi infantili un insieme di mutamenti di tipo qualitativo, lenti e non sempre facili da cogliere, che riguardano la relazione tra il bambino e gli oggetti.

Il fenomeno mutativo più evidente – e in certa misura apparente – riguarda la condizione di minore passività e dipendenza che il bambino verrebbe ad assumere di fronte a un'offerta di beni di consumo via via più accessibile, variegata, generosa al limite della sovrabbondanza.

Oggi il minore non è un semplice consumatore-destinatario di prodotti, marche e messaggi pubblicitari, ma ha sempre più spesso la possibilità di essere un acquirente in proprio, in grado di prendere decisioni di spesa, «amministrando» a suo piacimento le piccole (o non tanto piccole) somme di denaro che gli vengono elargite con regolarità dagli adulti della famiglia.

Oltre a ciò – cosa anche più importante – il bambino-consumatore contribuisce in maniera consistente a determinare gli orientamenti di scelta e d'acquisto dei genitori a proposito sia dei prodotti che lo riguardano direttamente sia di altre forme di consumo che investono l'intera famiglia (p. es. i prodotti alimentari).

È un'influenza assai diffusa, che si esercita attraverso varie strategie, a volte sottili, sempre basate su una pressione affettiva, pacificamente accettata all'interno di tante famiglie che finiscono per attribuire ai figli una sorta di specializzazione consumistica, un'indiscussa competenza in fatto di marche, marchi e pubblicità.

In molte case, per un tacito accordo, il bambino o il teenager diventano così arbitri e mediatori tra le scelte di consumo della famiglia e le novità del mercato e della moda.

Ciò naturalmente deriva anche dalle molte ore che i figli passano davanti alla TV, principale fonte di conoscenza e luogo di formazione del bambino in quanto consumatore.

La superiore competenza consumistica del bambino appare quindi come un dato di fatto: chi meglio di lui sa citare a memoria slogan, battute, jingle, situazioni, personaggi delle trasmissioni sponsorizzate o dai telecomunicati che passano senza sosta sulle reti private e pubbliche?

Su questo terreno si manifesta un atteggiamento abbastanza ambiguo da parte di molti genitori, che da un lato sono portati a deplorare gli eccessi televisivi e consumistici perpetrati in famiglia, mentre dall'altro lato si avvantaggiano della dipendenza dalla TV (apprezzata per la sua funzione di baby-sitting o, più ipocritamente, per i suoi valori istruttivi) e si mostrano inclini a incoraggiare la derisoria autorità consumistica dei figli.

A ben vedere, qui si riconosce una profonda collusione tra figli e genitori.

Questi ultimi riconoscono nella massiccia esposizione ai mezzi di massa e nelle opzioni consumistiche dei figli un sostanziale rispecchiamento delle loro proprie istanze di evasione onirico-televisiva e di ipervalutazione degli oggetti di consumo.

Nello stesso tempo se ne preoccupano, sia pure platonicamente, in quanto non possono fare a meno di riconoscere nei figli l'estremizzazione della propria dipendenza, in condizioni ovviamente di maggiore vulnerabilità, vale a dire in assenza delle difese culturali adulte di cui i genitori possono disporre.

In sostanza, c'è una caratteristica oscillazione tra due atteggiamenti contrapposti, che riguardano tanto gli adulti quanto i bambini di fronte a un'offerta di oggetti-messaggi sempre più soddisfacente o soverchiante.

Da una parte, si riscontra una posizione di tipo euforico: il piacere di appagare una molteplicità di desideri e fantasie attraverso gli oggetti-messaggi, la consapevolezza di poterli controllare e tenere al proprio servizio, il gusto di dominarne virtuosisticamente la proliferazione.

Dall'altra parte, emerge una posizione disforica, di timore e inquietudine davanti alla possibilità di soccombere alla prepotenza degli oggetti-messaggi, di perdere il controllo, di essere invasi e soffocati, di non riuscire più a condurre e a padroneggiare il gioco senza fine dei consumi.

Tra questi due estremi, che in qualche modo ripropongono il classico antagonismo tra integrati e apocalittici, ciascuno trova il proprio punto di mediazione più o meno instabile.

Inevitabilmente, insomma, ciascuno perviene a una risposta individuale di adattamento all'offerta di oggetti di consumo, continuamente rinnovata da produttori e comunicatori.

Ciò vale sia per gli adulti sia per i bambini, ma nel caso dei bambini la risposta adattiva è forse meno consapevole e comunque tutta da indagare, se non altro perché si riferisce a uno spazio consumistico molto più affollato e complesso già in partenza, cioè fin dal momento in cui si viene al mondo (c'è già Chicco, Prénatal, Pampers, ecc.).

3. Evoluzione del gusto infantile e moda

Le ricerche psico-sociali promosse dalle aziende e dalle agenzie pubblicitarie interessate aiutano a chiarire gli aspetti più osservabili del rapporto tra il bambino-consumatore e l'attuale panorama dell'offerta di oggetti.

Un primo aspetto riguarda l'ingresso sempre più precoce del bambino nella «società dei consumi», la sua rapida assimilazione di gusti e comportamenti fino a poco tempo fa attribuiti a un pubblico con qualche anno di età in più.

Ne consegue uno slittamento dell'offerta di molti oggetti verso fasce d'età via via inferiori.

Tale spinta all'anticipazione scompagina in certa misura e rende poco utilizzabili le normali distinzioni in stadi di sviluppo, mettendo in imbarazzo gli stessi specialisti che assistono i produttori nella commercializzazione dei beni di consumo infantili.

Un secondo punto riguarda l'accelerazione dei ritmi di successione e l'accorciamento dei cicli di vita degli oggetti.

A questa generale velocizzazione corrispondono cambiamenti di abitudini e di preferenze sempre più serrati presso il pubblico più giovane, che sviluppa una capacità di ricezione e di adattamento alle mode così elevata da evitare ben presto i contraccolpi e i rischi di spiazzamento di fronte ai mutamenti successivi.

Le fluttuazioni del gusto e gli avvicendamenti appaiono particolarmente nette e veloci nel caso dei giocattoli e dei giochi, dei cartoons televisivi e dei consumi musicali, dei personaggi del cinema di fantasy e del relativo merchandising.

Le indagini di mercato sui consumi infantili, poi, attirano l'attenzione sulla precoce divaricazione tra maschi e femmine per quanto riguarda le tipologie di oggetti preferiti e gli orientamenti di gusto.

Mentre le scelte maschili si cristallizzano ben presto sugli oggetti che mobilitano fantasie di primato, aggressività, ultrapotenza, quelle delle bambine sono funzionali piuttosto della scoperta del proprio spazio interno e al culto delle emozioni, orientandosi verso un'oggettistica meno convenzionale, fatta di portafortuna, cancelleria minuta, oroscopi, cartoons di tipo romantico, piccola cosmetica…

In ogni caso, la scarsa permeabilità tra i due orientamenti si stabilizza in fretta, essendo al servizio della personale ricerca di identità psicosessuale.

Un ulteriore dato di ricerca circa le pubblicità più apprezzate dai bambini-consumatori, maschi e femmine, mostra il relativo declino della ripetitività a vantaggio degli effetti di sorpresa, novità, imprevisto.

Il fascino dell'iterazione appare via via relegato al settore dei messaggi di tipo strettamente favolistico, mentre dai cinque-sei anni in su vengono palesemente premiati prodotti e marche che utilizzano messaggi innovativi e capaci di rinnovarsi di frequente, offrendo un valore aggiunto di spettacolarità e stupefazione.

È vero che questo «premio di novità» vale anche per il pubblico adulto, ma nel caso dei consumatori più giovani acquista un peso particolare, costituendosi fin dai primi anni di età come una categoria stabile e preminente del gusto.

L'estesa valorizzazione del nuovo e la sua equivalenza con il bello o il desiderabile finisce per essere l'anticamera dell'adesione individuale agli imperativi dell'effimero e della moda.

4. Peculiarità degli oggetti di consumo. Quantità

Di fronte a un quadro così frammentato e in rapido divenire, dove è evidente l'omologazione del pubblico infantile al sistema della moda che domina tanta parte della vita quotidiana, rimane tuttavia aperto qualche interrogativo di fondo: che cosa distingue veramente gli oggetti di consumo dagli altri oggetti? come «si danno» gli oggetti di consumo all'esperienza soggettiva del minore? con quali caratteristiche peculiari si presentano questi oggetti al piccolo individuo che sta crescendo? che cosa sono e che cosa offrono realmente i prodotti attraverso cui il bambino si scopre e si determina come «bambino-consumatore»?

Si è già notato come oggi il bambino sia esposto a un flusso continuo, variegato, facilmente fruibile di prodotti e messaggi.

Lo spazio di vita del minore è gremito, affollato, a volte saturo di oggetti: basti dare un'occhiata a qualsiasi stanza dei giochi (ma anche seconda casa, camper, frigorifero, ecc.) di qualsiasi famiglia di ceto medio o anche medio-basso presa a caso, per imbattersi in una profusione di oggetti di consumo che variamente ambiscono a dare un soddisfacimento a 360 gradi dei desideri della prole.

Da questo punto di vista, non si può certo affermare che il bambino degli anni novanta viva in un contesto povero di stimoli o poco appagante, e questa condizione ha senz'altro i suoi lati positivi. Se poi si guarda più in generale alla gestione del tempo libero infantile da parte delle famiglie, occorre notare un insieme di pratiche e di servizi che presentano analoghi caratteri di consumo e di moda: la piscina, il corso di danza, le lezioni di lingua straniera, le arti marziali, ecc.

Altri stimoli, altre incombenze e forme di soddisfacimento si aggiungono così agli oggetti di consumo veri e propri.

Spazio e tempo di vita del minore appaiono dunque come uno spazio pieno, come un tempo dell'appagamento (oltre che dell'efficienza e del dovere, che però appagano ugualmente qualcuno: quanto meno, i genitori), dove la dimensione della quiete, del vuoto, della mancanza viene rimossa o tende a scomparire.

In breve, la pura e semplice pressione quantitativa degli oggetti (intesi in senso ampio, come forme di consumo) si traduce in occupazione permanente del campo di coscienza del bambino e avvantaggia alcune forme di esperienza rispetto ad altre: l'impulso, l'incostanza, la ricerca del piacere immediato, l'esibizione, la sazietà, il rumore, ecc.; piuttosto che la costanza, il differimento del piacere, la rinuncia, la solitudine, la nostalgia, il silenzio…

5. Nome e individualità

Una peculiarità così ovvia da sfuggire all'analisi è poi il fatto che gli oggetti di consumo portano un nome, e spesso anche un cognome: la denominazione di prodotto e di marca, la casa produttrice, la linea, la firma.

Le cose che si comprano, pur essendo il frutto di una produzione di massa, si presentano con un forte tratto d'individualità e sono distinte tra loro in base a tale tratto.

È noto che, all'interno dei singoli settori di mercato, di solito i prodotti risultano pressoché intercambiabili ed equivalenti quanto alle loro prestazioni effettive.

Oggi come oggi, le proprietà, le funzioni, le qualità costruttive e di composizione di molti oggetti di marca – dai dentifrici ai motorini, dalle bevande gassate ai jeans – non differiscono per nulla o quasi.

Di fatto e di norma, la scelta di un prodotto non si appoggia su una reale capacità di discriminare e di riconoscere i suoi meriti intrinseci, ma è affidata al suo nome e ai contrassegni esteriori (confezione, styling, ecc.) che lo accompagnano.

Ciò vale a maggior ragione per i bambini-consumatori, alla ricerca evidente di orientamento nella lussureggiante selva degli oggetti.

Non solo i bambini sviluppano assai presto una notevole abilità nel destreggiarsi tra nomi, firme, marche, ma soprattutto apprendono a privilegiare le proprietà «secondarie» dei prodotti, a riconoscere senza esitazioni il primato della marca e dell'immagine sulle proprietà più materiali e dirette.

Il riconoscimento, beninteso, è per lo più acritico (almeno, prima degli undici-dodici anni). Ma ciò che importa sottolineare è che l'oggetto di consumo acquista significato per il bambino a partire dal nome, dalla marca, dalla sua individualità a livello simbolico, e non dalla materialità delle sue prestazioni.

Tale tendenza si osserva con particolare chiarezza a proposito degli oggetti che hanno a che fare con la socialità, cioè con l'immagine di sé che il minore offre all'esterno della famiglia: a scuola, nel tempo libero fuori casa, nei rapporti interpersonali e di gruppo.

Prima ancora di valutarne capienza, comodità e colori, è essenziale che lo zainetto sia un Invicta; le scarpe, certo, devono essere pratiche e robuste, ma soprattutto Timberland; la qualità del suono sarà comunque superiore, anche contro ogni evidenza, se l'apparecchio di riproduzione è un Sony, un Philips, un Pioneer; e così via differenziando per categoria di prodotto, ferma restando la mutevolezza e la rapidità di avvicendamento dei nomi più qualificati, magici, prestigiosi.

Certamente, nelle scelte di consumo del minore si ritrovano in germe le medesime istanze che governano le scelte dell'adulto: il bisogno di prestigio e di distinzione.

Ma a queste istanze, corroborate dalla dinamica stessa delle mode che in ogni caso rendono instabili i valori dell'offerta, si aggiunge un più immediato e profondo bisogno d'individuazione, che fa parte della logica stessa – o meglio, della psicologia – del crescere e del diventare grandi.

La spinta a autodeterminarsi individualmente con l'aiuto dei consumi appare ampiamente diffusa e sostenuta proprio dall'individualità dei nomi, delle firme, delle marche, che in questo senso vengono ad assumere la stessa consistenza mitica di altri strumenti di individuazione notoriamente mutuati dalle comunicazioni di massa: le squadre di calcio e i campioni dello sport, gli eroi dei fumetti e dei cartoni animati, i divi della TV e della musica giovane.

Una prova del forte legame tra le «star» del mercato e i processi d'individuazione nelle loro manifestazioni più esteriori si può trovare nell'abitudine ormai molto diffusa d'indossare capi d'abbigliamento, o di portare oggetti personali, contrassegnati da un marchio commerciale bene in vista.

Il caso più comune è forse quello delle magliette o giubbotti o felpe che fanno dei loro portatori altrettanti «bambini-sandwich». In effetti, recare il nome di una marca su di sé amplifica l'azione della pubblicità su quella marca, ma soprattutto è funzionale a una sorta di autopubblicità tramite le proprietà comunicative connesse a quella marca.

Di sicuro, un'abitudine del genere rivela una forte componente ludico-umoristica, tant'è vero che altrettanto spesso si vedono in giro tute e maglie con scritte spiritose, simboli divertenti, ecc., che perseguono analoghi risultati di simpatia, sorpresa, distanziamento ironico.

Resta però il fatto che i contrassegni commerciali, i nomi delle cose si costituiscono come uno dei più diffusi «materiali da costruzione» dell'immagine esterna di sé che il bambino deriva dal mondo dei consumi e utilizza più o meno passivamente, in un gioco combinatorio senza fine.

6. Dotazione d'immagine

Il tema del nome e dell'individualità degli oggetti si prolunga e trova il suo senso compiuto in una questione complementare: quella, fin troppo nota dell'«immagine» dei prodotti.

Se il nome, il marchio, la firma servono a conferire un'identità ai prodotti, questi assumono un carattere più complesso, una «personalità» vera e propria solo attraverso l'accumulazione di un patrimonio immaginario: attraverso un'immagine, appunto.

Tale immagine è il derivato di un insieme di atti comunicativi, intenzionali o anche incidentali, tra cui la pubblicità fa la parte del leone, agli occhi della coscienza collettiva.

I bambini di fatto apprendono a conoscere, distinguere e consumare i prodotti con la mediazione della pubblicità.

Il più delle volte, gli oggetti di consumo si offrono all'esperienza del minore sotto forma di messaggi prima ancora che sotto forma di cose materiali.

Analogamente a quanto accade al pubblico adulto, il bambino viene a contatto con un'epifania del prodotto, abbinata, o meglio, incorporata in una narrazione di tipo mitico.

Diversamente dall'adulto, però, il minore è meno ancorato

all'esame di realtà e più incerto nello stabilire uno scarto tra il piano della «verità» e quello del desiderio.

Movendo dalla perfezione, dalla bellezza, dal fasto con cui il prodotto è rappresentato nel messaggio pubblicitario, avviene infatti che il bambino provi un senso di delusione di fronte al prodotto reale: molto meno bello e smagliante, più piccolo e modesto a paragone della sua icona pubblicitaria, investita dal desiderio e assunta come forma autentica dell'oggetto.

Una simile caduta di tensione naturalmente riguarda anche la situazione narrativa in cui il prodotto è inserito in pubblicità: alla fascinazione del mito subentra la mediocrità del godimento reale. È questo un divario tipico, che si estende alla totalità delle formazioni mitiche offerte dalla cultura di massa: l'impossibilità di prolungare i sogni di perfezione, felicità e onnipotenza nell'esperienza vissuta insinua paradossali tendenze rivendicative e atteggiamenti critici nei confronti sia della realtà esterna che del mondo interno, come se ci si sentisse derubati di un diritto all'appagamento, maturato nella dimensione onirico-spettacolare che domina i mass media più importanti, TV in testa.

Ovviamente, si tratta di una delusione che poi viene elaborata in termini razionali, ma che tuttavia lascia un piccolo strascico di risentimento, che si traduce in quelle tipiche note d'insoddisfazione e di tristezza che a volte si accompagnano alle circostanze reali di consumo e di divertimento.

Con questo, non si deve pensare che il bambino prenda sul serio le promesse della pubblicità al punto da scandalizzarsi per il fatto che la realtà è diversa.

È senz'altro vero che il messaggio pubblicitario mira a costruire intorno al bene di consumo una cornice di tipo immaginario, su cui si basa la scelta e l'acquisto del bene stesso.

Si può anzi affermare che i prodotti non sono altro che immagine, e che il minore s'interesserà a un oggetto di consumo quanto più sarà sedotto dalla sua immagine: dai simbolismi, dalle storie, dalle musiche, dai testi che la compongono e la fanno emergere.

Ma l'impiego che il bambino fa del patrimonio immaginario del prodotto non si ferma a un'interpretazione letterale del tipo: se la bibita x mette allegria addosso a chi la beve in pubblicità, allora vuol dire che quando voglio essere più allegro mi compro x.

Bambini e teenagers in realtà risultano piuttosto smaliziati, spesso assai più abili degli adulti a cogliere risvolti e ambiguità di senso anche delle comunicazioni più sofisticate.

La fascinazione lavora a un altro livello.

Ogni prodotto viene a collocarsi al centro di un piccolo sistema simbolico in evoluzione, derivato dalla somma dei messaggi più significativi su quel prodotto.

Mano a mano che il sistema si organizza e si arricchisce, il prodotto acquista una maggiore consistenza immaginaria e diventa il protagonista, il nume tutelare del suo mondo simbolico.

Se tutto procede in modo coerente, senza brusche svolte o contraddizioni, l'oggetto di consumo giunge a acquisire una dotazione immaginaria stabile, vale a dire un'elevata capacità di evocare (sul piano cosciente o preconscio) con la sua sola presenza una serie di suggestioni, fantasie, immagini mentali piacevoli, appaganti e soprattutto precise, disposte su una banda ristretta o comunque ben distinta di sentimenti e affetti, il cui legame con la realtà materiale è tutto da stabilire.

In altre parole, una volta trattato simbolicamente l'oggetto di consumo funge da talismano, da chiave o pertugio che permette di accedere a un mondo di esperienza altro da quello di ogni giorno, più a contatto con il mito, o meglio, con l'immenso repertorio mitico già costituito e continuamente rinnovato della cultura di massa (cinema, TV, videoclips, musica, fumetti, ecc.).

A ciò si aggiunge un premio di spettacolarità, che il prodotto-messaggio è in grado di offrire quanto più il suo raccordo con il repertorio dei miti, oltre ad essere solido, è proposto in forma innovativa e distintiva.

Per fare un esempio, la pubblicità per una gomma da masticare come Brooklyn può avvalersi di un particolare repertorio mitico – mettiamo, la love story di sapore hollywoodiano – che viene così contrassegnato, «posseduto» per un certo tempo da quella marca.

Annettendosi quella specifica provincia dell'immaginario giovanile, la marca in questione indurrà a pensare l'America dell'avventura e del grande cinema secondo una direzione per così dire precodificata.

Il giovane spettatore-consumatore si troverà quindi a disporre di una serie di fantasie già pensate e visualizzate, e il suo lavorìo d'immaginazione tenderà a svolgersi per citazioni e combinazioni di repertori già in parte «chiusi» e predeterminati.

Il rigoglioso immaginario degli oggetti di consumo, oltre ad attivare i meccanismi del desiderio, allarga certamente lo spazio dei miti e delle fantasie, ma insieme lo riempie e ne vincola lo sviluppo su binari relativamente comuni, privilegiati in funzione dei consumi.

7. Un problema di ecologia dell'immaginario?

In conclusione, il problema della pressione degli oggetti di consumo sul minore non può ridursi a quello, ormai stereotipato, dei condizionamenti e dei pericoli di manipolazione delle scelte da parte di un'industria «cattiva».

Non è tanto o soltanto questione di dannosità di certi prodotti o di immoralità dei messaggi pubblicitari con connotati di violenza e sensualità eccessiva.

S'intravede piuttosto una problematica di tipo «ecologico», che ha a che fare con una funzione fondamentale della psiche: l'attività immaginativa.

I contenuti e il lavoro immaginario del minore appaiono oggi potentemente influenzati dal contatto con gli oggetti di consumo e con i messaggi che li pubblicizzano.

Tali oggetti si rendono disponibili in grande numero, affollando o addirittura saturando lo spazio di vita del bambino.

Contemporaneamente, si offrono con un'individualità molto strutturata e con una consistenza immaginaria assai forte.

Benché il minore sia in grado di destreggiarsi all'interno di tale offerta e di non subirla acriticamente, ne viene profondamente influenzato sotto il profilo dei contenuti e delle forme dell'immaginario.

L'esperienza prolungata e massiccia di oggetti così facili e numerosi, così «pieni», finalizzati, organizzati, così strettamente codificati e agganciati all'area del mito, toglie spazio alla possibilità di sviluppare un'immaginazione indipendente, non stereotipata, originale.

Il gioco della fantasia e dell'immaginazione viene sì stimolato dagli oggetti di consumo, ma soprattutto nella forma della ricombinazione di cose già note e viste, della citazione, della metacomunicazione.

Anche nella dimensione soggettiva del bambino-consumatore, in definitiva, il manierismo tende ad aver ragione della creatività.

I prodotti difettosi

di Paolo Cendon e Patrizia Ziviz

1. I bambini come categoria «speciale» di consumatori

Su pochi altri temi come sui bambini è abitudine versare, da qualche tempo a questa parte, tante pagine d'inchiostro – perlomeno ad opera di psicologi, sociologi, neuropsichiatri: e ultimamente anche da parte dei penalisti. A sua volta, la responsabilità del produttore risulta uno degli argomenti su cui, dagli studiosi del diritto privato, più copiosamente si è scritto nel corso degli ultimi trent'anni. Troppo lontani fra loro il campo delle scienze sociali e quello delle scienze giusprivatistiche? Apparentemente sì, se in Italia i due filoni mostrano di essersi incontrati, come attesta la letteratura civilistica degli ultimi dieci o vent'anni, così raramente. Eppure nelle aule dei Tribunali, soprattutto presso le corti dei paesi di *common law*, casi di bambini vittime di prodotti difettosi si sono presentati abbastanza spesso.

È noto come le questioni legate all'applicazione della disciplina sui danni da prodotto siano, in generale, numerose; ed è risaputo altresì trattarsi (basta pensare al percorso che è stato compiuto, dai giudici italiani, lungo i trent'anni precedenti al 1988) di problemi non sempre facili da risolvere. In quali casi un prodotto dovrà considerarsi, intrinsecamente, difettoso? Di quale prova liberatoria può giovarsi il fabbricante? Quando il pregiudizio sarà imputabile a colpa esclusiva della vittima?

Ecco le domande più frequenti che si affacciano, un po' in tutti gli ambienti giuridici, all'attenzione dell'interprete – le stesse cui tentano di fornire soluzione, quando si pone l'occasione, i legislatori dei vari paesi; il legislatore italiano, in particolare, con il d.p.r. 24 maggio 1988, n. 224, riguardante l'attuazione della direttiva Cee sulla responsabilità del produttore.

Ebbene, nel caso dei minori (al di là dei singoli quesiti tecnici che possono affacciarsi) il nodo da affrontare appare fondamentalmente uno solo. In quali ipotesi le risposte che sono state formulate dal nostro legislatore – o dai legislatori dei sistemi a noi prossimi – dovranno venire ripensate, o filtrate secondo una prospettiva peculiare, per il fatto che vittima di un certo prodotto difettoso figura essere non già un consumatore adulto, bensì un minore?

Detto in altro modo: il territorio «bambini e prodotti dannosi» costituisce di per sé un ambito specifico d'indagine, suscettibile di aprire interrogativi autonomi rispetto a quelli che interessano, in generale, la categoria dei consumatori adulti?

È intuibile (prima ancora di scendere ad un esame approfondito) come la risposta debba essere affermativa: nella maggior parte dei casi, non sarà affatto indifferente o secondaria la circostanza che l'utente del prodotto – rimasto vittima del danno – fosse un bambino piuttosto che un adulto. E a deporre in tal senso è il rilievo, puro e semplice, delle peculiarità psicofisiche dei soggetti che appartengono al mondo dell'infanzia. L'utente/bambino si presenta sprovvisto, per sua natura, di tutta una serie di cognizioni, abilità, capacità di percezione del pericolo, ricchezza di esperienza, doti di prontezza, scaltrezze interpretative, velocità di reazione – dell'insieme dei fattori che sono destinati insomma a caratterizzare (e a modificare sostanzialmente) il rapporto d'uso con un oggetto determinato.

Di quegli elementi di debolezza – e della loro importanza in sede di giudizio, sotto i vari aspetti tecnici suscettibili di assumere risalto, *ex latere* del produttore (scelta dei materiali di base, sistemi di lavorazione, consistenza, infiammabilità e proprietà meccaniche del prodotto, modalità di imballaggio, istruzioni allegate, e così via) – non si potrà non tener conto, a lesione avvenuta, per ricostruire quali doveri e cautele incombessero effettivamente su chi quelle merci ha fabbricato. E ciò proprio in nome delle istanze generali di sicurezza che, storicamente, sono state all'origine del formarsi del pianeta «responsabilità del produttore» quale realtà disciplinare a sé stante (fin dall'inizio connotata in chiave oggettivistico/solidaristica) nel seno dell'universo aquiliano.

Non sempre beninteso, di fronte all'evidenza del danno, la condanna del produttore si prospetterà come un esito automatico. In linea di massima occorre concludere tuttavia che – una volta accertato l'estremo della mancanza di sicurezza del prodotto, nonché il rapporto di causalità tra prodotto stesso ed evento lesivo – soltanto là dove in capo al fabbricante ricorressero ben precise cause di giustificazione, il verdetto potrebbe essere sfavorevole al minore.

2. Fasce d'età

S'intende, d'altro canto, come parlando di soggetti minori non possa certo farsi riferimento ad un modello unico di persona. Differenze più o meno significative saranno prospettabili, all'interno della categoria considerata, in funzione della fascia di età che venga specificamente in considerazione.

Così le modalità d'uso di un certo prodotto (una giostra in miniatura, ad esempio, oppure una cerniera-lampo, un sapone liquido, un ferro da stiro per bambole, un ago di sicurezza, una semplice caramella) non possono – per accennare ad alcune figure di destinatari possibili – non assumere connotazioni diverse secondo che protagonista dell'incidente risulti un neonato, oppure un bambino in età prescolare, o ancora un soggetto in età scolare. Ben altre sono le capacità fisiche e cognitive di un infante, rispetto a quelle di un ragazzino di 8 o di 10 anni; così come differenti si presentano, di regola, le doti di quest'ultimo rispetto alle risorse e valenze che sono proprie di una creatura di tre anni, o, all'inverso, alle capacità organizzativo/difensive di un adolescente.

Duplici risultano anzi le fasce (dei comportamenti diversificati) da tener presenti in sede di giudizio.

Da un lato – bimbi neonati o piccolissimi – vi saranno da scontare tutti i gesti e le azioni imprudenti che già un soggetto più grandicello non compirebbe; e non dovranno temersi, per converso, curiosità particolarmente accese o sofisticate, destrezze sopraffine nell'arte dello smontaggio delle macchine, iniziative grandi e piccole da genio in erba. Sull'altro fronte – soggetti con qualche anno in più – la combinazione degli elementi di sicurezza/insidiosità si annuncia tendenzialmente invertita: vi sono (in positivo) tutti i vantaggi di un piccolo mondo di esperienze e saggezze già acquisite, e vi sono però (in negativo) i vari inconvenienti minacciati da forme di curiosità audaci o bizzarre, nonché gli innumerevoli tranelli della fantasia, dell'impulsività, della furbizia nel sottrarsi a ogni sorta di controllo.

Basta pensare al campo dei giocattoli. È sensato immaginare che un bambino sui dieci anni, una volta che dallo smontaggio dell'oggetto sia riuscito a ricavare pezzi di piccole dimensioni, non si precipiterà ad ingoiarli uno per uno (volontariamente o involontariamente) e a rischiare così il soffocamento – iniziative che sarebbe troppo ottimistico non aspettarsi, invece, da una percentuale tutt'altro che esigua di bimbi di un anno, o ancor più piccoli.

Pure il rilievo del sesso del bambino/vittima – laddove si pensi, in particolare, alla maggior predisposizione all'avventurosità che è propria abitualmente dei maschietti (non foss'altro per effetto della temerarietà delle imprese verso cui una certa pubblicità può, di fatto, incoraggiarli); o laddove si tenga conto delle tante diversità che appaiono riportabili ai momenti della forza fisica, dell'attitudine ginnica, della riflessività, della familiarità tecnologica – potrà assumere talvolta un'importanza notevole.

3. Tipologia dei prodotti

Non è soltanto il dato della fascia d'età (cui il bambino appartiene) ad incidere sulla determinazione delle modalità d'uso del prodotto considerato; ai fini della soluzione dei conflitti *ex lege Aquilia*, l'attenzione per gli elementi oggettivi appare altrettanto importante.

Volta per volta, di fronte alla lesione subita da un minore, si tratterà per l'interprete di vedere quali siano le caratteristiche generali della merce che viene presa in esame – prendendo le mosse, a tal fine, dalla partizione più semplice: distinguendo, in particolare, secondo che il prodotto (rivelatosi poi dannoso per il minore) rientrasse o meno fra quelli destinati ad utenti-bambini.

Il significato pratico della suddivisione è palese. In funzione dei connotati originari del prodotto appaiono destinate a variare – corrispondentemente – le aspettative di sicurezza che il consumatore può nutrire; e saranno proprio quelle attese (come risulta anche dal testo dell'art. 5, primo comma, del d.p.r. 224/88) a costituire uno dei riferimenti centrali per la pronuncia circa la difettosità, o la regolarità, del prodotto considerato.

Più in particolare, si raccomanda allo studioso una ripartizione delle varie categorie di prodotti secondo lo schema seguente:

a) prodotti destinati specificatamente ai bambini – che possono, a loro volta, distinguersi in (a1) prodotti di cui i bambini si servono personalmente, e in (a2) prodotti che vengono usati attraverso l'intermediazione di un soggetto adulto, il quale (in maniera più o meno decisiva) si rende partecipe del rapporto d'uso.

b) i prodotti non destinati ai bambini – che appaiono, dal canto loro, distinguibili in (b1) prodotti che presentano una pericolosità peculiare rispetto al mondo dell'infanzia, e in (b2) prodotti per i quali non avrà invece alcuna incidenza il fatto che l'utente sia o meno adulto.

4. Prodotti destinati ai bambini: i giocattoli

Esaminiamo nei dettagli le caratteristiche delle tipologie appena delineate. Una prima questione è quella di individuare, come s'è detto, quali sono i prodotti destinati specificatamente ai bambini: e – seppur tanti sono gli esempi da considerare – il discorso può focalizzarsi su quella che costituisce per eccellenza la merce per bambini, ovverossia i giocattoli.

Al riguardo, restando ai dati del nostro paese, troviamo più di un'indicazione giurisprudenziale.

Il caso più remoto risale a una trentina di anni fa, quando la Cassazione (Cass. 21 ottobre 1957, n. 4004, in *Foro it.*, 1958, I, 46) ebbe occasione di pronunciarsi sulla vicenda di un bambino di 8 anni, il quale si era ferito gravemente con una pistola-giocattolo. Era accaduto che il piccolo utilizzasse l'arma dopo averne asportato il copritamburo; e alcune schegge (dopo tale operazione di smontaggio) l'avevano colpito nel fuoriuscire dalla capsula detonante. Ebbene l'intera responsabilità verrà addossata dal S.C. al produttore della pistola: costui – si legge nella motivazione – «trattandosi di arma destinata al gioco dei bambini, simulante una pistola vera, aveva il dovere di prevedere che gli stessi, come suole accadere, ne facessero un uso non normale, e quindi potessero prodursi danno».

Di segno opposto – aggiungiamo – saranno invece le conclusioni di una Corte di merito, pronunciatasi qualche anno più tardi intorno ad una fattispecie quasi identica a quella appena esaminata (App. Genova 5 giugno 1964, in *Foro pad.*, 1964, I, 725). I giudici riterranno, questa volta, di dover riversare esclusivamente sulla vittima i risvolti pregiudizievoli dell'evento, e ciò in considerazione dell'uso eterodosso che (dal bambino stesso) era stato effettuato del giocattolo.

Sempre in tema di giocattoli, troviamo ancora il caso di un bambino rimasto ferito in seguito allo scoppio di un palloncino gonfiato con gas idrogeno (in luogo di gas inerte) dal venditore – e a quest'ultimo verrà ascritta, perciò, l'intera responsabilità per la lesione (Pret. Genova 11 febbraio 1974, in *Giur. it.*, 1975, I, 2, 249).

Molto copiosa appare la casistica (di danni cagionati da giocattoli) nella giurisprudenza straniera, e particolarmente in quella statunitense. Tra le varie fattispecie in cui la responsabilità del fabbricante è stata affermata, possiamo ricordare:

a) i danni subiti da una ragazza il cui piede era rimasto intrappolato nella fessura di una giostra, collocata in un parco di divertimenti (United States Fidelity & Guaranty Co. v Brian (1964, CA5 La) 337 F2d 881);
b) le ustioni subite da un bambino, i cui vestiti si erano incendiati a seguito alla fuoriuscita di alcune scintille dalla canna di una pistola-giocattolo (Crist v Art Metal Works (1930) 230 App Div 114, 243 NYs 496, affd without op 255 NY 624, 175 NE 341);
c) la lesione dell'occhio di un bambino, rimasto colpito dal tappo di un trampolo a molle, improvvisamente staccatosi dall'attrezzo (Bailey v Montgomery Ward & Co. (1967) 6 Ariz App 213, 431 P2d 108);
d) l'allergia agli occhi patita da un bimbo in seguito all'utilizzo del liquido «Glo-juice», prodotto destinato all'infanzia, per l'effettuazione di decorazioni e disegni sul viso (Tirino v Kenner Products Co. (1973) 72 Misc 2d 1094, 341 NYs2d 61);
e) la lesione dell'occhio di un minore, rimasto colpito da una freccia la cui capsula protettiva non aveva svolto la sua funzione (Fenton v McCrory Corp. (1969) 47 F.R.D. 260).

Oltre alle lesioni riguardanti la salute fisica del bambino, assumono rilievo anche gli eventuali danni alla psiche che potranno essere causati dall'uso di un certo giocattolo. A tale proposito la neuropsichiatria infantile segnala – per esempio – come le giostrine musicali che si appendono sopra le culle dei neonati possano, con il loro movimento ripetitivo, ipnotizzare il bambino.

Gli esempi potrebbero continuare, ma il quadro appare già abbastanza definito. E si tratta allora di vedere quali siano i fili conduttori delle soluzioni raggiunte, nel corso delle singole vicende, dalle corti dei vari paesi. Quando, in particolare, occorrerà concludere che il giocattolo (dal quale è derivato una lesione a un bambino) fosse tale da non offrire sufficienti garanzie di sicurezza – tanto da meritare di essere qualificato come difettoso?

5. Circostanze che denotano l'assenza di sicurezza. Il mancato rispetto delle normative tecniche

L'art. 5 del d.p.r. 224/88 stabilisce, com'è noto, che «un prodotto è difettoso quando non offre la sicurezza che ci si può legittimamente attendere». Ed è – questa – una valutazione che occorrerà effettuare tenendo conto di un insieme variegato di circostanze (in parte esemplificate dallo stesso art. 5). Esaminiamo tali elementi in dettaglio.

Una prima considerazione riguarda l'osservanza, da parte del produttore, delle prescrizioni normative relative alla fabbricazione e commercializzazione dei giocattoli. A tale proposito, va ricordato che di recente è entrato in vigore nel nostro paese il decreto legislativo 27 settembre 1991, n. 313, concernente l'«Attuazione della direttiva n. 88/378/Cee relativa al ravvicinamento delle legislazioni degli Stati membri concernenti la sicurezza dei giocattoli, a norma dell'art. 54 della legge 29 dicembre 1990, n. 428».

L'art. 2 del decreto prevede che «i giocattoli debbono essere fabbricati a regola d'arte in materia di sicurezza e possono essere immessi sul mercato solo se non compromettono la sicurezza e/o la salute degli utilizzatori o di altre persone, quando siano utilizzati conformemente alla loro destinazione, per una durata d'impiego prevedibile in considerazione del comportamento abituale dei bambini». Tali condizioni di sicurezza si considerano assolte una volta che il giocattolo risponda ai requisiti essenziali individuati dall'allegato II dello stesso decreto – requisiti che riguardano le proprietà fisiche, meccaniche e chimiche, nonché l'infiammabilità e le proprietà elettriche del giocattolo.

Ebbene, quale rilievo rivestono disposizioni del genere al fine della caratterizzazione di un certo giocattolo in termini di prodotto difettoso? La conclusione è abbastanza semplice: in presenza del mancato rispetto di quelle norme (ad opera del produttore), ci si troverà senz'altro davanti ad un prodotto difettoso.

Resta da vedere casomai se, davanti al formale assolvimento delle suddette prescrizioni, questo dato dovrà ritenersi tale da rappresentare – di per sé – una circostanza scagionante per il fabbricante dell'articolo (rivelatosi dannoso per il piccolo utilizzatore). Più precisamente occorre chiedersi se siano mai ammissibili, sul terreno considerato, aspettative di sicurezza più elevate rispetto a quelle che figurano richiamate nelle citate norme.

Orbene, la risposta – se è pur vero che, talvolta, l'osservanza di quelle prescrizioni potrà corrispondere effettivamente alla soglia di scagionamento – non può che essere tendenzialmente positiva. Non sembra plausibile, in effetti, un rinvio automatico alle normative tecniche (che si limitano a definire una soglia minima degli standard di sicurezza) al fine di valutare il requisito della difettosità. Ancora una volta (e non è certo il primo caso di discrasia fra le indicazioni proprie dei due ordini) all'impeccabilità di tipo amministrativistico non corrisponde, necessariamente, un'automatica irreprensibilità aquiliana: l'insidiosità del prodotto potrà ben venir riscontrata, tutte le volte che occorra, anche in capo a prodotti conformi alla lettera a quelle prescrizioni.

Si tratta, com'è evidente, di un'ipotesi sostanzialmente diversa rispetto a quella che appare regolata dall'art. 6, lettera d), del d.p.r. 224/88 – ove è previsto che la responsabilità del produttore sarà esclusa nel caso di un difetto dovuto alla conformità del prodotto rispetto a una norma giuridica imperativa, o comunque a un provvedimento vincolante. In effetti le disposizioni in parola non sono riportabili direttamente a quella classe di norme. Esse obbligano semplicemente il produttore ad adottare un livello minimo di sicurezza: non impediscono di fare o di aggiungere qualcosa; viene lasciata al fabbricante piena libertà di adottare (nel complesso articolarsi dell'organizzazione produttiva) tutte quelle misure di sicurezza aggiuntive che apparissero opportune – proprio perché non si fissa, in termini tassativi, quali dovranno essere le modalità di fabbricazione.

6. L'uso improprio del prodotto

Tra le circostanze che sono elencate dall'art. 5 del d.p.r. 224/88 (al fine di qualificare un certo prodotto come difettoso), troviamo – richiamato dalla lettera b) del primo comma – quella dell'«uso al quale il prodotto può essere ragionevolmente destinato», nonché quella dei «comportamenti che, in relazione ad esso, si possono ragionevolmente prevedere».

C'è da chiedersi, allora, quale significato tale disposizione verrà ad assumere nell'ipotesi in cui l'utilizzo del prodotto risulti effettuato da un bambino. Si tratta di vedere in particolare se, tra gli usi impropri del prodotto che il fabbricante è tenuto a prendere in considerazione, debbano annoverarsi soltanto quelli che riguardano una fruizione diligente del prodotto; o se il ventaglio non sia invece più ampio – comprensivo, cioè, anche di comportamenti rischiosi o azzardati da parte del consumatore.

Diciamo subito che la soluzione – trattandosi di minori – non può che essere nel secondo senso. Specialmente là dove si discorra di merci come i giocattoli (o della gran parte dei prodotti per bambini), le possibilità d'uso di cui tener conto dovranno essere anche quelle che, benché irrazionali e sporadiche, appaiono spontanee in un fanciullo.

È del tutto normale ad esempio – per tornare a una situazione già esaminata – che un ragazzino propenda a smontare ogni volta che può il proprio balocco (specialmente dopo che è trascorso un po' di tempo dal giorno del regalo), e ad utilizzare in modo nient'affatto ortodosso le parti staccate di questo: basta pensare del resto alla frequenza con cui oggetti quali armi o automobili, di cui tanti giocattoli costituiscono i modellini, appaiono disinvoltamente smontati e rimontati, nei fumetti o negli spettacoli in TV. E altrettanto normale, per cambiare esempio, sarà che una creatura di un anno e mezzo cerchi di infilare la testa nelle maglie della rete che delimita il proprio box, o prenda ad arrampicarsi lungo di esse, o si sforzi di strappare il pavimento di gommapiuma o di plastica.

In definitiva (a parte l'eventualità di veri e propri casi limite) non potrà pretendersi troppa riflessività e avvedutezza nel rapporto con il prodotto, da parte di un minore ai primi anni di vita. Ed è questa – va aggiunto – una falsariga destinata a farsi tanto più rigorosa quanto più si tratti di creature in tenera o tenerissima età.

Al fine che qui interessa, basterà trattarsi di un'azione/omissione, da parte del piccolo, tale da presentare un'elevata probabilità di realizzazione: tenuto conto, in particolare di un certo livello medio di capacità di intendere e di volere (quanto ai bimbi psichicamente handicappati, spetterà al produttore far emergere comunque, in sede di giudizio, l'eventuale eccezionalità del comportamento tenuto); e considerata, soprattutto, la classe d'età dei mini-consumatori cui il prodotto è specificamente dedicato. Secondo che il destinatario sia più grande o più piccolo, varierà infatti (come sopra si diceva) la fascia degli eventi pregiudizievoli da ammettere nell'area di rischio incombente sul fabbricante – nel senso che alcuni di essi resteranno presumibilmente costanti, e altri invece tenderanno a rientrare o meno in quell'orbita, in funzione del dato anagrafico.

Le conclusioni raggiunte trovano conferma – per quel che riguarda specificamente i giocattoli – nelle indicazioni fornite dal già menzionato d.l. 313/1991: al punto 1 dell'allegato II si dispone, infatti, che il giocattolo debba corrispondere a requisiti di sicurezza non soltanto nell'ambito di un'utilizzazione che sia conforme alla destinazione normale, ma anche a fronte di qualsiasi utilizzazione prevedibile, tenuto conto dell'abituale comportamento dei bambini.

7. L'uso smodato

Fin qui le considerazioni per quanto riguarda l'uso (del prodotto) che mostri di svolgersi con modalità, e in forme, diverse rispetto alle indicazioni del fabbricante.

Altra ipotesi è quella in cui l'evento dannoso si verifichi a seguito di un'utilizzazione del prodotto prolungatasi per un tempo irragionevole.

Di particolare attualità appare – a tale proposito – la vicenda del risarcimento che è stato chiesto, negli Stati Uniti, da molti piccoli utenti dei video-giochi. In seguito all'eccessivo numero di ore passate ad utilizzare la manopola di comando, era accaduto che costoro riportassero una infiammazione permanente dei tendini del polso: donde la citazione in giudizio il fabbricante. Come risolvere un conflitto del genere? La soluzione più persuasiva – per fermarci al nostro ambiente – sarà verosimilmente quella schierata in senso contrario alla responsabilità (del produttore); e la ragione è che non sembra possibile riconoscere la sussistenza, in casi del genere, di una qualsiasi mancanza di sicurezza della merce. Ancor prima (che il requisito) di un rapporto di causalità giuridicamente rilevante, occorre prendere atto che manca – nella fattispecie – l'estremo stesso per la chiamata in causa del d.p.r. in questione, ossia il dato dell'esistenza di un difetto.

È ben vero che nel d.l. 313/91 (in materia di giocattoli) si afferma – nell'art. 21 – che il produttore deve tener conto di una durata di impiego prevedibile in considerazione del comportamento abituale dei bambini. Ma non potrebbe certo ritenersi prevedibile un uso che si protraesse quotidianamente per ore ed ore di fila.

(Sarebbe come – vien da osservare – se il giocatore di tennis, per ottenere il risarcimento dal danno derivante dall'aver contratto il gomito del tennista dopo lunghe ore di gioco, si rivolgesse al produttore della racchetta. Non a chi ha fabbricato il prodotto potrà ascriversi la responsabilità, in casi del genere, ma semmai a chi abbia omesso di vigilare affinché quell'uso non oltrepassasse determinati limiti modali o temporali.)

8. Comportamenti indotti dal gioco

Strettamente legato al precedente è il problema se una responsabilità (del produttore) sarà prospettabile anche con riguardo ai comportamenti indotti dal giocattolo, ma estranei – in sé e per sé – ad un utilizzo diretto dello stesso.

Molto scalpore ha suscitato, in tal senso, il caso del bambino il quale – in possesso di un gioco che prevedeva lo squartamento con bisturi di alcuni mostri di plastica – aveva tentato di ripetere l'esperimento sulla propria sorellina di due anni.

Cosa dire in proposito? Di nuovo c'è da chiedersi se una questione siffatta non esuli, per se stessa, dal campo della responsabilità per prodotti dannosi: e la risposta sembra senz'altro positiva – difficilmente essendo ravvisabili, in situazioni come queste, gli estremi di una mancanza di sicurezza del prodotto (ove una responsabilità volesse chiamarsi in causa, essa non potrebbe far capo verosimilmente, qui, se non ai genitori o ai sorveglianti: salva la prova di non aver potuto impedire il fatto).

9. Istruzioni e avvertenze

Quanto poi al problema delle istruzioni ed avvertenze che sono allegate al giocattolo, un punto va messo subito in evidenza: le indicazioni di cui parliamo debbono tutte essere intese come dettami rivolti, in via esclusiva, ai genitori o ai sorveglianti. Almeno nella stragrande maggioranza dei casi. Per quel che riguarda il bambino – ammesso pure trattarsi di un bambino in grado di leggere – non sembra possa pretendersi seriamente, da un essere di pochi anni, il rispetto puntiglioso delle modalità di utilizzo che figurano elencate dal fabbricante.

Conclusione generale: la prova (da parte del produttore) che l'uso dell'oggetto è stato differente in concreto rispetto a quelle istruzioni – ove si tratti di un uso agevolmente prevedibile, con riferimento al mondo e alla gestualità di un bambino pur fantasioso e precoce: ovverossia di un uso tale da non smentire, per se stesso, il carattere di insidiosità del prodotto – non varrà tendenzialmente a scagionare il produttore.

Diverso potrà annunciarsi il verdetto, come sempre, via via che si prenda a salire nella classe d'età del soggetto danneggiato.

Un cenno particolare meritano le avvertenze riguardanti, specificamente, la fascia di età cui il giocattolo è destinato. Si tratta di indicazioni utili non soltanto per individuare la classe dei bambini che, dal punto di vista intellettivo, appaiono in grado di capire ed apprezzare pienamente quel gioco. Nella gran parte dei casi, a prescrizioni del genere sarà affidato pure il compito di scongiurare l'eventualità che un certo giocattolo – pensato per esempio per bambini di 4 anni, e a quel livello sicuramente innocuo – finisca per diventare pericolosissimo, invece, nelle mani di un bimbo di pochi mesi o di 1 anno (ad esempio, perché composto di pezzi di piccola dimensione che possono essere facilmente smontati ed ingoiati).

Occorre chiedersi, allora, se l'indicazione generica della fascia degli utenti sarà tale da operare come fattore automatico di esonero – liberando il fabbricante da ogni responsabilità per i danni subiti da bambini di età inferiore. E la risposta non può essere, di regola, positiva: affinché ogni margine di reprensibilità venga meno sarà in effetti necessaria, da parte del fabbricante, l'indicazione di istruzioni e dati ulteriori – atti a mettere sull'avviso i genitori circa i rischi potenziali cui l'oggetto può dar luogo nelle mani di un bimbo di età inferiore (rispetto ai limiti menzionati dal fabbricante come soglia per l'utilizzo).

Solo in tal caso (di spiccata preveggenza) la responsabilità potrebbe farsi ricadere, esclusivamente, sui genitori – che figurassero aver messo a disposizione del figlio un giocattolo ad esso inadatto.

Precise indicazioni in materia di istruzioni ed avvertenze vengono fornite dal d.l. 313/1991. Al punto 3 dell'allegato II si prevede che «le etichette apposte sui giocattoli e/o sui relativi imballaggi, nonché le istruzioni per l'uso che li accompagnano, debbono essere tali da richiamare in modo efficace ed esauriente l'attenzione degli utilizzatori o di chi li sorveglia sui rischi connessi al loro uso e sul modo di evitare tali rischi». Ulteriori disposizioni sono previste nell'allegato IV, sia – come vedremo tra poco – in materia di giocattoli potenzialmente pericolosi, sia in tema di prodotti inadatti a bambini di età inferiore ai 36 mesi. Con riferimento a questi ultimi giocattoli, il punto 1 prevede che essi debbano recare una precisa avvertenza in tal senso, integrata da un'indicazione concisa circa i rischi specifici che rendono inadatto il giocattolo a bambini di età inferiore ai 3 anni. Una simile indicazione potrà essere omessa soltanto per quei giocattoli le cui funzioni, dimensioni, caratteristiche, proprietà od altri elementi siano tali da escluderne manifestamente la destinazione per quella fascia di età.

10. Il rapporto qualità/prezzo

Un cenno particolare merita la disposizione di cui al secondo comma dell'art. 5 del d.p.r. in esame, ove è previsto che un prodotto non possa essere considerato difettoso per il solo fatto che modelli più perfezionati siano stati – in qualunque tempo – messi in commercio.

È noto per quali ragioni di convenienza siffatto precetto sia stato introdotto, dal nostro legislatore: è parso opportuno che si consentisse al fabbricante di immettere eventualmente sul mercato un manufatto che, presentando un costo inferiore a quello di altri oggetti dello stesso tipo, scontasse il basso prezzo con un grado di sicurezza minore.

Ecco per l'interprete la necessità di domandarsi allora se – nell'ambito da noi considerato – quel criterio sarà ugualmente applicabile. E la risposta è, in via di massima, negativa. Non è difficile indovinare i motivi di tutto ciò: mentre un utente adulto è ben in grado, abitualmente, di trattare con più attenzione del dovuto merci che si presentino meno sicure (rispetto a certi standard di ottimalità), non altrettanto potrebbe dirsi per un bambino – privo abitualmente di idonee capacità di discernimento e autodifesa.

La conclusione, pertanto, è che il livello di sicurezza proprio di un giocattolo (o di altro articolo per bambini) dovrà sempre essere quello massimo – e, ove tale grado non risulti concretamente attingibile, la merce stessa neppur andrà posta in commercio.

11. La pericolosità intrinseca del giocattolo

Restano da formulare alcune considerazioni per quanto riguarda la mancanza di sicurezza (per così dire) «fisiologica» di alcuni tipi di giocattoli. Giocattoli che risultano diffusissimi tra i bambini. Basta pensare all'uso di un triciclo, di un'altalena, di un paio di sci, di un monopattino – tutti oggetti che comportano per se stessi rischi abbastanza alti di caduta, in capo a colui che se ne serve.

Ebbene, la soluzione è che – in ipotesi del genere – la responsabilità del produttore andrà in linea di massima esclusa. Parlare di attese legittime di sicurezza (in relazione ad un certo prodotto) non significa infatti che l'esistenza di un qualsiasi pericolo, riconducibile all'utilizzazione del prodotto stesso, valga a rendere quest'ultimo difettoso.

Indicazioni in tal senso giungono, in effetti, dalla giurisprudenza statunitense, che ha puntualmente scagionato il fabbricante – ad esempio – in relazione al danno causato dal lancio di una freccetta da parte di un bambino, freccetta che aveva colpito l'occhio di un altro bambino (Pitts v Basile (1966) 35 Ill 2d 49, 219 NE2d 472). E lo stesso avverrà nel caso del lancio di una palla, che era stato tale da causare lesioni nel soggetto colpito (Rader v Milton Bradley Co. (1970) 62 Mise 2d 610, 309 NY2d 393).

Non basta qui – ecco il punto – la circostanza oggettiva dell'essere un certo accadimento derivato, materialmente, dall'utilizzazione di quel giocattolo. Sarà necessario che venga dimostrato qualche elemento ulteriore, tale da rendere evidente che il prodotto considerato presentava una sicurezza inferiore alla norma.

Per restare al caso della palla, dovrebbe trattarsi di un giocattolo progettato – ad esempio – in maniera tale da ingenerare nel corso del lancio traiettorie del tutto inaspettate, e incontrollabili; solo qui potremo parlare di autentico vizio del prodotto. Nessuna responsabilità potrà venire in gioco, invece, qualora il produttore risulti aver osservato le varie misure di sicurezza che rendevano teoricamente utilizzabile il prodotto senza danno. Sarà compito del sorvegliante del bambino tener conto, allora, dei pericoli insiti nel prodotto – per decidere se metterlo o meno a disposizione del minore.

A carico del produttore potrà soltanto prevedersi, eventualmente, l'onere di attirare l'attenzione sui possibili pericoli. Nell'allegato IV del d.l. 313/1991 troviamo varie specificazioni in tal senso.

Il punto 2 – in particolare – dispone che i giocattoli quali scivoli, altalene sospese, anelli, trapezi, corde e giocattoli analoghi montati su cavalletto debbano essere muniti di avvertenze per l'uso richiamanti l'attenzione circa la necessità di effettuare periodicamente controlli e manutenzioni della parti fondamentali e che precisino come l'omissione di detta manutenzione potrebbe dar luogo a rischi di caduta o di ribaltamento. Il punto 3 specifica, d'altro canto, che i giocattoli funzionali (vale a dire quelli che hanno le medesime funzioni degli apparecchi o impianti destinati agli adulti) debbano recare la scritta «Attenzione! Da usare sotto la sorveglianza di adulti». Il punto 4 prevede, poi, che i giocattoli chimici (nonché quelli concernenti sostanze e preparati pericolosi) devono portare indicazioni che ne evidenzino la pericolosità, nonché essere accompagnati dall'elenco delle precauzioni che gli utilizzatori devono prendere per evitare i relativi rischi – rischi da richiamarsi esplicitamente per ciascun tipo di giocattolo; inoltre, anche in questo caso sarà necessaria la scritta «Attenzione! solo per bambini di età superiore a x anni. Da usare sotto la sorveglianza di adulti». Il punto 5 dispone, ancora, che gli skate-board e i pattini a rotelle per bambini debbano recare la scritta «Attenzione! Da usare con attrezzatura di protezione»; le relative istruzioni per l'uso devono inoltre ricordare che il giocattolo va usato con prudenza, visto che la sua utilizzazione richiede particolare abilità onde evitare incidenti. Infine, il punto 6 prevede che i giocattoli nautici dovranno recare la scritta «Attenzione! Da utilizzarsi unicamente nell'acqua dove il bambino tocca il fondo e sotto sorveglianza».

12. L'intermediazione di un soggetto adulto

Come s'è detto, all'interno della categoria dei prodotti che sono destinati ai bambini è possibile ritagliare un gruppo a sé stante – quello delle merci per l'utilizzo delle quali viene ad assumere un'importanza più o meno grande, tecnicamente, l'intermediazione di un soggetto adulto. Si tratta di articoli del genere più vario, ciascuno di grande diffusione: pannolini, omogeneizzati, carrozzine, mobili, vestiti, seggiolini per auto, e così via – tutte cose che possono, all'occasione, nascondere difetti tali da minacciare l'incolumità del bambino.

Qualche esempio, tratto dalla giurisprudenza? Ecco il caso in cui l'errore nella fabbricazione di un talco per neonati – errore che aveva determinato un'alta tossicità del prodotto – finirà per provare, in Francia, la lesione della salute di numerosi bambini e addirittura la morte di alcuni di essi. In Germania, è recente il caso dei succhi di frutta per bambini ad elevato contenuto di zuccheri, tale da provocare la carie nei piccoli consumatori.

Passando agli Stati Uniti, possiamo ricordare la vicenda del bambino perito a seguito dell'ostruzione delle vie respiratorie – ostruzione causata da un osso di pollo che era contenuto in un preparato per minestra, utilizzato dalla madre del bimbo stesso per confezionare il pasto (Paolinelli v Dainty Foods Mfrs. (1944) 322 Ill App 586, 54 NE2d 759). E si segnala, ancora, l'ipotesi dell'improvvisa combustione di vestiti indossati da un bambino: nella specie, un paio di pantaloni fabbricati con una stoffa infiammabile (Knab v Alden's Irving Park, Inc (1964) 49 Ill App n2d 371, 199 NE2d 815), oppure un pigiama di «flanette» (Gryc v Dayton - Hudson Corp (1980) 297 NW 2d 727, cert. denid, 449 U.S. 921).

In Italia, troviamo un precedente giurisprudenziale piuttosto recente, conclusosi però in senso favorevole al produttore (Trib. Roma 27 aprile 1988, in *Resp. civ. e prev.*, 1989, 684). Il caso è, in breve, il seguente: all'atto della rilevazione per via rettale della temperatura di un bambino di tenera età, ha luogo la rottura del termometro (per bambini) che viene utilizzato per compiere tale operazione. Alcuni frammenti di vetro rimangono nella cavità peritonale del bambino, tanto da rendere necessario un intervento chirurgico al fine di eliminarli. I genitori citeranno allora in giudizio il fabbricante (ditta leader nel settore degli articoli per l'infanzia), lamentando il fatto che la qualificazione del prodotto in termini di «termometro di sicurezza» aveva ingenerato, presso di essi, l'erroneo affidamento circa la sua infrangibilità. Tale istanza – ricordiamo – non verrà accolta però dai giudici: le conclusioni finali del collegio romano, vanno, piuttosto, nel senso di attribuire la causa esclusiva del danno all'uso imperito del termometro, da parte della madre della piccola vittima – e ciò anche in considerazione del fatto che, nelle avvertenze accluse alla confezione del termometro, veniva fatto esplicito riferimento al rischio di rottura.

Cosa pensare di questa soluzione? E quale strada imboccare, in generale, per ipotesi siffatte? Valgono anche qui le considerazioni già formulate in precedenza.

Che l'utilizzo di un certo prodotto sia tale da postulare tante volte – in misura più o meno accentuata – l'intervento di un adulto, è ben vero; ciò non significa però che il minore, nel corso della fruizione, rimarrà un soggetto costantemente passivo. Il bambino è (e si comporta pur sempre da) essere vivo.

Torniamo all'esempio del seggiolone: se è pur vero che sarà l'adulto a provvedere a far sedere il bambino nel seggiolone, non per questo i doveri che il fabbricante ha in partenza sono minori. Spetta a lui tener conto del fatto che il futuro destinatario – con tutta probabilità – non si limiterà affatto a stare seduto, ma tenterà di alzarsi, di sporgersi o di scendere; oppure si girerà all'improvviso, o farà qualche brusco movimento. Ignaro delle leggi gravitazionali, forte di quel senso di invulnerabilità che contraddistingue, di solito, i bambini. È necessario che il prodotto presenti, quindi, accorgimenti idonei ad evitare sbilanciamenti o cadute – o, addirittura, rotture o incrinature di questo o di quel pezzo della struttura.

Gli esempi potrebbero continuare. Ma il criterio generale non muta: si tratta sempre di situazioni in cui il produttore deve mettere in conto, preventivamente, ogni possibile modalità d'uso – e adottare, al riguardo, idonee misure di sicurezza (ecco perché il responso fornito dai giudici romani, nel citato caso del termometro, appare poco convincente). Un'utilizzazione ragionevole del prodotto dovrà esigersi, in ogni caso, da parte dell'adulto il quale svolga nella vicenda un ruolo di intermediazione: ma non spetterà a quest'ultimo coprire, o neutralizzare sistematicamente, gli eventuali difetti di fabbricazione o di progettazione.

13. Risvolti del protezionismo dei consumatori-bambini

Il filo conduttore del discorso è, a questo punto, abbastanza chiaro: occorre puntare su una lettura che sia intonata a un massimo di rigorosità, per quanto concerne le misure di sicurezza relative ai prodotti per bambini.

Non sembrano esistere obiezioni significative rispetto a siffatta impostazione.

Qualcuno potrebbe lamentare magari (è già avvenuto in passato) che ci si continua a muovere – così ragionando – lungo una linea eccessivamente protezionistica: non c'è il rischio che finiscano per determinarsi, in questo modo, effetti diversi o collaterali rispetto a quelli che sarebbero desiderabili, comunque riflessi complessivamente negativi? Il timore è che ci si possa, in particolare, trovar di fronte a fenomeni analoghi a quelli che hanno talvolta interessato negli Stati Uniti l'industria farmaceutica – settore in cui il timore di dover fronteggiare risarcimenti troppo onerosi ha, in certi casi, dissuaso i fabbricanti dall'immettere sul mercato farmaci magari utili, ma suscettibili di produrre effetti collaterali pregiudizievoli.

Osservazioni del genere non vanno peraltro sopravvalutate. Casi di abbandono della fabbricazione di un certo prodotto potranno anche avere luogo, ma si tratta in ogni caso di episodi marginali. E occorre chiedersi quale sia, comunque, l'effettiva posta in gioco.

È agevole vedere allora come, per il comparto degli articoli destinati all'infanzia, minacce quali quelle su descritte non costituiscano certo un rischio significativo. Ammesso pure che, in certe situazioni, la sottoposizione a criteri di imputazione particolarmente rigorosi possa favorire (intimidendo il produttore) la scomparsa dal mercato di categorie di oggetti potenzialmente pericolosi, questo dovrà comunque ritenersi un esito auspicabile – in quanto a tale sparizione non sembrano accompagnarsi effetti collaterali negativi (come dimostrare, ad esempio, che gli stessi attentati all'economia e all'occupazione discendano dalla messa al bando del prodotto incriminato? e come non tener conto, nel calcolo generale, dell'entità dei possibili risarcimenti da corrispondere alle vittime, oppure dei rischi di caduta d'immagine per un'impresa che figurasse condannata *ex lege Aquilia* in relazione alla fabbricazione di merci tanto impresentabili socialmente?).

Il risultato ultimo da registrare sarà, molto semplicemente, un innalzamento dello standard di sicurezza dell'insieme degli articoli per bambini – con la scomparsa dei prodotti invecchiati, o di quelli non recuperabili a livelli di affidabilità.

È palese d'altronde come il dovere di prevenzione, relativamente ai pericoli minacciati da un certo prodotto, non incomberà esclusivamente sul fabbricante. Ad ognuno la sua parte. Oneri di attenzione (diversi ma) non meno significativi sono destinati altresì a gravare sul genitore o sull'educatore del bambino – soggetti ai quali spetta, nei limiti del possibile, di scongiurare gli eventi lesivi suscettibili di collegarsi all'oggetto. Su molti versanti (abbiamo avuto già occasione di notarlo) il sorvegliante si presenta come la persona più idonea, concretamente, a sventare gli incidenti: sarà lui il soggetto meglio informato circa l'effettivo sviluppo mentale e fisico del bambino, circa le sue attitudini e il suo temperamento – lui il solo a poter impedire l'entrata in contatto con merci che, innocue magari per la generalità dei bambini, nascondano invece una specifica insidia per quel minore.

14. Difetti per cui è irrilevante la condizione di minore

Veniamo ora all'esame della seconda fra le categorie accennate, quella dei prodotti che non hanno come destinatari specifici i bambini.

S'è già detto come – per alcuni di tali prodotti – l'eventualità che l'utente sia un minore costituisca una circostanza del tutto ininfluente, ai fini della decisione sulla responsabilità.

Un esempio del genere viene da un caso in cui è rimasto coinvolto un ragazzino emiliano. La storia è in sé abbastanza semplice: invitato dalla madre a recarsi a prendere una bombola di insetticI presso un magazzino, il protagonista della vicenda – nel mentre sta attraversando il cortile – si vede inopinatamente esplodere tra le mani il recipiente (Trib. Forlì 7 maggio 1976, in *Giur. it.*, 1978, I, 2, 430). Viene a subire in conseguenza di ciò una serie di lesioni. Responsabilità o irresponsabilità del fabbricante? La soluzione del caso è stata, e non poteva che essere, nel primo senso. Quel che importa però sottolineare ai nostri fini è un aspetto del tutto particolare: colpa o non colpa, nessun rilievo poteva assumere, in un'ipotesi del genere, la circostanza che la vittima appartenesse o meno al mondo dell'infanzia. L'evento dannoso sarebbe stato lo stesso (variazioni di tipo quantitativo a parte) anche se a trasportare la bomboletta difettosa fosse stato un adulto.

Esempi nello stesso senso vengono pure dalla giurisprudenza statunitense: ricordiamo – al proposito – il caso di un vaporizzatore che era esploso nella stanza in cui stava dormendo un minore (Lindroth v Walgreen Co. (1950) 407 Ill 121, 94 NE2d 847), o quello di un prodotto per capelli che aveva determinato delle scottature sulla cute di un bambino (Mealey v Super Curline Hair Wave Corp. (1961) 342 Mass 303, 173 NE2d 84).

Non sempre, ad ogni modo, la soluzione sarà orientata in tale direzione. In molti casi potrà avvenire che il difetto si presti, bensì, a produrre i medesimi effetti pericolosi su un adulto e su un bambino, e che una differenza si determini tuttavia ugualmente – fra le due categorie di consumatori – per quel che concerne la riconoscibilità del difetto stesso.

Pensiamo al caso di un cibo vistosamente avariato. È verosimile che un soggetto adulto si renderà conto al primo sguardo dell'esistenza del difetto, ed eviterà perciò di consumare il bene; mentre, da parte di un bambino, non ci sarebbe da stupirsi eccessivamente se questo riconoscimento non avesse luogo. È quanto è accaduto in effetti negli Stati Uniti – a proposito di un bambino il quale era caduto malato in seguito all'ingestione di alcune ciambelle; il pacco dei dolci conteneva degli insetti, ma il fanciullo si era accorto della presenza degli sgraditi ospiti soltanto dopo aver mangiato una parte delle ciambelle (Gilbert v John Gendusa Bakery, Inc. (1962, La app) 144 So 2d 760). Il produttore verrà condannato al risarcimento del danno.

15. Prodotti pericolosi per i bambini

Quanto detto, occorre subito aggiungere, è destinato tuttavia a valere per una serie abbastanza limitata di prodotti. Nella gran parte dei casi non è così. Quand'anche non si tratti di merci specificatamente destinate ai bambini, rivestirà comunque un peso notevole – di solito – la considerazione che sia un essere di pochi anni ad entrare in contatto con il prodotto.

Il discorso – per quanto interessa al giurista – riguarda in via principale i prodotti che presentano un coefficiente di pericolosità decisamente più elevato nei confronti dei bambini, che non degli adulti.

a) Pensiamo anzitutto ai prodotti che accusano un potenziale intrinseco, e ineliminabile, di pericolosità – e che richiedono di essere perciò utilizzati con particolare cautela. È evidente che comportamenti del genere, improntati ad un massimo di prudenza, potranno essere richiesti soltanto ad un adulto; il bambino, per essere preservato dal pericolo, dovrà semplicemente essere tenuto distante da quell'oggetto.

C'è da chiedersi allora in che misura possa essere messa in gioco, qui, la responsabilità del produttore; ed è una questione che verte essenzialmente sulla necessità o meno, per il fabbricante, di segnalare apertamente l'insidiosità del prodotto – magari con l'accompagnamento dell'avvertenza (riservata ai genitori e ai sorveglianti) di tenere la merce stessa al di fuori della portata dei fanciulli.

È chiaro che una conclusione del genere non può valere, ad ogni modo, per qualsiasi prodotto intrinsecamente pericoloso. In alcuni casi, il rischio di incidenti è di per sé così evidente che nessuna indicazione al riguardo sarà necessaria, da parte del produttore. Gli esempi possono essere quelli riguardanti coltelli e altri oggetti taglienti, armi da fuoco, ferri da stiro e così via; sono le stesse caratteristiche dell'oggetto a impedire palesemente, in questo caso, che possa ritenersi legittima qualsiasi aspettativa di sicurezza, nel momento in cui il prodotto sia lasciato nelle mani di un bambino.

b) Quando invece la pericolosità non sia così immediatamente percepibile, occorrerà – affinché il fabbricante possa venir scagionato – che nel corredo delle avvertenze figuri ben evidenziata la necessità di tenere il prodotto fuori dalla portata dei bambini.

Possiamo pensare ai farmaci, oppure ad un insetticida velenoso, a un detersivo particolarmente energico, a certi prodotti alcoolici: ove si constati che un'indicazione del genere è assente, il prodotto sarà qualificabile per ciò stesso come difettoso – donde l'obbligo risarcitorio del fabbricante, quantomeno a titolo di concorso.

Non poche sono le pronunce straniere che, al loro centro, vedono proprio l'affermazione di una responsabilità del produttore, in relazione alla mancanza di indicazioni circa l'elemento della pericolosità.

Ricordiamo – per quanto riguarda gli Stati Uniti – il caso del fabbricante di un liquido sturalavabi, il quale si vedrà chiamato a rispondere dei danni subiti da un bambino il quale aveva aggiunto dell'acqua nel recipiente del prodotto, esploso poi in seguito a tale atto (Blue v Drackett Products Co. (1962, Fla App) 143 So 2d 897). E si segnala, ancora, il caso del fabbricante di un liquido detergente, che verrà ritenuto responsabile per la mancanza sull'etichetta di idonee avvertenze circa la potenziale tossicità del prodotto; era accaduto, in particolare, che la madre di un bimbo di 18 mesi non si preoccupasse di tenere la bottiglia fuori della portata del bambino: quest'ultimo aveva finito così per bere parte del liquido detergente, riportando gravi lesioni all'apparato dirigente (Jonescue v Jewel Home Shopping Service (1973) 16 Ill App 3d 399, 306 NE2d 312).

Passando alla Francia, può ricordarsi ancora il caso del fabbricante di una macchina automatica per l'asporto di piatti sporchi – macchina collocata in un self-service – il quale aveva omesso di fornire idonee avvertenze circa il pericolo derivante, soprattutto per i bambini, dalla catena del macchinario non sufficientemente protetta (Cass. civ. I, 10 juin 1980, *Bull. civ.* I, n. 179).

c) Un discorso a parte riguarda i danni subiti da un bambino a seguito dell'assunzione di un prodotto difettoso – ad opera della madre – nel corso della gravidanza. Tristemente famoso è rimasto,in Europa, il caso dei bambini nati deformi in seguito all'assunzione (da parte delle gestanti) del talidomide; e, per quanto attiene agli Stati Uniti, possono ricordarsi le drammatiche vicende collegate ad un farmaco antiabortivo (D.E.S.), che aveva causato l'insorgere di forme tumorali nelle figlie femmine delle donne che avevano usato quel medicinale, durante la gravidanza.

In un'ipotesi del genere (Woodill v Parke Davis & Co. (1980) 79 Ill 2d 26, 37 Ill Dec 304, 402 NE 2d 194) – riguardante le gravi lesioni al cervello subite da un neonato in seguito alla somministrazione, durante il parto, di un medicinale alla di lui madre – verrà dai giudici statunitensi affrontato un punto che, in materia di prodotti difettosi, corrisponde ad una fra le questioni tecniche più delicate: quella cioè dei cd. rischi da sviluppo. Anche nel nostro ordinamento – ricordiamo – esiste una norma in proposito: è previsto in generale che il produttore non sarà chiamato a rispondere (dei pregiudizi collegati a un oggetto da lui fabbricato) ogni qualvolta sia provato che «lo stato delle conoscenze scientifiche e tecniche, al momento in cui il produttore ha messo in circolazione il prodotto, non permettevano ancora di considerare il prodotto come difettoso» (art. 6, lettera e), d.p.r. 224/88).

16. Accessibilità ai bambini dei prodotti ad essi non destinati

Restano da formulare alcune considerazioni per quanto riguarda lo standard di sicurezza esigibile in prodotti che, per se stessi, non sono destinati appositamente ai minori. In proposito, la domanda di partenza è alquanto semplice: dovrà il fabbricante – nella progettazione di un articolo del genere – tener conto anche dei rischi aggiuntivi, specifici, che sono suscettibili di determinarsi (per effetto della cosa) nei confronti di soggetti come i bambini?

Un esempio ci viene fornito dal caso di una bimba la quale – giocando nei pressi di un bus fermo in parcheggio – era rimasta intrappolata, con un dito, dentro una presa d'aria del mezzo. Orbene, il produttore verrà considerato responsabile, qui, per le varie ripercussioni collegate alla mozzatura del dito della bambina. I giudici concluderanno che il prodotto, potendo entrare in contatto con dei fanciulli, non doveva presentare alcun rischio per un bambino trovatosi casualmente a giocare nelle vicinanze (Green v Volkswagen of America, Inc (1973, CA6 MIch) 485 F2d 430).

Opposte saranno le conclusioni in un'altra vicenda, relativa al danno che era stato risentito da una bimba di 4 anni, la mano della quale era rimasta incastrata nei rulli di una mietitrebbiatrice. Il fabbricante verrà scagionato, in questa ipotesi, da ogni responsabilità – dal rimprovero di non aver tenuto conto, cioè, dei rischi che la sua merce avrebbe potuto nascondere per un bambino – e ciò in considerazione del fatto che ai bambini non viene consentito, generalmente, di avvicinarsi a macchinari siffatti (Winnet v Winnet (1974) 57 Ill 2d 7, 310 N.E. 2d 1).

Gli esempi potrebbero continuare, ma la linea del discorso è abbastanza chiara: per casi di questo tipo occorre non essere eccessivamente severi verso il fabbricante. Si tratterà piuttosto di misurare, volta per volta, quali probabilità sussistessero che un bambino potesse effettivamente entrare in contatto con quel determinato prodotto; e soltanto quando tale probabilità appaia elevata, si potrà pretendere che il produttore elimini il rischio degli eventi dannosi specifici (o aggiuntivi) minaccianti, o si astenga dal continuare la fabbricazione.

17. Concorso di colpa del bambino

Sin qui i discorsi intorno all'art. 5 del decreto 224/88, che fornisce la definizione tecnica di «prodotto difettoso». Vi è però un'altra norma per la quale potrà assumere rilievo il fatto che la vittima del danno da prodotto sia – invece che un adulto – un bambino: e si tratta dell'art. 10 dello stesso d.p.r., concernente profili del concorso di colpa.

Rammentiamo come tale disposizione preveda che, nell'ipotesi di concorso del danneggiato, il risarcimento dovrà valutarsi secondo le disposizioni generali dell'art. 1227 c.c. Si sa allora come da trent'anni a questa parte la nostra giurisprudenza, per quanto riguarda il citato articolo del codice civile (primo e secondo comma), soglia affermare che esso è destinato a trovare applicazione anche qualora il danneggiato sia un soggetto incapace. È sufficiente (proclamano sempre le Corti italiane) che nel comportamento della vittima siano astrattamente ravvisabili gli estremi della colposità – e ciò al di là della concreta capacità di intendere e di volere del soggetto.

Questo significa che il risarcimento, per quanto concerne i prodotti destinati ai bambini, verrà decurtato in relazione alla quota di evento pregiudizievole che appaia imputabile al comportamento oggettivamente colposo del bambino-consumatore (effettivamente incapace di intendere e volere, per ragioni di età o per altri motivi). Regola, questa, che può invero destare qualche perplessità – con riferimento all'ambito della responsabilità da prodotto. Occorre ricordare, in effetti, come (nel testo iniziale formulato dalla Commissione) l'art. 10 del decreto prevedesse non doversi far luogo all'applicazione dei criteri di riduzione del risarcimento, nel caso di un danneggiato minore di dodici anni.

Malgrado tale indicazione non sia stata riproposta entro il testo definitivo del decreto 224/88, alcune considerazioni di favore per i bambini possono ugualmente formularsi. Il riferimento che interessa è, in particolare, quello all'uso improprio del prodotto da parte del minore; nella misura i cui si tratti di un uso che doveva essere ragionevolmente previsto dal produttore (il quale avrebbe dovuto adottare idonee misure di sicurezza, onde impedire che in quel frangente si determinasse un pregiudizio) la conclusione è che non potrà ravvisarsi nelle modalità – pur improprie – di utilizzo del bene alcun concorso di colpa della vittima.

Ed è questo un criterio destinato a valere sia sul terreno dei prodotti specificamente destinati ai bambini, sia su quello dei prodotti (concepiti per adulti, ma) che per le loro caratteristiche comportano margini di facile accessibilità da parte dei bambini.

18. Assunzione del rischio

Il secondo comma dell'art. 10 dispone che il risarcimento non sarà dovuto quando il danneggiato risulti essere stato consapevole del difetto del prodotto, nonché del pericolo che ne derivava, e vi si sia nondimeno esposto volontariamente.

Per quanto concerne la consapevolezza del difetto, merita sottolineare, allora, come essa presupponga una piena capacità di intendere e di volere: condizione che dovrà escludersi, invece, nell'ipotesi in cui la vittima sia un bambino in tenera età – e che, anche dopo la soglia dei sette/otto anni, andrà comunque apprezzata con un massimo di prudenza.

Nella gran parte dei casi, infatti, il minore – pur sostanzialmente capace di intendere e di volere (rispetto a questa o a quella serie di profili esistenziali) – non sarà affatto in grado di percepire con tutta la lucidità necessaria (anche quando l'ammonimento gli giunga ripetutamente da un adulto) quale sia il difetto proprio dell'oggetto messo a sua disposizione: e non sarà, conseguentemente, in grado di rendersi conto fino in fondo del pericolo che a lui può derivare.

E pur là dove una piena consapevolezza del difetto fosse stata raggiunta dal minore, dovrà escludersi comunque l'applicazione automatica della norma in esame. Anche in presenza – in capo al bambino – della percezione dell'esistenza di un vizio, e magari dell'esistenza dei pericoli collegati a tale vizio, non potrà parlarsi qui (nella normalità dei casi) di effettiva volontà di esporsi a quelle conseguenze lesive. Un bambino appare di natura «spericolato» proprio per il fatto che non si rende conto, quantomeno sotto una certa soglia di età, dei reali pregiudizi cui lo espone la decisione di correre un determinato rischio.

19. Il fatto colposo del sorvegliante

Resta infine da sottolineare – ma si tratta di un filo conduttore già incontrato in varie occasioni – come in molti casi (ad esempio nella menzionata ipotesi del termometro) la colpa potrà essere ravvisata non già in capo al bambino, bensì ai genitori di lui: potrà avvenire cioè che essi figurino aver utilizzato in maniera errata il prodotto. È questa, rileviamo, un'eventualità che ricade nell'ipotesi più generale (ben presente al legislatore del 1988) in cui una persona subisce una lesione mentre il prodotto difettoso veniva maneggiato nei suoi confronti e nel suo interesse.

Ebbene, va precisato come in situazioni del genere (sempre che la colpa dell'utilizzatore non sia assorbente) il danneggiato avrà diritto al risarcimento integrale del pregiudizio che ha risentito ad opera del produttore.

Come argomentare siffatta conclusione? Si tratta semplicemente di dare applicazione all'art. 9 del d.p.r. 224/88, il quale dispone che, ove più persone siano responsabili in solido del medesimo danno, tutte saranno obbligate in solido al risarcimento; e la medesima norma aggiunge che colui che ha risarcito il danno avrà regresso – contro gli altri – nella misura determinata dalle dimensioni del rischio riferito a ciascuno, dalla gravità delle eventuali colpe e dall'identità delle conseguenze che ne sono derivate.

Qual è l'ambito effettivo della norma in questione – e, più ampiamente, il raggio di applicazione dell'art. 2055 c.c.? Merita di essere accolta, al proposito, la lettura che è tesa a riconoscere la più ampia estensione operativa alla norma in esame: nel senso che quest'ultima andrà riferita non soltanto all'ipotesi di concorso di responsabilità fra produttori di un medesimo bene, ma dovrà valere anche per il caso di concorso tra produttore e altri soggetti ai quali sia ascrivibile una responsabilità a titolo di colpa, per il medesimo evento dannoso.

È come dire – dal punto di vista pratico – che il produttore potrà essere chiamato a risarcire in ogni caso l'intero danno, salvo rivalsa nei confronti dei genitori della vittima per la quota di pregiudizio imputabile a colpa di questi ultimi.

Per quanto riguarda, invece, la colpa del genitore che figurasse aver messo a disposizione del bambino un prodotto per lui pericoloso, si tratterà di vedere se, fin dall'inizio, il produttore avesse o meno fornito sufficienti indicazioni in tal senso. Naturalmente – come s'è detto, – nessuna avvertenza sarà necessaria in relazione ai pericoli che non potevano essere ignorati neanche dal più sprovveduto fra i sorveglianti del bambino.

20. Conclusioni

Conclusione finale? Volendo trarre una sintesi sulla questione in esame, non resta che ribadire come il problema del rapporto fra bambino e prodotti dannosi andrà affrontato e risolto dall'interprete (sotto i vari profili che interessano) nel segno di una protettività e scrupolosità ben maggiori rispetto a quanto può valere – in generale – per la relazione consumatori adulti/prodotti dannosi.

Conviene solo far attenzione alla circostanza che, in alcuni casi, i termini del problema tenderanno in effetti a rovesciarsi. Talvolta può avvenire, cioè, che il bambino – per certe sue qualità di prontezza fisica o anche intellettiva – si trovi in condizione di maneggiare e utilizzare senza pericolo oggetti che, per un adulto, sarebbero invece alquanto insidiosi.

È quanto potrà accadere, in particolare, per tutta una serie di attrezzi di tipo ginnico o sportivo: ricordiamo ad esempio il caso dell'adulto che, nell'utilizzare uno scivolo d'acqua, si era fratturato una vertebra per essere la profondità dell'acqua alla base dell'attrezzo sufficiente esclusivamente al tuffo di un bambino (Civ. 1re 18 déc. 1985, JCP, 1986, IV, 81). O potrebbe trattarsi invece di alcuni giochi: basta pensare all'altalena o ad un trampolino costruiti con materiale difettoso, e destinati però a rompersi soltanto sotto il peso di un adulto. O pensiamo, magari, alla scarsa abilità di un padre giocattolone e maldestro, il quale finisca folgorato (sia pure per un istante) dal trenino elettrico trafficando con il quale il proprio figlioletto non aveva corso mai il minimo pericolo.

I farmaci

di Massimo Dogliotti

1. I farmaci come «bene» e come «male»

L'analisi del rapporto tra il minore e i farmaci coinvolge molteplici profili. Va innanzi tutto osservato che il fanciullo che assume farmaci presenta, per così dire, due debolezze: la prima è quella comune a tutti coloro che, a qualunque età, usano prodotti medicinali, la cui funzione è appunto di far guarire da una malattia, da un'infermità o, nei casi più difficili, di tentare di non aggravarla o comunque di lenire il dolore; la seconda è propria del minore, che spesso non è in grado di conoscere o comprendere il valore e gli effetti del prodotto, e ancora non ha possibilità di difendersi rispetto ad un genitore o ad un tutore, che gli somministrino un farmaco nocivo o magari si rifiutino di fornirgliene un altro più adeguato.

Dunque, da un lato la questione del farmaco si inquadra nella più generale tutela della salute (del fanciullo, in particolare), dall'altro esso si può riguardare come un particolare prodotto dannoso (e dunque richiama tale ricca problematica). Quanto alla tutela della salute, anche se non se ne possono certo trattare esaurientemente in questa sede tutti (e neppure qualcuno) dei profili, va detto che, com'è noto, si è posta, in questi anni, l'esigenza di una diversa configurabilità della tutela degli aspetti psicofisici della persona, non più come proprietà sul proprio corpo o generico diritto di natura personale, ma come strumento di attuazione e sviluppo della personalità. E in tal senso la problematica tradizionale dell'integrità fisica doveva necessariamente accompagnarsi all'individuazione di un'«inedita» protezione della salute, esplicitamente sancita dall'art. 32 Cost., che impegna la Repubblica a tutelare tale aspetto appunto come diritto fondamentale dell'individuo, prima ancora che come interesse della collettività. Tuttavia, anche sotto questo profilo, l'interpretazione fu dapprima particolarmente angusta e restrittiva: contraddicendo la lettera (oltre che il criterio ispiratore) della norma, si affermò che la «salute», indicata nell'art. 32, non poteva che essere «pubblica», e pertanto la norma doveva ritenersi meramente programmatica, vincolante soltanto per il legislatore futuro. La tematica, sicuramente ricca e complessa, attinente al diritto alla salute, veniva così ridotta al solo aspetto previdenziale ed assicurativo (e conseguentemente l'art. 32 veniva attratto nell'orbita dell'art. 38 Cost.). In una prospettiva più avanzata, ma non ancora del tutto accettabile, si affermava l'esistenza di un diritto alla salute, esclusivamente pubblico, esperibile solo nei confronti dello Stato, nella considerazione che, di regola, i principi costituzionali vincolerebbero solo i pubblici poteri, dovendosi al contrario rispettare l'autonomia contrattuale nei rapporti tra privati.

Si è tuttavia più recentemente individuata, nell'ambito di una generale (e più avanzata) rilettura delle norme costituzionali, l'esatta natura del diritto alla salute, la sua immediata imperatività ed applicabilità, anche nei rapporti tra privati, il contenuto variamente indeterminato e suscettibile delle più diverse qualificazioni: si è parlato, in tal senso, di tutela dell'ambiente di lavoro, oggi esplicitamente garantita dallo Statuto dei Lavoratori, mentre si ricorreva a più avanzate interpretazioni dell'art. 2087 c.c., considerando appunto l'obbligo dell'imprenditore, in relazione alla protezione della salute di ciascun lavoratore. Né potrebbe giustificarsi, se non alla luce di una immediata applicabilità dell'art. 32 anche nei rapporti fra i privati, la giurisprudenza, tanto contestata dapprima, ma ormai pienamente affermata, sulla rilevanza del danno biologico. E, ancora, dal contenuto del diritto, si sono venute enucleando altre «inedite» posizioni (a tutt'oggi ancora per gran parte «inesplorate») direttamente o indirettamente ad esso collegate, dal diritto «all'ambiente», alla tutela del consumatore.

È evidente peraltro, quanto al diritto alla salute, che l'interlocutore principale rimane il potere pubblico e l'accresciuta consapevolezza del problema richiedeva necessariamente una riforma generale, che superasse il sistema tradizionale, fondato su una logica meramente previdenziale e assicurativa. Si giunge così alla l. 23/12/1978, n. 833, «Istituzione del servizio sanitario nazionale», che esplicitamente individua nella tutela della salute non più una mera concessione dall'alto, ma, al contrario, il contenuto di un diritto soggettivo perfetto, spettante ad ogni individuo. E in tal senso il servizio sanitario, che compete allo Stato e agli enti locali, anche sotto forma di unità sanitarie, garantendo in ogni caso la partecipazione dei cittadini, è destinato, secondo l'art. 1, «al mantenimento ed al recupero della salute fisica e psichica di tutta la popolazione, senza distinzione di condizioni individuali e sociali e secondo modalità che assicurino l'eguaglianza nei confronti del servizio», precisandosi altresì che la relativa tutela deve avvenire «nel rispetto della libertà e dignità umana».

Ma è soprattutto sugli obiettivi del servizio che si coglie l'ampiezza e la varietà di prospettive, caratterizzanti il contenuto del diritto, oltre che la sua incidenza nel rapporto tra i privati. Ci si riferisce così, tra l'altro, alla «prevenzione delle malattie ed infortuni sul lavoro, salubrità ed igiene dell'ambiente lavorativo, sicurezza e salute nel lavoro, tutela della maternità e infanzia e protezione della salute nell'età evolutiva, tutela della salute degli anziani e di quella mentale, igiene degli alimenti, bevande e prodotti, superamento degli squilibri territoriali in ordine alle condizioni socio-sanitarie». La tutela della salute tende insomma a configurarsi come un impegno globale al rinnovamento della società, secondo una prospettiva volta alla creazione di un generale sistema di sicurezza sociale, per il soddisfacimento dei bisogni di ogni individuo.

In tal senso, dunque, non è più possibile confondere la nozione di integrità fisica con quella di salute, che ha un ambito operativo ben più ampio e tende, in vario modo, a ricomprendere anche la prima. La distinzione appare tuttavia netta: l'integrità fisica richiama gli aspetti, per così dire, esteriori della condizione del soggetto (caratterizzata dall'assenza di menomazioni), è valore statico, da proteggere e tutelare; la salute si configura, al contrario, come concetto relativo, in funzione dello sviluppo della società, non meno che della condizione del singolo, coinvolgendo peraltro di essa soprattutto gli aspetti «interiori», come avvertiti e vissuti in concreto dal soggetto; è valore dinamico, in continua trasformazione, non solo da garantire, ma da promuovere ed accrescere.

2. Capacità e incapacità del minore

E la tutela della salute del minore? Qui viene preso necessariamente in considerazione (e si tratta di altro argomento, cui si può soltanto accennare) alla teoria dei diritti del fanciullo. È innegabile infatti che, in questi anni, sia profondamente mutato il rapporto capacità incapacità. È noto che, almeno formalmente, il fondamento dell'incapacità di agire (tranne che per l'interdizione legale) viene comunemente individuato nell'esigenza di protezione del soggetto, che non sia in grado di attendere ai propri interessi; e tuttavia troppo spesso tale condizione ha sostanzialmente soddisfatto esigenze assai differenti: l'incapace diventa così «l'altro», il «diverso», oggetto delle scelte degli adulti o della maggioranza «normale», e la situazione d'apparente favore e privilegio si trasformava in strumento di controllo e difesa sociale, di isolamento ed emarginazione. Una maggiore attenzione verso il soggetto incapace, le sue esigenze ed aspirazioni, ha sicuramente ispirato la più recente legislazione e le scelte della giurisprudenza più avanzata che, individuando talora più spiccate forme di «autodeterminazione», sembrano in vario modo costituire significativi elementi di una radicale evoluzione della nozione stessa di incapacità (sulla base del resto di una più attenta e approfondita rilettura delle norme costituzionali) da momento essenzialmente statico a procedimento, per così dire, dinamico, preparatorio all'acquisizione (o alla riacquisizione) della capacità piena e quindi del complesso di diritti ed obblighi ad essa necessariamente inerenti, procedimento fornito delle stesse garanzie di inviolabilità e inderogabilità proprie delle posizioni cui si intende pervenire.

Tale mutamento in prospettiva si attaglia particolarmente alla condizione minorile, nell'ambito della quale la progressiva acquisizione di posizioni e capacità si manifesta, per così dire, «fisiologicamente», in relazione appunto al suo sviluppo psico-fisico. Così il minore viene oggi individuato, dalla dottrina e giurisprudenza più attente e sensibili, quale reale soggetto di diritto, titolare in concreto di diritti soggettivi perfetti, autonomi e azionabili, membro a tutti gli effetti della comunità sociale, colto nel suo progressivo inserimento in essa. Su tali basi, sembra delinearsi un programma generale di protezione dell'infanzia e della condizione giovanile a dimensioni assai ampie e complesse; e, in tal senso, la problematica minorile viene ad estendersi ben al di là del rapporto genitori-figli, tendenzialmente coinvolgendo ogni settore della società, in cui opera il fanciullo, dalla scuola al lavoro, dall'assistenza alla giustizia: il minore si pone così al centro di un procedimento acquisitivo di capacità e posizioni proprie del cittadino, dallo svolgimento di un'attività lavorativa alla formazione culturale, dall'avviamento di un'iniziativa economica alla difesa dei propri interessi in giudizio, attraverso un'ampia ed effettiva libertà delle proprie scelte esistenziali, nella prospettiva indicata dagli artt. 8 (libertà religiosa), 21 (libertà di pensiero), 19 (libertà di professione di fede), 49 (libertà di opinioni politiche) Cost.

3. La responsabilità per i danni

Per quanto si è osservato si deve necessariamente escludere che vi sia una tutela, un diritto alla salute dell'adulto... diverso da quello del minore (come, a veder bene, per qualunque altro diritto): il diritto è uno solo, muta semmai la relazione tra il soggetto titolare e il diritto stesso; talvolta, per un adulto non emarginato, e con buone possibilità economiche, diretta, immediata e senza ostacolo al soddisfacimento, talvolta per un minore (come per ogni altro soggetto emarginato) assai più problematica e difficoltosa.

Quanto al farmaco, già si è accennato ai suoi caratteri e alla sua funzione. Vari sono i soggetti cui si potrebbe imputare una responsabilità per il danno al minore: il produttore, il medico, il farmacista, il genitore, ma potrebbe ipotizzarsi pure un concorso del minore stesso. La giurisprudenza in materia, in Italia, è assai scarsa (ben più ricca è l'esperienza di altri paesi e in particolare degli Stati Uniti d'America), mentre una parte della dottrina in questi ultimi anni ha mostrato un certo interesse alla questione.

L'aspetto più nuovo e ancora assai discusso è quello della responsabilità del produttore. Varie le possibilità: presenza nel prodotto di sostanze velenose o comunque nocive, sostituzione di un ingrediente; errore nelle indicazioni della posologia, delle virtù terapeutiche o degli effetti collaterali (specie si tratti di prodotti destinati ai minori) ovvero omessa precisazione della diversa posologia, terapia, effetti per adulti e bambini o comunque per le varie età, quando il prodotto si indirizzi indistintamente a tutti (e l'omissione sarà necessariamente più grave, quando il prodotto possa essere consumato senza ricetta medica, e magari acquistato pure da minori); infine, la messa in circolazione in un periodo successivo alla produzione (ciò che ne ha provocato il deterioramento) o addirittura prossimo o posteriore al termine di scadenza, che, com'è noto, va apposto sul contenitore della maggior parte dei farmaci in commercio.

In genere si ipotizza una responsabilità extracontrattuale, anche se non manca chi (soprattutto negli Stati Uniti) estende la responsabilità contrattuale tra produttore ed acquirente, con una sorta di contratto «ideale», a qualsiasi consumatore. Oggi in Italia, dopo la direttiva Cee e il d.p.r. 24 maggio 1988 n. 224, la scelta sembra esser decisamente quella della responsabilità aquiliana; il produttore è tenuto per il danno cagionato dal prodotto difettoso (e il vizio riguarda – tra l'altro, ciò che si attaglia particolarmente ai farmaci – le istruzioni, le avvertenze fornite, il tempo di circolazione). La prova grava sul danneggiato (anche se in passato talora si era ipotizzata un'inversione dell'onere, considerando il produttore di farmaci quale esercente un'attività pericolosa *ex* art. 2051 c.c.). Si esclude ogni esonero di responsabilità e la prescrizione è breve (triennale).

Vanno altresì esaminate le posizioni del medico e del farmacista. Potrebbe ipotizzarsi una responsabilità esclusiva del medico o magari concorrente con il produttore. Si pensi, nel primo caso, al medico che prescriva un prodotto in luogo di altro o magari non si attenga, nella prescrizione, alle precise istruzioni allegate (posologia, effetti collaterali, prodotto «solo per adulti» ecc.), nel secondo ad un prodotto nuovo di cui non si conoscono ancora gli effetti collaterali; il produttore è responsabile per aver posto in commercio una sostanza nociva, il medico per averla prescritta avventatamente. La responsabilità del medico è comunque prevalentemente contrattuale (contratto d'opera intellettuale), limitata al dolo e colpa grave (art. 2236 c.c.) se la prestazione implica la soluzione di particolari problemi tecnici (ma la diligenza dovrebbe essere maggiore di quella del buon padre di famiglia) (art. 1176, comma 2° c.c.); venendo peraltro in questione diritti fondamentali, come quello alla salute, si ritiene la coesistenza di una responsabilità extracontrattuale (anche per colpa lieve).

Quanto al farmacista, anche per lui potrebbe configurarsi una responsabilità esclusiva ovvero concorrente con il produttore o il medico. Egli potrebbe predisporre direttamente il prodotto oppure, più frequentemente, venderne uno già confezionato. Responsabilità esclusiva sussisterà se il farmacista non si sia attenuto alle prescrizioni mediche, abbia sostituito gli ingredienti ovvero venduto prodotti confezionati oltre la data di scadenza, li abbia mal conservati o scambiato un prodotto per un altro. Ma potrebbe pure accadere che il produttore abbia immesso nel mercato prodotti già scaduti o mal conservati o che il medico abbia prescritto dosi sbagliate: il farmacista con l'ordinaria diligenza avrebbe dovuto accorgersene e allora vi sarà, secondo i casi, concorso di responsabilità tra farmacista e produttore, farmacista e medico, o magari farmacista, medico, produttore. La responsabilità sarà contrattuale (contratto d'opera intellettuale o di vendita) ovvero extracontrattuale, secondo che il soggetto danneggiato sia l'acquirente (o comunque il titolare della prescrizione medica) oppure il terzo.

4. I soggetti che circondano il minore

Le responsabilità sopraindicate potrebbero evidentemente configurarsi pure se il consumatore del farmaco fosse adulto. Ma trattandosi di minore, vengono in considerazione altri soggetti, i genitori che lo rappresentano in tutti gli atti civili e comunque esercitano su di lui un potere di controllo, guida e custodia – ma pure il tutore (se il minore conviva con lui) o magari il sorvegliante (scuola, istituto di ricovero). Si potrebbe ipotizzare una responsabilità esclusiva (da ritenersi sempre extracontrattuale, anche nel caso di sorvegliante, almeno se si tratti di scuola pubblica: di servizio si tratterebbe, non di contratto; diverso il caso di un istituto scolastico o di ricovero, con pagamento delle rette da parte dei genitori o del tutore: dovrebbe trattarsi di responsabilità contrattuale) di tali soggetti: ad es. se sia stato lasciato incustodito e alla portata del minore un farmaco solo per adulti o comunque pericoloso (non si deve dimenticare che i più frequenti infortuni ai bambini si verificano proprio tra le pareti domestiche, dove si allenta il controllo dei genitori). Il concorso di responsabilità, secondo i casi, con il medico, il farmacista, il produttore potrebbe sussistere per i genitori o gli altri soggetti indicati che, con l'ordinaria diligenza (non si pretenderebbero certo da essi conoscenze tecniche, mediche o farmacologiche), dovrebbero accorgersi che il prodotto è scaduto o palesamente deteriorato o che magari la prescrizione medica è *ictu oculi* errata, magari confrontandola con le indicazioni della posologia (un errore materiale: il medico ha prescritto l'uso di venti pastiglie giornaliere, là dove voleva dire due e ciò si ricava dalle istruzioni allegate all'involucro del prodotto).

Ma come va considerata la posizione del minore? Già si è accennato alla teoria dei diritti del fanciullo: e si può aggiungere che, al di là delle posizioni della giurisprudenza e dottrina, pure la legislazione sempre più riconosce spazi di autonomia all'adolescente (facoltà e diritti, ma pure, necessariamente, responsabilità).

Con l. 8/3/1975, n. 39, a coronamento di un movimento di opinione che considerava con maggior rispetto e attenzione la figura del minore, e ne evidenziava per la prima volta la qualità di reale soggetto di diritto (ciò che doveva, in vario modo, influenzare tra l'altro la riforma del diritto di famiglia del 1975, con l'introduzione di nuove possibilità di «autodeterminazione» per il fanciullo), la maggiore età è stata fissata a tutti gli effetti al compimento del diciottesimo anno. Per alcuni atti tuttavia è sufficiente un'età inferiore; prescindendo dalla capacità di lavoro (contratto e relative azioni) e da alcune situazioni attive, già riconosciute al minore e poi assorbite dall'anticipazione della maggiore età, vari sono gli atti che questi può autonomamente compiere, e in tal senso, si è parlato di una sorta di semicapacità (o di «preparazione» alla piena capacità): con il compimento dei sedici anni il minore infatti può essere sentito dal giudice, in caso di disaccordo tra i coniugi sull'indirizzo della vita familiare (art. 145 c.c.); deve essere necessariamente ascoltato, se il genitore intenda ottenere la legittimazione di altro figlio (art. 284) e, prima della nomina del tutore, ha diritto di assistere all'inventario dei propri beni (art. 363), può riconoscere il proprio figlio naturale (art. 250), presta il consenso per la validità dell'atto di riconoscimento o della legittimazione (artt. 250, 284), per l'inserimento del fratello unilaterale nella famiglia legittima (art. 252), perché venga promossa o proseguita l'azione per la dichiarazione giudiziale di paternità o maternità (art. 273), può ricorrere al giudice per la nomina di un curatore speciale, ai fini dell'azione di disconoscimento di paternità (art. 244) o di impugnazione del riconoscimento (art. 264), è ammesso il matrimonio, per gravi motivi, accertata la sua maturità psicofisica (art. 84).

Talora rileva un'età ancora inferiore: a quattordici anni il minore deve essere sentito, in caso di contrasto tra i genitori, sull'esercizio della potestà (art. 316) e all'età di dieci anni, per le deliberazioni che riguardano il suo allevamento ed educazione, ove sia sottoposto a tutela (art. 371); in caso di adozione, deve essere sentito l'adottando che abbia compiuto i dodici anni (art. 296), nella affiliazione il minore che sia in grado di esprimere il suo avviso (art. 406). L'art. 2046 c.c., al contrario, precisando che non risponde delle conseguenze del fatto dannoso chi al momento non fosse capace ed escludendo un limite minimo di età, attribuisce al giudice il potere di stabilire se sussista (o meno) nel caso concreto la capacità di intendere e di volere del minore. Va infine osservato che, in campo penale, il minore quattordicenne può esercitare il diritto di querela e remissione (artt. 120, 153 c.p.).

Ma allora evidentemente l'adolescente maturo e consapevole, e dunque in grado di intendere e volere, sarebbe in grado di comprendere che quel prodotto, lasciato incustodito dai genitori, è nocivo, o magari potrebbe accorgersi da sé che il farmaco è scaduto o deteriorato o che la ricetta medica è palesemente errata. Nel primo caso si potrebbe pensare anche ad una totale esclusione della responsabilità dei genitori, negli altri si configurerebbe un concorso di colpa con gli altri soggetti (genitori, medico, farmacista, produttore).

Un caso particolare si verifica quando il farmaco non sia stato assunto dal minore, ma dalla madre durante la gravidanza ed abbia provocato delle malformazioni nel nato: si può ipotizzare una responsabilità della madre stessa? La questione si ricollega ad altra, assai più nota, circa la legittimità del c.d. danno da procreazione. Ammesso e poi escluso, in un'isolata fattispecie, da una giurisprudenza di merito assai risalente (si trattava del figlio divenuto eredoluetico, a causa del comportamento dei genitori), esso fu al centro di un serrato dibattito dottrinale: tra chi escludeva il diritto al risarcimento, perché non si poteva considerare comunque «danno» il dono della vita che il figlio pur menomato aveva ricevuto dai genitori, ovvero, con argomentazione più tecnica e meno «ideologica», perché il fatto era avvenuto prima della nascita del soggetto leso, e chi assai più correttamente lo ammetteva, precisando che è sicuramente possibile una divaricazione temporale tra atto illecito e conseguenze dannose. Dunque, anche la risposta alla domanda sopra formulata dovrebbe essere affermativa.

Quanto ai danni subiti dal minore, gli effetti potrebbero essere immediati o rivelarsi nel giro di breve tempo (qualche settimana): malattia, disturbi, lesioni (in ordine alla determinazione verrebbe in considerazione tutta la problematica del danno biologico, cui in questa sede non si può neppure accennare). Ma per individuare tutte le conseguenze nocive del farmaco, bisogna ancora una volta considerare le caratteristiche peculiari del fanciullo: un soggetto in crescita, in una situazione delicatissima di sviluppo psicofisico. Il farmaco potrebbe condizionare negativamente proprio tale sviluppo e dunque gli effetti si rivelerebbero in tutta la loro gravità dopo alcuni anni o magari proprio alla fine del processo di sviluppo. Ovviamente, in tali casi, eventuali prescrizioni decorrerebbero dal momento in cui gli effetti nocivi siano chiaramente identificabili.

Di regola l'azione per risarcimento sarà proposta dai genitori (o dal tutore) quali rappresentanti dei minori. Ma se tali soggetti concorressero nella responsabilità o addirittura si configurasse per essi una responsabilità esclusiva? Se si tratta di un solo genitore, potrà agire l'altro, altrimenti, essendo palese il conflitto di interessi con il fanciullo, il giudice tutelare provvederà, su segnalazione (anche del minore stesso) o d'ufficio, alla nomina di un curatore, in rappresentanza dell'incapace.

5. I doveri dei genitori

Per completare l'esame dei problemi, va ancora considerata l'ipotesi, cui già si è accennato sopra, di un genitore che imponga un farmaco al figlio contro la sua volontà o magari cerchi di impedire che il figlio lo assuma. Si tratta di comportamenti attivi, che almeno di regola si giustificano con i poteri-doveri del genitore, di guida e controllo: il minore si rifiuta di prendere la medicina «amara» o magari assume prodotti potenzialmente nocivi (senza necessariamente arrivare agli stupefacenti) per studiare, ricaricarsi, ecc. È indubbio che i genitori abbiano un potere di coercizione verso il figlio (e se vi fosse contrasto tra di loro, deciderebbe il tribunale per i minorenni, ai sensi dell'art. 316 c.c.); esso si giustifica in quanto volto a garantire l'interesse del figlio stesso, che non è ancora in grado di autodeterminarsi. Non è previsto che il minore possa rivolgersi direttamente al giudice, in caso di conflitto con il genitore: e tuttavia egli potrebbe segnalare il caso al pubblico ministero presso il tribunale per i minorenni, che, ove lo ritenesse opportuno, potrebbe attivare la procedura *ex* art. 333 c.c. (comportamento «pregiudizievole» del genitore) per una limitazione dei poteri di questo (escludendo ad es. che egli possa imporre il farmaco al figlio ovvero impedirne l'assunzione).

Ma è forse più frequente un comportamento omissivo del genitore: questi non fornisce medicinali o più in generale non cura il figlio per trascuratezza o, più raramente, per ragioni morali, religiose, ecc. Nel caso di trascuratezza (i genitori non seguono le prescrizioni del medico, non si preoccupano della salute del figlio, ecc.), il minore potrebbe essere temporaneamente allontanato dai genitori (ai sensi degli artt. 333 e 330 c.c.) – ma pure potrebbe l'ente locale, con il consenso dei genitori stessi, disporre l'affidamento familiare – ovvero nei casi più gravi essere dichiarato in stato di adottabilità. Le cronache hanno talora registrato casi di genitori che rifiutavano una determinata terapia del figlio (ad es. la trasfusione di sangue, appartenendo alla confessione di testimoni di Geova che esclude appunto tale intervento; ma si potrebbe pure pensare ad un genitore che sia contrario all'assunzione di sciroppo di metadone, quale sostitutivo della sostanza stupefacente, da parte del figlio, ritenendo che possa disintossicarsi in diverso modo). Ancora una volta, se il rifiuto fosse contrario all'interesse del minore, si potrebbe attivare il procedimento *ex* art. 333 c.c. ad opera di parenti o del pubblico ministero, così da limitare il potere del genitore, e fare in modo che il minore possa assumere il farmaco o seguire la terapia, che risulti per lui più accettabile. Nei casi più gravi – lesioni o morte del minore – a causa del rifiuto del genitore potrebbe configurarsi pure una responsabilità penale.

In sostanza, come si è visto, la questione di farmaci attraversa, per così dire, tutta la problematica minorile, dal danno al fanciullo, all'esercizio della potestà dei genitori, ai suoi limiti, fino alle situazioni di abbandono e alla dichiarazione di adottabilità.

Va precisato, a conclusione, che se gli studi in materia minorile tendono ad affrontare gli aspetti soprattutto patologici (il fanciullo nella separazione, il fanciullo abbandonato), appare assai opportuno soffermarsi pure su quelli più usuali (il rapporto con i farmaci, appunto), che coinvolgono indistintamente tutti i minori – e non solo una piccola parte di essi – e dove è parimenti necessario individuare e proteggere l'interesse del fanciullo, perché possano pur sempre rinvenirsi prevaricazioni, violenze, emarginazioni – magari in forma più sfumata, rispetto ad altri settori, ma non meno insidiosa.

La banca

di Fabrizio Devescovi

1. Premessa

Non si può dire che il minore rappresenti, per la banca, un interlocutore e un cliente troppo appetibile, quantomeno sotto un profilo economico. Il minore è, per ovvie ragioni e solitamente, sfornito di risorse finanziarie proprie o, comunque, non ne ha la libera disponibilità. Il minore costituisce peraltro un cliente potenziale per la banca che, da lungo tempo, ha congegnato e instaurato con il minore rapporti speciali, nell'intento di farne un cliente, abituandolo allo strumento bancario – e, probabilmente, a una determinata banca – sin dalla minore età.

In linea di principio, pare difficile concepire un rapporto diretto tra la banca e un minore, quando si consideri che il deposito bancario si costituisce solo con un soggetto capace. In pratica, tuttavia, l'annullabilità del contratto stipulato dal minore potrebbe anche non costituire una prospettiva allarmante. Infatti, se i contratti stipulati dal minore sono annullabili, è anche vero che, solitamente e in pratica, essi non vengono quasi mai annullati, se non quando si risolvano in danno del minore, ovvero quando il minore li abbia stipulati contro la volontà dell'esercente la propria potestà. I minori, anzi, quotidianamente acquistano beni e servizi; e, da quel che si vede, non necessariamente si tratta di prestazioni di valore insignificante.

Non è peraltro facile ipotizzare che al minore derivi un danno da un deposito bancario. Nel caso di incapacità del depositante e conseguente annullamento del contratto, non verrebbe meno la responsabilità del depositario per la custodia della cosa, né il suo obbligo di restituirla. Se il depositario non potrà pretendere il pagamento del corrispettivo eventualmente pattuito, potrà agire nei limiti dell'arricchimento senza causa e per la soddisfazione delle altre pretese descritte nell'art. 1781 c.c.

Resta il fatto che, tenendo la banca a stipulare atti validi e non annullabili, l'eventualità di un depositante incapace – in quanto minore – parrebbe solo scolastica, non fosse altro che per il rispetto delle procedure che la banca di norma si impone.

Peraltro, un complesso di disposizioni di legge aveva specificamente consentito al sistema bancario di non trascurare questi potenziali clienti e i rapporti tra struttura bancaria e minori d'età datano ormai, nel nostro sistema, oltre un secolo e hanno assunto, di recente, particolari configurazioni.

Nell'esaminare l'evolversi dei rapporti tra minore e banca mi è parso peraltro di cogliere una tendenza che certo richiederebbe maggiore meditazione. Volendo qui anticipare quel che resta da dimostrare, azzarderei che si assiste a una progressione da un rapporto di deposito, regolato con lo strumento del libretto, con funzione di risparmio e disciplinato dalla legge; a un rapporto di conto corrente, regolato con tessera magnetica, in funzione monetaria e con disciplina contrattuale. Del quale ultimo rapporto costituisce il fulcro proprio la tessera magnetica.

Per certi versi, come cercherò di illustrare, il nuovo strumento elettronico consente infatti di superare lo stesso problema dell'incapacità.

2. Libretto di deposito al risparmio intestato al minore

Sin dal 1888 venne riconosciuta per legge una speciale capacità dei minorenni a stipulare contratti di deposito, anche se limitatamente alle Casse di risparmio, il cui ordinamento prevedeva specifiche eccezioni all'incapacità di agire. Col passare del tempo, questo «privilegio» venne esteso, per incoraggiare i depositi dei minori, anche ad altri enti, ai quali era demandato l'incarico di raccolta del risparmio.

Tralasciando i precedenti più remoti, basterà qui qualche cenno, con particolare riferimento alle disposizioni di legge che si ritengono tuttora in vigore.

Ai sensi dell'art. 24 del t.u. Casse di risparmio e Monti pegno, approvato con r.d. 25/4/1929, n. 967, «il libretto di risparmio nominativo può essere dato e pagato ai minori, salvo l'opposizione del rappresentante legale del minore».

Il libretto nominativo poteva quindi – e, per le ragioni delle quali dirò, a mio avviso ancora oggi può – essere dato e pagato anche al minore, qualunque fosse la sua età. La particolare facoltà riconosciuta al minore risultava peraltro bilanciata dalla possibilità di opposizione da parte del rappresentante legale.

Non ci si meravigliava che fosse consentito al minore, senza bisogno di autorizzazioni di sorta, di compiere quello che si considerava un «atto di previdenza», in base alla considerazione che il risparmio sarebbe innanzitutto il frutto di una astensione dal consumo del proprio reddito. L'incoraggiamento al risparmio si poneva quindi in antitesi con le ragioni che limitavano – e limitano – la capacità giuridica patrimoniale dei minori.

Non sempre è facile distinguere, in senso tecnico, il risparmio dal deposito puro e semplice. Tuttavia, nel caso che ci occupa, il rapporto tra banca e minore si giustificava certamente in una funzione di avviamento al risparmio, come è agevole evincere da tutte le limitazioni patrimoniali alle quali, in generale, il minore era – ed è – soggetto e da una vocazione per così dire «consumistica» che al minore è stata attribuita.

Il privilegio di contrarre questi particolari depositi bancari era stato dapprima limitato alle Casse di risparmio. Si tratta infatti di istituti che avrebbero dovuto costituire il rifugio più sicuro dei risparmi del minore, perché, tra tutti gli enti che raccoglievano depositi, l'ordinamento di esse si caratterizzava per garanzie di legalità nell'amministrazione e di sicurezza nel collocamento dei depositi. Per le medesime ragioni una disposizione analoga veniva promulgata ben presto anche per i Monti di credito su pegno.

Questa particolare capacità di effettuare depositi di denaro trovava – e trova – pure altre applicazioni. Anche il minore, di età superiore ai dieci anni, può validamente compiere operazioni di risparmio postale, salva l'opposizione di chi esercita la patria potestà o la tutela.

Si debbono poi considerare i depositi a piccolo risparmio speciale – che sono forse i soli a mantenere il carattere originario dei depositi a piccolo risparmio – intrattenuti con minori. Tra le particolari categorie di soggetti ai quali venivano rilasciati i libretti riguardanti tali depositi, frequenti erano, per esempio, gli alunni di asili infantili e di scuole. Anche tali libretti sono esclusivamente nominativi, per evitare che soggetti non appartenenti alle categorie espressamente previste possano fruire di condizioni di tasso più favorevoli rispetto alle altre forme di impiego.

In generale, la scelta del rapporto non pare priva di significato, quando lo si consideri in relazione alle usuali classificazioni dei depositi bancari. Sinteticamente e quando si considerino i fini perseguiti dal depositante, è possibile identificare almeno tre obiettivi fondamentali: custodia delle disponibilità monetarie, conseguimento di una remunerazione e utilizzazione di alcuni servizi bancari. Tale ultimo aspetto è praticamente irrilevante nel caso in cui si faccia ricorso al deposito al risparmio.

In relazione allo strumento utilizzato per «movimentare» il deposito, si è osservato che solo in linea teorica il possessore di un libretto di risparmio – ed emesso al portatore – potrebbe utilizzare il documento per effettuare un pagamento. Nel caso, comunque, trattandosi di libretto nominativo, l'intestatario deve utilizzare lo strumento per prelevare personalmente il contante e resta esclusa ogni forma di circolazione del documento.

In tema della specifica capacità del minore in materia di depositi bancari, si è attribuito rilievo a un aspetto che mi pare di non poco interesse, anche nella prospettiva dell'evoluzione successiva. Si è infatti rilevato che l'incertezza del minore circa la possibilità di riscuotere le somme che egli stesso aveva depositato doveva fargli perdere il «gusto della proprietà»; «gusto della proprietà» che evidentemente possiede anche il minore, peraltro rassicurato – e probabilmente lusingato – di intrattenere un deposito direttamente intestato a suo nome.

Le specifiche capacità d'agire erano comunque intese a incoraggiare il minore al risparmio e alla previdenza. Ancora in via di massima approssimazione, direi che la tendenza, dapprima imperniata sull'incoraggiamento del minore al risparmio, si è evoluta parallelamente all'evolversi delle operazioni bancarie, dall'utilizzazione dello strumento costituito dal libretto di deposito per arrivare al conto corrente e alle tessere magnetiche.

3. L'art. 1837 c.c. e la sua abrogazione

Il riconoscimento generalizzato di questi particolari rapporti in ipotesi di contratti bancari avveniva con la specifica previsione di libretti in favore di minori ultradiciottenni, di cui all'art. 1837 c.c. Secondo l'art. 2 c.c. allora vigente, la capacità di agire si acquistava al compimento del ventunesimo anno.

Applicandosi l'art. 1837 c.c. a tutte le aziende di credito, si estendeva così un privilegio precedentemente previsto, dalle leggi speciali, solo per alcune di esse.

L'effetto di tale estensione era stato variamente inteso. Considerata peraltro l'espressa deroga all'applicabilità dell'art. 1837 c.c., contenuta nel 3° comma della disposizione, si consentiva generalmente che restassero salve le disposizioni delle leggi speciali (e cioè il t.u. delle Casse di risparmio e i Monti di prima categoria), le norme circa i depositi postali, ecc.

Non vi era completa equivalenza tra l'art. 1837 c.c. e le norme speciali. In primo luogo, l'art. 24 t.u. Casse di risparmio non prevedeva una capacità minima di diciott'anni e ciò consentiva a tali istituti di valutare discrezionalmente la sussistenza della capacità di intendere e volere.

In secondo luogo, non ponendo l'art. 1837 c.c. alcun limite di importo, esso abilitava il minore anche a depositi a risparmio cosiddetti straordinari, per i quali restava tuttavia la salvaguardia dell'opposizione del legale rappresentante del minore.

L'art. 1837 c.c. e le leggi speciali presentavano, d'altro canto, anche punti in comune, rappresentati dalla facoltà di opposizione del legale rappresentante e dalla necessità di un libretto di deposito nominativo.

Questa digressione non ha solo un interesse di «archeologia» giuridica, in quanto, con l'abrogazione dell'art. 1837 c.c., il problema si è riproposto secondo una nuova angolazione e ci si è infatti domandati, come si vedrà, se le norme speciali continuassero a spiegare effetto.

Sotto un certo profilo, l'art. 1837 c.c. costituiva pur sempre, nel sistema del codice civile, un'importante eccezione rispetto al principio generale contenuto nell'allora vigente art. 2 c.c. Si trattava peraltro di un'eccezione ispirata al particolare riguardo che, soprattutto per ragioni storiche, il legislatore dimostrava per il risparmio che affluiva in questi tipi di deposito.

Con l'art. 11 della l. 8/3/75, n. 39, la maggiore età venne ridotta da 21 a 18 anni e, nel far ciò, il legislatore evidentemente non ritenne di dover ridurre anche la particolare capacità in materia di libretti.

È pacifico che, abrogato l'art. 1837 c.c., sia stato abrogato anche il 3° comma della disposizione. Secondo alcuni, come si è detto, la l. 8/3/75, n. 39 avrebbe quindi vanificato anche le eccezioni previgenti di cui alle leggi speciali e si è dubitato che le disposizioni più favorevoli siano potute sopravvivere a fronte del testuale disposto della l. 39/75.

Pare preferibile sostenere che né l'introduzione dell'art. 1837 c.c., né la sua abrogazione abbiano inciso sulle normative speciali che preesistevano alla disposizione, con riguardo come si è visto, a Casse di risparmio, Monti di pegno, libretti postali, ecc.

Sotto un certo aspetto, inoltre, il trattamento di favore per il minore resta confermato dal nuovo t.u. postale, approvato con d.p.r. 29/3/73, n. 156, con il quale è stata confermata l'ammissibilità di libretti aperti a favore di minori anche senza alcuna dichiarazione di rappresentanza, come previsto dall'art. 149.

In pratica le banche operano nel senso di una sopravvivenza della normativa speciale, anche se il fenomeno non ha portata economica notevole.

4. Il conto corrente «giovane»: l'età

Da qualche tempo, alcuni istituti di credito ricorrono a un particolare rapporto che riguarda i minori d'età, denominandolo con definizioni «giovanili». Si tratta di contratti riconducibili, con qualche approssimazione, a due generi, ai quali mi riferirò semplicemente come al 1° modulo e al 2° modulo. Non sono in grado di pronunciarmi sulla diffusione e sul rilievo economico del fenomeno e ne parlo per gli aspetti che qui interessano.

Il primo dato rilevante è costituito dal fatto che, in alcuni casi,la banca instaura il rapporto direttamente con il minore (1° mod.). Con il termine correntista ci si riferisce infatti al minore ed è il minore, come si legge nelle condizioni generali di contratto, a chiedere «l'apertura di un "conto (a questo punto segue la denominazione 'giovanile')" contraddistinto dal n. (...) intestato a se medesimo».

Direttamente al minore sono quindi imposti specifici obblighi contrattuali, come quelli della custodia della tessera e del codice segreto – con conseguente responsabilità in caso di inadempimento –; di comunicazione alla banca per iscritto dell'eventuale smarrimento; di accettazione delle operazioni eseguite presso lo sportello elettronico.

In alcuni casi, la modulistica si riferisce genericamente al fatto che il soggetto è minore, per cui non sembrerebbe nemmeno esservi la necessità di un'età minima (2° mod.). In altri, si precisa invece che il conto è utilizzabile da chi abbia compiuto il quattordicesimo anno d'età, fino al compimento del diciottesimo anno (1° mod.).

Non è certo corretto definire «bambino» chi abbia compiuto il quattordicesimo anno di età, ma si tratta semplicemente di una scelta della banca. Poiché non vi è più, nel nostro ordinamento, una specifica previsione in materia di capacità di agire con riferimento al deposito bancario, evidentemente il riferimento al quattordicesimo anno si fonda semplicemente sulla convinzione che, a quell'età, il minore è normalmente dotato della capacità di intendere e di volere (e, soprattutto, di far funzionare uno sportello automatico, nei confronti del quale si dimostrano più restii molti maggiorenni).

a) *La validità del contratto*

Come si è visto, il minore non sarebbe, in ogni caso, capace di stipulare un contratto di deposito bancario. Pertanto il contratto, stipulato dalla banca esclusivamente con il minore, potrebbe essere annullato, per incapacità di una delle parti, su iniziativa degli esercenti la potestà, del minore o dei suoi eredi o aventi causa, ai sensi degli artt. 322 e 1425 c.c.

Nel caso, non sarebbero ovviamente configurabili raggiri usati dal minore, in presenza dei quali, ai sensi dell'art. 1426 c.c., il contratto non è annullabile. Nel caso di specie il minore non ha, con raggiri, occultato la sua minore età, ma l'ha anzi dichiarata, alla presenza dell'esercente la patria potestà. Infatti il contratto non viene mai stipulato dalla banca esclusivamente con il minore, ma richiede la partecipazione del suo legale rappresentante, anche se con diverse modalità delle quali si dirà.

Peraltro, se le disposizioni relative alla incapacità debbono intendersi stabilite nell'interesse dell'incapace, per cui soltanto questi o chi per esso è, ai sensi dell'art. 1441 c.c., legittimato all'azione di annullamento; e se, nel caso, legittimati all'azione di annullabilità sono l'esercente la patria potestà, il minore e i suoi eredi, la possibilità di un'impugnativa esiste, ma sarà, in pratica, piuttosto raro che un minore abbia eredi diversi dai suoi genitori e legali rappresentanti.

L'adesione dell'esercente la patria potestà al contratto viene quindi raccolta in funzione di convalidare il negozio annullabile, e come sostanziale rinunzia all'azione di annullamento.

Di certo i contratti in questione vengono posti in essere nella consapevolezza che i contratti conclusi da persone incapaci – nel caso, in quanto minori – non sono nulli, ma soltanto annullabili, per cui essi producono effetti giuridici fino a quando non vengono annullati a istanza degli stessi incapaci o di coloro che per essi sono legittimati all'azione di annullamento. In questa prospettiva, la convalida serve soltanto ad assicurare la validità del contratto, paralizzando l'azione di annullamento eventualmente esercitata prima che si compia il termine di prescrizione quinquennale previsto dall'art. 1442 c.c. La convalida del negozio annullabile è stata quindi considerata in termini di sostanziale rinunzia all'azione di annullamento.

Nel caso, la banca richiede pertanto l'esplicita adesione dei legali rappresentanti per evitare contestazioni circa la concludenza di un comportamento tollerante – e, quindi meramente omissivo – da parte degli stessi legali rappresentanti.

b) *La partecipazione dell'esercente la patria potestà e l'opposizione*

La partecipazione dell'esercente la patria potestà si atteggia con modalità diverse, a seconda dei moduli.

Come si è visto, in alcuni casi (1° mod.), si prevede che il correntista sia lo stesso minore, che chiede direttamente, sottoscrivendo il modulo, l'apertura del conto.

Anche nei casi in cui è il minore a stipulare, l'esercente la patria potestà, in qualità di legale rappresentante, partecipa pur sempre alla stipulazione dichiarando di non opporsi e di manlevare la banca (1° mod.). Una dichiarazione del medesimo contenuto viene comunque inserita anche nei moduli nei quali sono invece i legali rappresentanti a stipulare (2° mod.).

In questi ultimi casi, i legali rappresentanti chiedono infatti l'apertura del conto, che viene però intestato al minore; questi non sottoscrive, ma viene semplicemente «sottoindicato». Gli esercenti la potestà, agendo nella loro qualità di legali rappresentanti, stipulano quindi un contratto che sarà, di norma, eseguito dallo stesso minore.

In questi casi, oltre alla richiesta del conto, della quale si è detto, è necessario un ulteriore atto, sottoscritto sia dal minore, sia dal legale rappresentante, contenente le condizioni particolari. Singolarmente, sia il minore, sia il legale rappresentante dichiarano altresì di approvare specificamente, ai sensi degli artt. 1341 e 1342 c.c., alcune disposizioni ritenute vessatorie.

Non credo si possa seriamente dubitare dell'inutilità di far sottoscrivere queste clausole al minore. Credo peraltro che la previsione sia stata inserita solo perché la sottoscrizione è, per il minore, un atto da adulto e, quindi, costituisce forse un ulteriore incentivo.

In un modo o nell'altro, il legale rappresentante preventivamente rinuncia (anche se non definitivamente) a manifestare la propria opposizione alla stipulazione del contratto e all'esecuzione dello stesso da parte del minore, garantendo la banca, evidentemente nella consapevolezza, comune a tutte le parti, che il contratto posto in essere potrebbe essere annullato.

La dichiarazione del legale rappresentante comunque consente al minore di operare sul conto, sia mediante moduli, sia mediante tessera, nei limiti previsti dal contratto.

Come si è visto, le leggi succedutesi negli anni controbilanciavano la possibilità che i minori operassero sul deposito con l'opposizione dei loro rappresentanti legali. L'istituto è stato recuperato nella modulistica dei «conti giovani», anche se l'opposizione può avere estensione diversa, lasciando in alcuni casi sopravvivere il rapporto.

Il legale rappresentante può infatti revocare in qualsiasi momento la dichiarazione di non opposizione, comunicandola per iscritto alla banca. La revoca, peraltro, di norma incide non sul contratto, ma sulla facoltà del minore di operare.

Infatti al conto si potrà egualmente attingere, ma solo ricorrendo agli «appositi stampati». I moduli prevedono invece che all'opposizione consegua l'impossibilità di compiere le operazioni meno facilmente controllabili dalla banca e dal legale rappresentante e cioè quelle compiute mediante la tessera magnetica.

c) *Il conto corrente e la funzione di risparmio*

Ulteriore profilo interessante dei «conti giovani» è che si fa appunto ricorso a un conto corrente, il quale è sì regolato da disposizioni specifiche, riportate a tergo del modulo, ma «per quanto non ivi contemplato, da quelle del conto corrente di corrispondenza». In tutti i casi, il rapporto si modella quindi su un deposito bancario a vista e, più in generale, sul contratto bancario più frequentemente adottato.

Si sa che il conto corrente di corrispondenza è un contratto per effetto del quale la banca, nel presupposto dell'esistenza presso di sé di una provvista, si obbliga a prestare un servizio consistente, in sostanza, in un servizio di cassa, provvedendo, per conto del correntista, a pagamenti e riscossioni e svolgendo quindi tutti quegli incarichi e quelle operazioni che, nei limiti contrattuali d'uso, le saranno affidati dal cliente.

Il depositante non ricorre al conto corrente mosso da un intento di risparmio, se non altro perché i tassi di interesse corrisposti su tali depositi, pur variando in relazione alla giacenza media annuale, sono normalmente meno favorevoli di quelli praticati per altre fattispecie di deposito.

In linea di principio, il depositante, mediante il conto corrente, si propone di avvalersi dei servizi offerti dalla banca per effettuare con maggior comodità le proprie operazioni di cassa (mediante assegni o tessere) o per effettuare pagamenti a carattere ricorrente (telefono, luce, rate di mutui, premi assicurativi, ecc.). In alcuni Paesi, pertanto, le aziende di credito non corrispondono alcuna remunerazione sui conti correnti di corrispondenza.

Il minore raramente avrà interesse a fruire di simili servizi. Ma l'esibizione della tessera rilasciata in relazione ai «conti giovani» gli consente di godere di altri – e, forse, per il minore più interessanti – vantaggi di carattere promozionale, quali la partecipazione a concorsi a premi, la riduzione del prezzo di certi beni o servizi, l'offerta di vari *gadget*, ecc.

Il conto corrente attribuisce pertanto ai depositi una evidente funzione monetaria. Anche il «conto giovane» costituisce un deposito a vista e mancano, nella modulistica, riferimenti a vincoli di scadenza o alla necessità di preavvisi.

Inoltre, nei «conti giovani» mancano, in linea di principio, condizioni dirette a incoraggiare il minore al risparmio. Il modulo non prevede condizioni particolari o, comunque, più favorevoli, quali, per esempio, il riconoscimento di un tasso di interesse superiore a quello praticato ai maggiori d'età. Se è vero che alcuni Istituti bancari praticano in effetti particolari tassi di interesse su questi conti, non è questo evidentemente l'elemento caratterizzante.

Nella modulistica non ci si dilunga neppure sulle modalità con le quali il deposito stesso dovrebbe essere via via alimentato, sebbene certi moduli prevedano che il minore manifesti anche l'intenzione di effettuare determinati versamenti periodici.

La funzione di avviamento al risparmio non è quindi sconosciuta al conto, ma non è necessaria. Mi pare si possa concludere che le parti si inducono a instaurare il rapporto soprattutto per consentire al minore di prelevare direttamente il contante.

d) *Gli strumenti per effettuare prelevamenti: gli stampati e la tessera magnetica*

I prelevamenti possono essere effettuati mediante due strumenti. Si prevede infatti l'utilizzazione di ordini prestampati da presentare allo sportello, e di una tessera magnetica.

È interessante osservare che, di norma, per gli ordini prestampati è richiesta la sottoscrizione del solo minore, mentre la sottoscrizione (anche) del legale rappresentante sarà necessaria solo quando i prelevamenti superino determinati parametri e importi.

Solitamente sarà quindi il minore a prelevare il contante, ordinando per iscritto alla banca di corrisponderglielo. È appena il caso di aggiungere che, essendo il correntista minore d'età, egli non avrebbe la possibilità di movimentare il conto mediante assegni di conto corrente bancario e, comunque, nemmeno con i cosiddetti «assegni interni».

Personalmente sono invece rimasto colpito dal fatto che le norme particolari che regolano un rapporto così singolare disciplinano soprattutto l'utilizzazione della tessera magnetica. L'altro strumento previsto è costituito infatti dall'utilizzazione di un'apposita tessera magnetica di prelevamento Atm.

Non è di poco rilievo che esplicitamente si preveda il rilascio al correntista (e, quindi, al minore) di «una sola tessera, a lui intestata». È agevole peraltro comprendere che la «intestazione» della tessera al minore è, per il terminale elettronico, del tutto priva di significato. Il terminale non è tecnicamente predisposto per verificare la capacità di agire di chi introduce la tessera, e, nemmeno, per individuarlo o identificarlo, sulla base delle tradizionali risultanze anagrafiche.

Il terminale si limita a «leggere» la banda magnetica apposta sulla tessera, riconoscendo quest'ultima e non il presentatore di essa. In pratica, lo sportello automatico erogherà le banconote sia al minore, sia all'incapace di intendere e di volere.

L'adozione della tessera magnetica determina peraltro l'insorgere di delicati problemi. Si prevede infatti che i conti in questione «non potranno mai presentare un saldo debitore». La disposizione non è di per sé eccezionale, in quanto anche le condizioni Bancomat obbligano «in ogni caso il correntista ad effettuare i prelievi entro il limite costituito dal saldo disponibile del conto».

Nel caso, si tratta tuttavia di una disposizione che ha un suo significato, in quanto, ai sensi dell'art. 320 c.c., è comunque richiesta l'autorizzazione del Giudice tutelare per contrarre mutui. Quando si consideri che manca, al momento, un collegamento in tempo reale tra i vari terminali, è impossibile escludere che il cliente – è così anche il minore, nel rapporto che ci occupa – utilizzi la tessera magnetica, effettuando prelievi per un importo superiore al saldo disponibile. Il sistema Bancomat, per il momento, è congegnato non in maniera da escludere che i prelievi superino la provvista, ma da impedire che essa sia superata di molto.

Nel caso del «conto giovane», la tessera può di norma essere utilizzata solo presso i terminali della banca contraente, per cui la possibilità è ancora più contenuta; ma non è possibile escludere che il minore superi il saldo. In questo caso, le condizioni contrattuali consuete in materia di tessere di prelevamento – per quel che concerne l'imputabilità delle operazioni effettuate mediante lo sportello automatico e il valore probatorio delle scritture della banca – potranno avere efficacia tutt'al più nei confronti del legale rappresentante, così giustificandosi ulteriormente la manleva da questi prestata.

5. Le tessere Atm e bancomat

Sembra che, di norma, i prelievi vengano effettuati soprattutto mediante la tessera magnetizzata, anziché mediante l'apposito stampato. E ciò non può meravigliare, in quanto il ricorso allo sportello automatico comporta vantaggi non solo per la banca, in termini di riduzione di costi rispetto ai tradizionali sportelli, ma anche per la clientela, che beneficia di un più facile accesso ai servizi bancari. Non si vede perché il minore dovrebbe compilare lo stampato e affrontare la coda allo sportello, quando egli può agevolmente prelevare contante con la tessera.

L'utilizzazione degli sportelli automatici è nota e il maggiore d'età se ne serve ricorrendo alla più diffusa tessera Bancomat. Quanto a funzionamento non vi è differenza strutturale tra tessera Atm e Bancomat e, anzi, la tessera Bancomat è una tessera Atm (=«automated teller machine»). Anche la particolare carta rilasciata ai titolari dei «conti giovani» viene in pratica utilizzata come una tessera Bancomat e la disciplina contrattuale è modellata su quella di quest'ultima.

Le tessere di prelevamento consentono l'utilizzazione degli sportelli automatici. Come si sa, l'inserimento della tessera Atm in un terminale di elaboratore, che non viene impiegato dal cliente della banca in via esclusiva, accompagnato dalla composizione di un numero di identificazione – o codice segreto –, permette di attivare direttamente un meccanismo che eroga le banconote, anche oltre l'orario di sportello.

È pacifico che la tessera Bancomat non sia destinata alla circolazione ed essa non incorpora certamente il diritto. Di recente, si è quindi sostenuto che essa sarebbe assimilabile al documento di legittimazione, in quanto legittima attivamente e passivamente il creditore della prestazione. In altre parole, il debitore demanda al terminale elettronico la verifica degli elementi legittimanti e, in definitiva, la stessa identificazione del creditore.

Qui interessa che, per le particolarità tecnologiche della procedura, il ricorso al meccanismo Bancomat determina comunque una «spersonalizzazione» dell'operazione. Le parti sono perfettamente consapevoli che, in concreto e considerata la natura del meccanismo, l'operazione potrà benissimo venir effettuata da un soggetto diverso dal correntista, purché sia munito della tessera e conosca il codice di identificazione.

6. Il minore come rappresentante del maggiore d'età

Sotto un certo profilo, la tessera rilasciata con riguardo ai «conti giovani» consente di portare alle estreme conseguenze le considerazioni sopra formulate circa la «spersonalizzazione» della quale si è detto.

Se l'intento pratico che muove il minore d'età – e, soprattutto, il suo legale rappresentante – nella stipulazione di un «conto giovane» fosse semplicemente quello di consentire al minore di effettuare prelievi con tessera Bancomat, si potrebbe ricorrere a sistemi diversi.

Il legale rappresentante potrebbe infatti utilizzare un normale conto corrente e, in caso di necessità, affidare la tessera Bancomat al minore, che così potrebbe prelevare il contante. Come si è visto, ai sensi delle condizioni usualmente praticate per il servizio Bancomat, il correntista resta responsabile di ogni conseguenza dannosa che possa derivare dall'uso della carta e del codice personale segreto da parte di soggetti che egli avesse autorizzato a operare.

Poiché il terminale non è tecnicamente abilitato a identificare il presentatore della tessera, ma la tessera stessa, in base alla banda magnetica, in concreto non si porrebbero problemi nemmeno se l'operazione venisse effettuata da un minore. Anche quando il minore effettuasse l'operazione senza autorizzazione, gli effetti, ai sensi delle condizioni contrattuali, potrebbero egualmente essere imputati al maggiore d'età/correntista, in base all'obbligo di custodia della tessera e dei codici, che è tipico delle condizioni contrattuali predisposte per le tessere di prelevamento.

Invece, nel caso di utilizzazione autorizzata della tessera di prelevamento del legale rappresentante da parte del minore d'età, questi potrebbe essere considerato come rappresentante dell'esercente la patria potestà. Come si sa, in ipotesi di mandato, è richiesta dall'art. 1389 c.c. non la capacità di agire del rappresentante, ma solo quella di intendere e di volere, avuto riguardo alla natura e al contenuto del contratto.

Alla configurazione per la quale il minore opererebbe in qualità di rappresentante dell'esercente la patria potestà, si è già fatto ricorso in relazione al fenomeno dei «piccoli acquisti» dei minori, che, peraltro, rappresenta oggi un fenomeno economico di dimensioni più che ragguardevoli. Si tende infatti a mantenere fermi gli atti compiuti dai minori forniti di un'adeguata consapevolezza e si spiega la conclusione osservando che, in molti casi, il minore agirebbe come volontario rappresentante dei propri rappresentanti legali per cui, appunto ai sensi dell'art. 1389 c.c., sarebbe sufficiente la sua capacità di intendere e di volere.

Questa ricostruzione del fenomeno è stata considerata una finzione giuridica, grazie alla quale si riesce a dar valore a comuni atti della vita, compiuti dal minore per soddisfare le sue minute necessità. D'altro canto, la stessa erogazione di contante è stata ricompresa tra i negozi della vita quotidiana, dei quali si è detto che il momento rilevante non è tanto quello della fase costitutiva del negozio, ma quello dell'esecuzione di esso.

Non è peraltro questa la scelta che sta alla base dei «conti giovani». Le condizioni contrattuali espressamente prevedono che il conto sia intestato al minore e che venga rilasciata al correntista (e, quindi, al minore) «una sola tessera, a lui intestata».

Anche tralasciando l'intestazione della tessera, non deve suscitare perplessità l'utilizzazione di un documento di legittimazione da parte del minore. Il possesso del documento di legittimazione, diversamente da quel che avviene per i titoli di credito, costituisce solo una circostanza dalla quale univocamente appare la legittimazione del creditore; e si dovrebbe anche aggiungere che, in materia di possesso, è stata ritenuta necessaria la sola volontà di esercitare la propria signoria sul bene, per cui – si è detto – non occorre la capacità di agire, ma è sufficiente la capacità di intendere e di volere della quale può essere dotato, in concreto anche il minore di età.

7. Considerazioni conclusive

Nello stipulare i «conti giovani», le parti ben sanno che, su questi conti, tendenzialmente opererà il solo minore, mentre l'intervento degli esercenti la patria potestà nell'esecuzione del contratto è previsto come un'ipotesi meramente eventuale e, per così dire, patologica.

Alcuni contratti riconoscono direttamente al minore la qualità di contraente, mentre altri, più cautamente, considerano contraenti gli esercenti la patria potestà, consentendo peraltro che il minore compia atti esecutivi del contratto. Certo, in queste ultime ipotesi, sarebbe con ogni probabilità possibile considerare il minore come mandatario dell'esercente la patria potestà. Tuttavia, anche in questi casi, il conto e la tessera magnetica sono «intestati» al minore; né è discusso che sarà il minore a utilizzare la tessera.

Mi pare se ne possa concludere che, per il minore, l'incentivo alla stipulazione di simili rapporti sia costituito proprio dalla «intestazione» del rapporto. Il minore sarà altresì allettato dalla possibilità di utilizzare il moderno strumento costituito dalla tessera magnetica, anche perché si tratta di un atto da adulto.

Per la banca, la stipulazione dei conti correnti «giovani» consente di attrarre i minori nella cerchia della clientela, abituandoli ad adoperare uno strumento giuridico al quale i minori stessi faranno probabilmente ampio ricorso anche quando saranno maggiori d'età.

Il libretto bancario costituiva anch'esso uno strumento per attirare il minore, in quanto potenziale cliente, e certo si trattava di uno strumento adeguato per il periodo storico. La facoltà riconosciuta al minore di utilizzare libretti di deposito nominativi si giustificava con l'opportunità di avviarlo al risparmio.

L'intento di avviare al risparmio ancora oggi giustifica i rapporti che le leggi speciali consentono di intrattenere con i minori. A tali rapporti si affiancano quindi, con funzione monetaria, i «conti (correnti) giovani», nei quali l'intento di risparmio è meramente eventuale, ma che offrono al minore servizi più moderni e allettanti, quale appunto quello concernente la tessera magnetica.

L'assicurazione

di Marina Donati

1. Introduzione

La funzione principale dell'assicurazione consiste in un atto previdenziale finalizzato alla predisposizione dei mezzi necessari a fronteggiare bisogni economici dipendenti da eventi futuri aleatori. In considerazione di ciò si esamineranno le peculiari necessità dei minori che possono rendere opportuno il ricorso ad una copertura assicurativa, tenuto conto anche di eventuali provvidenze e servizi pubblici destinati al soddisfacimento dei bisogni individuati. Tali necessità sono principalmente di carattere personale e riguardano la dipendenza dei minori dalla famiglia per quanto concerne il mantenimento, l'istruzione e l'educazione, nonché i bisogni legati alla salute: i settori assicurativi interessati sono pertanto quelli vita, infortuni e malattie. In tutti questi comparti negli ultimi anni si sono intensificati gli sforzi delle compagnie per l'allestimento di prodotti adeguati alle mutate esigenze della clientela; sotto questo profilo un'attenzione particolare è stata riservata al segmento bambini, soprattutto in relazione a piani di risparmio finalizzati alla costituzione di un capitale pagabile al completamento degli studi superiori. Oltre ai bisogni di carattere personale se ne possono individuare altri in relazione alla responsabilità dei genitori per gli atti commessi dai figli minorenni, bisogni per i quali la sottoscrizione di una polizza di assicurazione di responsabilità civile del capofamiglia può costituire un'efficace risposta.

2. Il bambino e l'assicurazione

All'origine di un contratto di assicurazione vi è sempre un atteggiamento previdenziale in rapporto a futuri bisogni economici, che possono venire a determinarsi in conseguenza di eventi aleatori sfavorevoli oppure al verificarsi di eventi attinenti alla vita umana. Il ricorso alla garanzia assicurativa consente di trasferire in tutto o in parte ad un terzo (l'assicuratore) il rischio in questione: al verificarsi dell'evento assicurato sarà infatti la compagnia prescelta a provvedere al reintegro patrimoniale del danno subito, ovviamente nei limiti delle condizioni di polizza, oppure a fornire i capitali o le rendite garantite. Per il singolo assicurato, grazie ai benefici della mutualità, il costo certo di tale prestazione (il premio) risulta inferiore al sacrificio economico rappresentato dall'accantonamento dell'intera somma.

Da questa premessa si ricava che, per affrontare il discorso sul rapporto bambino-assicurazione, si dovrà innanzitutto analizzare quali siano i bisogni o gli interessi specifici dei minori, o degli adulti alla cui tutela gli stessi sono affidati fino al raggiungimento della maggiore età, per i quali vi sia un diffuso interesse a ricorrere all'assicurazione.

In quest'ottica non si considereranno i rischi relativi ai beni dei bambini, che non presentano alcuna peculiarità in rapporto all'età dei proprietari, per fissare invece l'attenzione sulle assicurazioni personali e, per determinati aspetti, su quelle di responsabilità.

Per ciascuno dei bisogni assicurativi identificati, si devono esaminare l'esistenza e la portata di eventuali provvidenze e servizi pubblici destinati al loro soddisfacimento. Questo aspetto è infatti essenziale, ai fini di una corretta valutazione dell'opportunità e della portata di un ricorso alle coperture che l'assicurazione privata può offrire, in assenza o ad integrazione dei suddetti interventi assistenziali.

Prima di proseguire con l'analisi dei singoli punti, va fatta un'ultima precisazione in merito al ruolo che il bambino, o più in generale il minore, può assumere nell'ambito di un contratto di assicurazione. Se infatti, in quanto incapace di agire, gli è preclusa la possibilità di stipulare validamente una polizza, il bambino può peraltro comparirvi come soggetto assicurato oppure, trattandosi di contratti sulla vita o contro gli infortuni per il caso di morte, può esservi designato quale beneficiario delle prestazioni assicurate. Ovviamente in tali casi saranno gli adulti legati al minore da vincoli di parentela, o comunque partecipi della sua sorte o dei suoi interessi, a sottoscrivere le relative polizze e a provvedere al pagamento dei premi.

3. Le necessità personali del minore

In relazione ai bisogni di carattere personale va innanzitutto osservata la dipendenza più o meno assoluta del minore dalla famiglia per le proprie necessità di mantenimento, educazione ed istruzione culturale e professionale, dipendenza che si protrae per un numero piuttosto elevato e tendenzialmente crescente di anni. Una parte degli introiti familiari è dunque normalmente utilizzata per il soddisfacimento delle suddette necessità dei figli fino a quando essi, a prescindere dall'età, raggiungano l'indipendenza economica.

Le esigenze evidenziate trovano riscontro nel dovere dei genitori di mantenere, istruire ed educare i propri figli, sancito dall'art. 30 della Costituzione; l'adempimento di tali compiti è agevolato dallo Stato con misure economiche e altre provvidenze, come si afferma nel successivo art. 31.

In pratica, il contributo pubblico alle spese di mantenimento ed educazione dei figli consiste nell'attribuzione ai lavoratori dipendenti di assegni familiari la cui entità dipende dall'ammontare complessivo del reddito familiare e dal numero dei componenti la famiglia stessa. Inoltre sono accordate delle detrazioni al reddito imponibile dei genitori commisurate al numero dei figli.

La destinazione di una quota di reddito dei genitori a favore dei figli trova conferma anche nelle disposizioni in materia di pensioni di reversibilità, che vengono applicate in tutti i casi in cui, malauguratamente, un genitore venga a mancare anzitempo, quando in famiglia vi siano ancora figli minorenni o comunque a carico. In tali evenienze il trattamento spettante al coniuge è infatti accresciuto di ulteriori quote riferite ai figli minori o assimilati, la cui corresponsione cessa allorché essi raggiungono i previsti limiti di età e/o l'autonomia reddituale.

In relazione al diritto all'istruzione va fatta una distinzione tra scuola dell'obbligo da un lato e scuola superiore ed università dall'altro, con riferimento al diverso grado di facilitazioni pubbliche alla frequenza. Queste sono ovviamente maggiori per la scuola dell'obbligo: in particolare per quanto riguarda le elementari sono gratuiti sia l'iscrizione che i libri di testo, mentre per la media inferiore normalmente l'acquisto dei testi è a carico della famiglia, anche se sono previsti contributi per i meno abbienti.

Per quanto concerne invece la scuola superiore e l'università è ammessa solo la detrazione dal reddito imponibile dei genitori delle relative tasse di iscrizione; agli studenti universitari che ne facciano richiesta può inoltre essere attribuito un presalario e/o un alloggio in case dello studente, la cui assegnazione viene effettuata, nei limiti della disponibilità, in base al reddito familiare. Soprattutto a livello universitario e di scuola superiore è inoltre possibile concorrere all'assegnazione di borse di studio, generalmente attribuite secondo criteri di merito da enti pubblici o, più spesso, da privati.

Parlando di università si esce ovviamente dall'argomento di questa relazione; tuttavia le considerazioni riportate possono essere utili ai fini della valutazione dell'impegno a carico delle famiglie che intendano dare ai propri figli l'opportunità di frequentarla. Come si vedrà nel seguito, tale impegno costituisce una delle necessità che possono essere soddisfatte ricorrendo all'assicurazione.

4. La cura della salute

Nell'ambito dei bisogni primari del bambino che la famiglia è chiamata a soddisfare, assumono un particolare rilievo la cura della sua salute e la salvaguardia della sua integrità fisica. Tali esigenze non sono ovviamente peculiari dell'età infantile e giovanile, ma riguardano indistintamente tutti i cittadini, pur presentando caratteristiche variabili in rapporto alle diverse fasce di età.

Tenuto conto dell'interesse generale al soddisfacimento di tali bisogni, lo Stato ha organizzato le numerose strutture pubbliche esistenti sul territorio nel Servizio sanitario nazionale, al quale possono accedere tutti i cittadini, sia pure a vario titolo e secondo diverse modalità, quanto meno per talune prestazioni di carattere essenziale; Per quanto riguarda in particolare i bambini, nella maggior parte dei casi essi hanno diritto ad usufruire dell'assistenza sanitaria pubblica in quanto figli minori di lavoratori che, con il versamento periodico di quote dei loro redditi, contribuiscono al mantenimento delle relative strutture.

Tale diritto è loro riconosciuto in tutti i casi di necessità di cure mediche, senza riguardo alle cause che li hanno determinati: i bambini possono quindi avvalersi – gratuitamente o verso pagamento da parte dei genitori degli eventuali ticket previsti – di tutte le prestazioni dispensate dalla sanità pubblica (visite, medicinali, analisi cliniche, ricoveri ospedalieri, ecc.) di cui abbiano bisogno in conseguenza tanto di malattie che di infortuni.

La spesa sanitaria per bambini ed adolescenti non è di poco conto: per quanto, fortunatamente, essi godano sostanzialmente di buona salute, necessitano con frequenza anche maggiore degli adulti dell'intervento medico in quanto soggetti ad episodi febbrili, malattie tipiche dell'età giovanile (si pensi, ad esempio, alle numerose malattie infettive), ecc. Inoltre, per un'efficace prevenzione di seri problemi di salute che possono manifestarsi anche con notevole ritardo, è buona norma sottoporre bambini e ragazzi a periodiche visite di controllo allo scopo di verificare la loro crescita secondo linee equilibrate di sviluppo.

Inoltre nell'infanzia e nell'adolescenza è purtroppo molto frequente il ricorso alle strutture sanitarie in conseguenza di infortuni. In Italia, infatti, gli incidenti sono alla base di oltre un quinto dei ricoveri ospedalieri in età pediatrica e costituiscono la principale causa di morte dopo il primo anno, con un'incidenza di circa il 35%. Statistiche sanitarie attendibili hanno rilevato che ogni anno un bambino su cinque ricorre al pronto soccorso per infortuni; le lesioni più frequentemente riportate sono quelle di tipo traumatico (riscontrate nel 90% degli episodi che danno luogo a ricovero), ma assumono un certo rilievo anche le ustioni, i morsi di animale e gli avvelenamenti.

La casistica consente di identificare tre principali tipologie di incidente. Il più frequente in assoluto è quello domestico, cioè verificatosi nelle abitazioni o in ambiente scolastico, che risulta nettamente prevalente in particolare nella prima infanzia. Segue l'infortunio riportato durante la pratica di attività sportive, soprattutto se effettuata in assenza di supervisione da parte di tecnici delle società o della scuola, che assume invece maggior rilevanza dopo i 10 anni di età. Infine c'è l'incidente automobilistico, che pur presentando un'incidenza nettamente inferiore (solo il 5% degli infortuni più seri), è quello che determina le lesioni più gravi, con percentuali di decesso significative (circa il 20% dei morti in età compresa tra 1 e 14 anni, quasi il 60% delle morti da cause accidentali) ed esiti invalidanti permanenti.

Per i casi più gravi di invalidità congenita o acquisita a seguito di malattie o infortuni, intendendosi per tali quelli con una menomazione della capacità lavorativa, debitamente riconosciuta da un'apposita commissione medica, non inferiore al 74%, è prevista l'attribuzione di una rendita assistenziale erogata dal Ministro dell'Interno tramite le Prefetture. L'effettiva corresponsione di tale prestazione assistenziale è subordinata al possesso di un reddito individuale modesto, pari per il 1990 a circa 15 milioni per i ciechi e gli invalidi civili totali, e a circa 4 milioni per gli invalidi civili parziali; questa condizione tuttavia, trattandosi di minori, raramente risulta rilevante.

Si prescinde invece dal reddito personale e familiare per l'erogazione dell'assegno di accompagnamento previsto a favore dei ciechi assoluti e degli invalidi civili assoluti che si trovino nell'impossibilità di deambulare senza l'aiuto di un accompagnatore o che abbiano necessità di un'assistenza continua non potendo svolgere da soli gli atti quotidiani della vita.

Altri benefici, in forma di sussidi o servizi sociali assistenziali, possono inoltre essere attribuiti alle famiglie dei minori portatori di handicap dagli enti territoriali (Province e Comuni) secondo le disponibilità di bilancio.

5. Le polizze-vita

Analizzati i bisogni di carattere personale di bambini e ragazzi ed indicate le prestazioni assistenziali pubbliche destinate a farvi fronte, si può passare ad una valutazione della misura in cui tali provvidenze riescono a soddisfare le necessità evidenziate, variabili anche in rapporto alle diverse situazioni individuali e familiari. Tale determinazione è essenziale per l'individuazione dei settori nei quali è potenzialmente più elevata la richiesta di garanzie assicurative integrative o sostitutive e in cui di conseguenza si intensificano gli sforzi dell'offerta.

Per quanto concerne le molteplici necessità normalmente soddisfatte con la specifica destinazione di una quota dei redditi dei genitori, si può senza dubbio affermare che gli assegni familiari (ove percepiti) sono ben poca cosa a fronte dei bisogni, consistendo in poche decine di migliaia di lire attribuite soltanto in presenza di redditi familiari molto contenuti. Del tutto irrilevanti risultano anche le detrazioni fiscali concesse per i figli a carico.

Il discorso non è molto diverso per quanto riguarda i trattamenti di reversibilità previsti a favore dei superstiti e dei figli in particolare, che in linea di massima risultano di gran lunga inferiori ai redditi di lavoro percepiti dal genitore in vita. Essi infatti fanno riferimento alla pensione di vecchiaia maturata, che ovviamente è tanto più modesta quanto più giovane è l'età del deceduto; ne consegue che in molti casi le difficoltà che derivano da un evento luttuoso possono provocare una svolta negativa determinante nella vita dei familiari, soprattutto in quella dei figli superstiti.

Per tale motivo nelle famiglie giovani, in particolare in quelle che, basandosi sulla disponibilità di redditi correnti sufficientemente elevati, hanno assunto impegni finanziari anche rilevanti (quali ad esempio l'accensione di un mutuo a fronte dell'acquisto di un'abitazione) non dovrebbe mancare un'assicurazione sulla vita dei coniugi che nel caso di morte garantisca almeno l'estinzione del debito residuo. Considerato peraltro il costo obiettivamente contenuto di tali coperture di puro rischio, il capitale assicurato potrebbe opportunamente essere elevato ad un importo ritenuto sufficiente in rapporto alle prevedibili future esigenze di mantenimento e di studio dei figli.

Analoghe considerazioni possono essere riferite al caso di sopravvenuta grave invalidità di un genitore, che comporti il pensionamento anticipato dello stesso.

Tuttavia, al di là delle drammatiche situazioni sopra citate, sussistono oggi talune condizioni che costituiscono il necessario presupposto per atti previdenziali di tipo diverso, comunque finalizzati alla costituzione di capitali da destinare alle future esigenze dei figli. Si vuol qui riferirsi alle assicurazioni dotali – di origine antichissima in quanto, in forma embrionale, erano in uso già nell'antica Roma – che attualmente in Italia, dopo un lungo periodo di sostanziale abbandono, presentano prospettive di notevole sviluppo.

Come si è detto vi sono infatti dei fattori di carattere demografico, economico e sociale che lasciano prevedere possibilità di un interesse sufficientemente ampio nei confronti di tale tipo di prodotti. Innanzitutto si può osservare che nel tempo si è registrata una progressiva diminuzione dell'ampiezza delle famiglie, come conseguenza di un'accentuata tendenza verso una riduzione del numero dei figli; è invece cresciuto anche in termini reali il reddito familiare, soprattutto nei nuclei più giovani nei quali sempre più spesso lavorano ambedue i genitori. Tali fenomeni congiuntamente hanno determinato un deciso aumento delle risorse familiari disponibili per il soddisfacimento dei bisogni di ciascun figlio.

D'altra parte i profondi mutamenti intervenuti nella società hanno comportato variazioni di rilievo anche nelle esigenze individuali, che si sono conformate a nuovi modelli comportamentali. In particolare, tra le necessità primarie dei ragazzi d'oggi deve essere annoverata l'acquisizione di un elevato grado di istruzione, in linea con le caratteristiche che il mondo produttivo è orientato a richiedere ai lavoratori di domani.

Questo obiettivo si può realizzare attraverso un prolungato periodo di formazione scolastica a livello superiore o universitario, possibilmente arricchita con la frequenza di corsi paralleli di lingue straniere, di informatica, di specializzazione post-universitaria. I relativi costi a carico delle famiglie sono piuttosto elevati, anche in considerazione del fatto che, come si è osservato, il sostegno da parte dello Stato è trascurabile o si limita alle fasce di reddito meno abbienti. L'importanza di tale preparazione ai fini di un pronto e soddisfacente inserimento del giovane nella professione prescelta non è comunque in discussione e d'altra parte si è visto che le famiglie dispongono mediamente di maggiori mezzi da destinare a tale scopo.

In quest'ottica ai genitori più previdenti si offre la possibilità di ripartire gli oneri di istruzione dei figli su un arco di tempo più esteso, che può addirittura aver inizio al momento della loro nascita, attraverso il ricorso a prodotti assicurativi di nuova concezione, appositamente messi a punto dalle più attente compagnie del mercato. Tali strumenti possono costituire una risposta adeguata anche ad altre esigenze della clientela, quali ad esempio la disponibilità di un capitale da destinare all'avviamento di un'attività imprenditoriale da parte dei figli oppure all'acquisto di un'abitazione per i medesimi. Il capitale liquidato a scadenza dall'assicuratore può inoltre costituire la dote da assegnare alle figlie in occasione delle nozze, laddove tale usanza è ancora praticata.

In ogni caso, chi ritenga di poter risolvere i suoi problemi attraverso la sottoscrizione di un'assicurazione dotale dovrà preventivamente sincerarsi della rispondenza delle coperture e delle condizioni di polizza alle proprie effettive necessità, verificando in particolare che nella garanzia siano inclusi tutti i rischi che possono sminuire o addirittura vanificare il valore dell'atto di risparmio.

Sotto questo profilo si può citare, ad esempio, la polizza «Primodomani», di recente immessa sul mercato dalle Generali, che si segnala per efficacia e completezza delle coperture previste e per la possibilità di abbinare alla garanzia previdenziale i benefici di una polizza infortuni, i cui contenuti sono stati studiati per rispondere alle peculiari esigenze dei giovani.

«Primodomani» è innanzitutto un piano di risparmio con caratteristiche di flessibilità, in quanto consente al cliente di scegliere liberamente durata ed entità dell'investimento in relazione ai propri bisogni; tuttavia sono stati predisposti tre diversi tipi di piano che possono costituire un valido riferimento per le diverse fasce di età del bambino-beneficiario al momento della stipulazione della polizza (0-4 anni, 5-9 anni o 9-13 anni).

Il programma previdenziale rientra nell'ambito dei prodotti a prestazioni rivalutabili in base ai rendimenti realizzati con la gestione del fondo Gesav, nel quale confluiscono i premi pagati dagli assicurati e le relative rivalutazioni. Il piano prevede quindi, per tutta la durata del contratto, l'adeguamento delle somme accantonate e la possibilità, scegliendo di adeguare via via anche il premio, di mantenere nel tempo il potere d'acquisto della prestazione assicurata. Poiché l'obiettivo è la costituzione di un capitale da destinare ai figli per la frequenza di corsi universitari, l'avviamento di un'attività professionale, il matrimonio, ecc., la scadenza del contratto è stabilita al compimento dei 19 anni di età dell'assicurato, con una durata variabile in rapporto all'età di quest'ultimo al momento della stipula. Il contraente ha tuttavia la facoltà di posticipare la corresponsione del capitale assicurato al compimento del 24° anno e di richiederne il pagamento in cinque note annuali rivalutate gratuitamente.

Di importanza sostanziale è il fatto che in caso di premorienza o di grave invalidità da infortunio del genitore-contraente cessa l'obbligo di corresponsione dei premi annuali, fermo restando il diritto dell'assicurato a ricevere a scadenza l'intera prestazione garantita.

Infine, è prevista la possibilità di collegare il piano di risparmio, oltre che alla lira, anche al marco o al dollaro, con conseguente tenuta dell'investimento anche nei casi di perdita di potere di acquisto della nostra moneta rispetto a tali valute (aspetto che assume una certa rilevanza ove si programmino per i figli periodi di studi all'estero).

Come si è detto, alla copertura vita è associata facoltativamente una garanzia infortuni, la quale comprende tutti gli infortuni che i bambini e i ragazzi possono subire in casa, a scuola o nello svolgimento di qualsiasi attività del tempo libero, purché non avente carattere professionale.

Tra le prestazioni assicurate, è previsto in primo luogo il pagamento di un capitale fino a 150 milioni, per il caso di invalidità permanente, e la corresponsione di un'indennità speciale aggiuntiva, di ammontare pari al capitale assicurato, per invalidità pari o superiore al 50%. È dunque manifesta la volontà di prestare una garanzia più efficace nei casi di gravi infortuni, per i quali si richiedono cure riabilitative lunghe e costose e spese di assistenza notevoli, che possono prolungarsi su tutto l'arco della vita.

Nella copertura è inoltre compresa la corresponsione di un'indennità giornaliera di 75.000 lire per ricovero ospedaliero conseguente ad infortunio; se l'istituto di cura si trova a più di 60 Km di distanza dalla località di residenza del ragazzo l'indennizzo viene raddoppiato, con l'evidente intendo di coprire le spese di soggiorno per un familiare.

È anche previsto il rimborso delle spese sostenute per viaggi e soggiorni non goduti a causa di infortuni che comportino almeno due giorni di degenza ospedaliera. Di rilievo, infine, la previsione di un'indennità speciale per la perdita dell'anno scolastico causata dalle assenze conseguenti all'infortunio.

Analoga nelle finalità alla «Primodomani», la polizza «Diciottanni» de La Venezia Assicurazioni si differenzia sostanzialmente dalla prima per il fatto che i premi rimangono costanti per tutta la durate del contratto; è comunque prevista la rivalutazione delle prestazioni assicurate attraverso la partecipazione agli utili realizzati con la gestione del fondo Ri.alto, costituito dai premi versati e dalle relative rivalutazioni. Inoltre la prestazione a scadenza è, in via normale, liquidata sotto forma di rendita semestrale rivalutabile di durata compresa tra i 5 e i 10 anni, essendo comunque consentita l'opzione per il capitale ad essa equivalente. Anche questa copertura prevede la corresponsione della prestazione inizialmente assicurata nei casi di premorienza del contraente, con abbuono dei premi residui. Di recente è stata messa a punto una versione parzialmente modificata di tale polizza, denominata «Green», che similmente alla «Primodomani» consente di abbinare alla garanzia vita una copertura contro gli infortuni sia del giovane assicurato che del contraente.

6. Le polizze infortuni

In tema di assicurazioni della persona, va in ogni caso sottolineata l'importanza di una copertura infortuni che consenta di affrontare con maggior tranquillità i piccoli o gravi incidenti che, come si è visto, nell'infanzia ed adolescenza sono piuttosto frequenti.

Ovviamente, ove non si ravvisi l'opportunità di sottoscrivere una delle polizze sopra descritte, la garanzia infortuni potrà essere stipulata in una delle forme disponibili come copertura a sé stante. Per quanto non esistano formule specificamente indirizzate al segmento giovani, va detto che le polizze più recenti, quali ad esempio la «Obiettivo sicurezza» delle Generali, associano contenuti interessanti ed innovativi a caratteristiche di flessibilità che permettono di adeguare le garanzie alle effettive esigenze individuali e familiari.

Parlando di ragazzi, tra le coperture prestate nell'ambito della suddetta polizza assume un particolare rilievo quella per gli infortuni subiti nella pratica della maggior parte degli sport (sono esclusi solo quelli più violenti o pericolosi, quali il pugilato, il rugby, il football americano, l'alpinismo oltre il terzo grado, ecc.), che comprende anche gli incidenti avvenuti durante la partecipazione a corse o gare purché a livello dilettantistico. Inoltre, considerata l'importanza che al giorno d'oggi, in particolare per i giovani, assume un piacevole aspetto esteriore, può risultare interessante la possibilità di garantirsi il rimborso delle spese di cura e riparative delle lesioni estetiche dovute a fatti accidentali.

Il tema dell'assicurazione infortuni offre poi l'occasione di accennare ad un altro importante aspetto dell'attività assicurativa, che non si limita alla prestazione delle coperture previste nel contratto ma che, nel campo delle assicurazioni personali come in altri settori, si estrinseca anche in un'azione di prevenzione dei sinistri. Tale attività, pur se indirizzata specificamente agli assicurati, spesso determina positive ripercussioni su tutta la collettività.

Per darne un esempio, si può citare il volumetto consegnato a tutti i sottoscrittori di polizze «Obiettivo sicurezza», che fornisce indicazioni atte a prevenire il verificarsi di incidenti e consigli pratici sul comportamento da assumere all'accadimento delle diverse tipologie di infortunio per contenere l'entità delle relative conseguenze.

In questo contesto va, peraltro, doverosamente ricordato l'impegno quasi ventennale di una affiliata estera delle Generali, il Deutscher Lloyd di Monaco, nel campo specifico della prevenzione e dello studio degli infortuni dei bambini. Le statistiche elaborate e la serietà del lavoro globalmente svolto in questo settore hanno meritato alla compagnia tedesca un generale riconoscimento ed apprezzamento a livello nazionale.

Tra le principali iniziative attuate in questi ultimi anni dal Deutscher Lloyd si possono indicare studi monografici molto dettagliati sugli infortuni domestici dei bambini e sugli avvelenamenti in età infantile. Lo scorso anno è stato realizzato anche un opuscolo contenente quiz sugli argomenti della sicurezza ed infortunistica infantile che, attraverso gare a premi organizzate nelle scuole o in altri ambienti giovanili, si propone di diffondere ed approfondire le conoscenze in materia dei ragazzi di età compresa tra i 10 e i 14 anni.

7. L'assicurazione in caso di malattia

Ove si voglia assicurare ai propri figli la più efficiente e completa assistenza in caso di malattia, indipendentemente o ad integrazione del Servizio sanitario nazionale, si può decidere di ricorrere ad una specifica copertura malattie. È infatti risaputa la lentezza con cui le strutture pubbliche sono in grado di fornire talune prestazioni, mentre in molti casi il beneficio che ne deriva è strettamente collegato alla tempestività dell'intervento. La possibilità di rivolgersi a strutture private può quindi in molti casi migliorare la prognosi o abbreviare il decorso della malattia stessa.

In Italia negli ultimi anni il ramo malattie è, dopo il vita, quello in cui il settore assicurativo ha presentato il maggiore dinamismo, a dimostrazione di una crescente attenzione del pubblico verso gli aspetti della tutela della salute. Peraltro si è ancora molto lontani dai livelli raggiunti nei principali paesi industrializzati, dove il ricorso a tale strumento previdenziale è un'abitudine consolidata.

I motivi sono molteplici, e certamente fra questi assumono una rilevanza preponderante specifiche carenze normative e l'ampiezza delle prestazioni del Servizio sanitario nazionale. Tuttavia i costi crescenti di quest'ultimo, che comunque non sono sufficienti a garantire un servizio sempre efficiente e di qualità, stanno inducendo governanti e privati cittadini ad un ripensamento, favorito anche dal sostanziale miglioramento delle coperture offerte dal settore assicurativo.

Le compagnie più attente al mercato hanno infatti messo a punto nuovi prodotti, che accolgono le principali richieste della clientela, modificando le clausole che più frequentemente erano motivo di insoddisfazione. In questo sforzo innovativo finalizzato ad una maggiore aderenza delle garanzie alle esigenze manifestate dal pubblico, le Generali hanno attuato un'azione particolarmente mirata alle famiglie più giovani. Quest'orientamento si concretizza in talune iniziative tra le quali la copertura per i figli di età inferiore a 10 anni e i nascituri, prestata gratuitamente nei casi in cui con la polizza «Obiettivo salute» si assicuri l'intero nucleo familiare.

A prescindere da quest'azione promozionale, l'assicurazione estesa a tutti i membri della famiglia, possibile tanto per la copertura malattie quanto per quella infortuni, costituisce una soluzione sempre conveniente, in quanto consente di realizzare notevoli risparmi rispetto alle garanzie individuali.

8. Le polizze r.c.

In tema di rapporto bambino-assicurazione, al di là dei bisogni di carattere personale sopra indicati, assumono un certo rilievo le esigenze legate alla responsabilità civile delle azioni commesse dai minori che, a norma dell'art. 2048 c.c., ricade sulle persone che ne hanno la tutela e alle quali è affidata la loro educazione e sorveglianza.

Può quindi accadere che i genitori siano chiamati a rispondere dei danni causati a terzi dai loro figli nelle più svariate circostanze e a tutti è evidente come, soprattutto nei casi in cui il fatto abbia causato lesioni personali, i risarcimenti dovuti ai danneggiati possano incidere pesantemente e addirittura compromettere il bilancio familiare.

Per evitare una simile eventualità è peraltro possibile stipulare una polizza denominata di responsabilità civile del capofamiglia che, ad un costo decisamente contenuto, comprende una molteplicità di coperture inerenti alle specifiche responsabilità di cui i membri della famiglia siano investiti a vario titolo.

La casistica compresa in garanzia è molto ampia ed eterogenea; senza scendere nei particolari, in questo contesto si indicheranno unicamente le evenienze, in massima parte comprese nella copertura base, che le famiglie con figli minori possono aver interesse ad assicurare.

A tale proposito va precisato che nella polizza del capofamiglia è compresa la garanzia per le responsabilità derivanti dalla pratica di hobby quali modellismo, bricolage, campeggio e giardinaggio, nonché dall'esercizio di attività sportive, ivi inclusa la partecipazione a gare dilettantistiche o raduni. Sono inoltre assicurate le responsabilità riconducibili alla proprietà ed uso di imbarcazioni non a motore e quelle conseguenti all'uso da parte di bambini di giocattoli anche a motore e di biciclette e tricicli non a motore; è infine possibile ottenere anche la copertura per la responsabilità dei danni causati da figli minorenni alla guida di veicoli a motore.

Poiché una responsabilità analoga a quella dei genitori è attribuita agli insegnanti e maestri d'arte per i fatti compiuti dagli allievi sotto la loro sorveglianza, anche tali persone possono aver interesse a sottoscrivere specifiche coperture di responsabilità civile professionale che comprendano i rischi in questione.

9. Considerazioni conclusive

In conclusione, si può affermare che l'assicurazione può fare molto per un bambino, anche se, ovviamente, egli non è in grado di comprendere i benefici che gliene possono derivare. Tali vantaggi possono però essere percepiti dagli adulti che lo circondano, che, magari in particolari occasioni, possono scegliere di regalargli qualcosa di veramente utile per il suo futuro in luogo di giocattoli o altri beni di durata più effimera. Difficilmente un simile dono potrà ricevere una gioiosa accoglienza da parte del bambino, ma ci sarà la coscienza di contribuire concretamente alla sua felicità di domani con un atto di amore e di attenzione che, divenuto consapevole, egli non potrà che apprezzare.

Parte quarta

Giochi e mass media

Oggetti inanimati, gioco e forme di simbolizzazione nella prima infanzia

di Cristina Riva Crugnola

1. Interpretazioni e classificazioni

Sempre di più nei tempi recenti, partendo da una prospettiva psicologica, il gioco viene considerato un fenomeno cruciale per lo studio dello sviluppo infantile, implicando l'attività ludica, che si estrinseca per lo più in un contesto interattivo presupponente la presenza di oggetti animati ed inanimati, la mobilitazione congiunta di competenze di diversa natura, senso-motorie, cognitive, comunicative-interattive, infine simbolico-affettive.

Vari sono stati – a questo proposito – i tentativi, da parte di diversi autori, di «catalogare» l'attività ludica infantile in «tipologie», volte a differenziare i diversi modi del gioco infantile. Classica, a questo riguardo, è quella di Piaget (1945), il quale distingue da un'ottica di tipo genetico-evolutivo: il gioco funzionale o d'esercizio, basato sulla reiterazione di schemi d'azione di tipo senso-motorio applicati in modo indifferenziato all'universo degli oggetti inanimati che circondano il bambino (vedi: scuotere, battere, dondolare, strofinare, ecc.) ed emergente nel periodo definito appunto, dall'autore, senso-motorio (0-18 mesi); il gioco simbolico, esprimentesi nella successiva fase di sviluppo infantile chiamata da Piaget preoperatoria (2-7 anni), centrato sulla acquisita capacità del bambino di utilizzare, con modalità consapevoli ed inconscie, oggetti e gestualità al fine di rappresentare simbolicamente vicende affettive legate al proprio mondo interno; infine il gioco con regole, tipico del periodo di sviluppo definito operatorio concreto (7-12 anni), centrato sulla condivisione di regole comuni con i vari partecipanti.

È importante – a proposito di queste diverse classificazioni – sottolineare come gli autori che iniziano, nell'ambito della ricerca psicologica, ad interessarsi del gioco infantile, considerandolo un osservatorio privilegiato per lo studio dell'età evolutiva, tra i quali spiccano Piaget e Freud, tendano a privilegiarne le componenti cognitive ed affettive di tipo assimilativo. Per quanto riguarda Piaget, infatti, il gioco simbolico, da lui considerato il gioco infantile per eccellenza, è centrato sull'assimilazione della realtà e degli oggetti che la compongono agli schemi cognitivi ed affettivi dell'Io, piuttosto che sull'accomodamento di tali schemi alla realtà stessa, essendo l'attività ludica più libera dalla necessità di adattamento all'ambiente. In questo modo il bambino, nell'ambito del gioco simbolico o di finzione, può utilizzare un oggetto «come se» fosse un altro oggetto, può produrre un gesto per significarne un altro, e così via, mettendo al servizio delle sue esigenze soggettive la propria attività simbolica.

Per quanto concerne Freud, anch'egli tende a considerare il gioco infantile come una particolare modalità di funzionamento dell'Io simile a quella che caratterizza il sogno e le fantasticherie dell'adulto (come evidenzierà con estrema chiarezza la Klein), volta a realizzare, attraverso processi di simbolizzazione inconsapevole, desideri ed istanze affettive di diversa origine. In uno scritto dedicato all'attività creativa, Freud ben illustra la natura del gioco infantile:

> Dobbiamo provare a cercare le prime tracce dell'attività poetica già nel bambino? L'occupazione preferita e più intensa del bambino è il gioco. Forse si può dire che ogni bambino impegnato nel gioco si comporta come un poeta: in quanto si costruisce un suo proprio mondo o, meglio, dà a suo piacere un nuovo assetto alle cose del mondo. Il bambino, nonostante i suoi investimenti affettivi, distingue assai bene il mondo dei suoi giochi dalla realtà e appoggia volentieri gli oggetti e le situazioni da lui immaginati alle cose visibili e tangibili del mondo reale. Questo appoggio e null'altro distingue il «giocare» del bambino dal «fantasticare» (Freud, 1907, tr. it., pp. 375, 376).

Chiarificatrice a questo proposito è l'analisi svolta da Freud (1920) del gioco fatto con un rocchetto di un suo piccolo nipote di 18 mesi. Tale gioco, come è noto, messo in atto dal bambino, assente la madre, consisteva nel gettare ripetutamente un rocchetto e vari altri oggetti oltre il proprio lettino, in modo da farli sparire, per poi ritirarli nuovamente a sé facendoli in questo modo riapparire, accompagnando tali gesti con suoni verbali significanti rispettivamente «via» e «qui». Freud evidenzia a questo riguardo la natura precocemente simbolica del gioco, considerandolo come l'elaborazione, resa possibile dall'equazione posta tra il rocchetto fatto sparire e riapparire e la madre, della vicenda della separazione e della ricongiunzione con quest'ultima, nucleari nel periodo considerato. Seguendo questa indicazione, attraverso un primario processo di simbolizzazione di natura prelinguistica, centrato sull'utilizzo di un oggetto presente per evocarne uno assente, un qualsiasi oggetto inanimato, quale il rocchetto per Ernst, acquista una particolare significatività, essendo adoperato per rappresentare un oggetto animato, amato e vitale, quale la madre. Laddove la tangibilità dell'oggetto inanimato e la sua presenza concreta rendono possibile al piccolo bambino la costruzione di forme di simbolizzazione antecedenti la stessa acquisizione del linguaggio.

Attualmente, al contempo, il gioco infantile appare sempre più considerato non solo come l'espressione di tendenze emotivo/affettive più o meno consapevoli, ma anche come uno spazio privilegiato di costruzione, grazie alle sue caratteristiche ripetitive e alla presenza di strutture interattive costanti, di competenze di tipo comunicativo e linguistico (Bretherthon, 1984; Bruner, 1983).

2. L'attività ludica infantile

Vorrei in questa sede occuparmi, adottando tale duplice prospettiva che si viene delineando attorno al significato psicologico ricoperto dal gioco, che vede quest'ultimo come espressione privilegiata di processi di simbolizzazione affettiva e al contempo come luogo nodale di elaborazione di competenze cognitive ed interattive, dell'attività ludica infantile, considerandola così come essa si esprime originariamente nei primi due anni di vita del bambino, in un periodo antecedente la stessa acquisizione linguistica.

Prenderò in esame a questo proposito due modalità ludiche infantili che appaiono particolarmente significative in tale periodo, anche in relazione al rapporto con gli oggetti inanimati: quella incentrata sull'uso transizionale degli oggetti e quella che si manifesta nell'ambito di quei giochi sociali convenzionali intercorrenti tra adulto e bambino definiti da alcuni «convenzionali» per la struttura – convenzionale appunto – che li caratterizza sul piano delle regole e dei ruoli adottati dai due partecipanti (vedi il gioco del nascondino, del dare e prendere, ecc.).

Come è noto, la concezione introdotta da Winnicott (1953, 1971) circa i fenomeni transizionali ipotizza che il bambino, in un periodo dello sviluppo collocabile all'incirca all'inizio del 2° semestre di vita, coincidente con la sua progressiva separazione dalla madre e con l'inizio della costruzione di un Sé maggiormente individuato, incomincia ad utilizzare oggetti con particolari caratteristiche (copertine, lenzuolini, fili di lana, più tardivamente animali di pezza soffici), esplorandoli e manipolandoli sia a livello tattile che orale soprattutto in condizione di assenza della madre o alle soglie dell'addormentamento. Un uso siffatto dell'oggetto, definito da Winnicott transizionale, avrebbe la funzione di «presentificare», sulla base di un vero e proprio processo protosimbolico che equipara l'oggetto soffice e manipolabile, con il corpo della madre, quel tipo di relazione di marca, almeno per una parte fusionale, che caratterizza il rapporto madre/neonato nei primi mesi di vita di quest'ultimo. L'intenzionalità che guida il bambino verso gli oggetti inanimati, emergente con maggior forza nel secondo semestre di vita, verrebbe in quest'ottica sorretta dalla possibilità di riferirsi ad una particolare «classe» di oggetti inanimati, quelli transizionali appunto, utilizzati come una sorta di «ponte» tra il già noto ed esperto mondo costituito dalla relazione con la madre e quello ignoto rappresentato dall'ambiente circostante.

L'uso dell'oggetto transizionale – come osserva Anna Freud (1965) – e qui ritorniamo al tema del gioco, sarebbe dunque l'espressione di una linea evolutiva specifica, che parte dall'iniziale gioco del bambino con il proprio corpo e con quello della madre per passare come tappa intermedia, al gioco «transizionale», implicante un trasferimento delle proprietà del corpo infantile e materno sugli oggetti transizionali stessi, fino a giungere al gioco simbolico vero e proprio che comporta una più articolata ed interiorizzata attività simbolica nei confronti degli oggetti inanimati, utilizzati per significare più complessamente vicende legate al proprio mondo interno. Laddove le caratteristiche ludiche implicate nei fenomeni transizionali appaiono risiedere nella possibilità di utilizzare un oggetto «come se» fosse la madre o, meglio ancora, la sua relazione con lei, sospendendo la verifica cognitiva delle caratteristiche di tali oggetti. In questo modo il bambino fruisce di un'area di esperienza di tipo transizionale, dove il primo oggetto «non me» posseduto da quest'ultimo è al contempo e, per certi versi, paradossalmente, il simbolizzante del corpo materno e delle sue modalità relazionali.

3. La varietà delle fasi

D'altra parte tale modalità di utilizzo dell'oggetto, nel quadro di una ricerca da noi svolta recentemente (Riva Crugnola, 1988) intorno all'approccio agli oggetti inanimati in bambini di età compresa tra i 9 e i 15 mesi, sembrerebbe coprire una più vasta area di esperienza del bambino rispetto al concetto di fenomeno transizionale individuato da Winnicott e circoscritto a specifici oggetti e a particolari momenti della giornata infantile, quali quelli di solitudine e notturni.

Dai dati della ricerca, raccolti attraverso una metodologia longitudinale, volta ad osservare con tecniche di videoregistrazione l'attività esplorativa e ludica del bambino con gli oggetti in presenza ed assenza della madre, è emersa infatti la possibilità di differenziare, nell'ambito del periodo osservato, due fasi distinte. Nella prima, collocabile all'incirca tra i 9 e i 12 mesi, il rapporto del bambino con gli oggetti – come è stato rilevato da vari autori – appare centrato sulla messa in atto di un repertorio ristretto di schemi d'azione di natura senso-motoria, definibili come generici, in quanto applicati indistintamente ad ogni possibile oggetto, prescindendo dalle sue caratteristiche funzionali e distintive (vedi ad es. agitare, battere, portare alla bocca, buttare via, ecc.). Utilizzo che si delinea fondato sul prevalere di meccanismi di tipo assimilativo, volti ad assimilare appunto gli oggetti agli schemi elementari posseduti dal bambino in quel periodo.

In tale ambito, particolare rilievo assumono schemi generici applicati in modo iterativo agli oggetti, quali ad es., nei casi osservati, agitare producendo rumore ritmico cubi posti uno dentro l'altro, portarne altri alla bocca, ecc.; adozione che si rivela spesso «impermeabile» alle proposte della madre di modificarne la tipologia nella direzione di un utilizzo più complesso dell'oggetto che ne riconosca le caratteristiche funzionali, nonché accompagnata frequentemente dall'emergenza di particolari modalità di stimolazione del proprio corpo o di sue parti (vedi ad es. dondolío ritmico, dito o mano in bocca, mani strette una contro l'altra o contro superfici, ecc.).

Il bambino sembra dunque privilegiare, nella fase considerata, nella sua esplorazione dell'ambiente circostante, con sorprendente sistematicità, un insieme «specializzato» di oggetti e di modalità di utilizzo di questi ultimi, assimilabile, sul piano della semiosi affettiva, all'universo che attiene alla relazione madre/neonato, governato fin dall'origine da ritmi fisiologici condivisi, e caratterizzato da analoghi aspetti orali, tattili e cenestesici. Vedasi a questo proposito, tra l'altro, la preferenza di oggetti del tipo contenitori/contenuto e di schemi senso-motori messi in atto ritmicamente.

In quest'ottica il concetto di fenomeno transizionale – almeno per una fase dello sviluppo infantile – sembrerebbe da estendere all'intera vita diurna del bambino e alla sua complessiva modalità di approccio agli oggetti inanimati. In tale fase, la fruizione dell'oggetto inanimato appare infatti incentrata sulle sue capacità di «presentificare» a livello protosimbolico l'originaria relazione con il corpo della madre, piuttosto che sulle sue caratteristiche distintive.

Per contro, nella seconda fase delineata all'interno della ricerca (all'incirca dai 12 ai 15 mesi), le condotte messe in atto dal bambino in riferimento agli oggetti si delineano sempre più fondate sull'utilizzo di schemi d'azione specifici, di schemi cioè riservati esclusivamente ad un'unica classe di oggetti (vedi: mettere un oggetto dentro l'altro, aprire/chiudere scatole, azionari giocattoli meccanici, ecc.), spesso di tipo imitativo (parlare al telefono-giocattolo, «far finta» di bere da contenitori vuoti, ecc.), verificandosi al contempo un ampliamento del tipo di oggetti esplorati rispetto a quelli del tipo contenitore/contenuto della fase precedente.

Se da un punto di vista cognitivista questa fase si delinea finalizzata (Benelli et al., 1980; Nelson, 1974), attraverso l'adozione di schemi d'azione specifici, alla costruzione di forme prelinguistiche di conoscenza, da un punto di vista psicodinamico i bambini osservati, a cavallo tra il primo e il secondo anno di vita, appaiono abbandonare le precedenti modalità «transizionali» e assimilative di rapportarsi agli oggetti, accordando a questi ultimi un'identità più autonoma e rivelandosi in questo modo capaci di costruire una distanza più stabile e «realistica» tra Sé e mondo oggettuale. Il crearsi di una siffatta distanza appare testimoniata, d'altra parte, oltre che dai fenomeni citati, anche dall'emergenza nei comportamenti dei bambini osservati di sequenze tipiche, contraddistinte per lo più dalla successione di condotte: portare oggetti alla bocca, gettarli via o farli cadere, farseli recuperare (dalla madre), (eventualmente) porgerli alla madre; spingere avanti e indietro macchine giocattolo, animali con ruote e così via. Tutte condotte che, paragonate a quelle descritte da Freud e Winnicott a proposito del gioco del rocchetto (1920) e dell'abbassalingua (1941), sembrano costituire un tentativo di elaborare, da un punto di vista protosimbolico, la vicenda della separazione/differenziazione dalla madre, che, nel periodo in esame, assume particolare forza e significatività.

La linea evolutiva descritta appare tuttavia incrinarsi in alcune situazione «chiave», costituite, nei casi osservati, in prevalenza dalla momentanea assenza della madre del campo di azione del bambino. L'assenza della madre o, anche, la sua mancata interazione con quest'ultima in tempi prolungati tende di fatto a rendere più labile il rapporto del bambino con gli oggetti, spesso contribuendo a frantumarlo o, addirittura, ad annullarlo. Frantumazione ed annullamento che si rendono evidenti – in tali circostanze – attraverso l'emergenza di schemi d'azione generici di marca espulsiva (vedi «buttare via», «prendere e lasciare», «rovesciare»), nonché tramite la scomparsa di schemi più specifici di approccio all'oggetto. Contemporaneamente si assiste – nei bambini osservati – all'insorgenza di modalità di investimento del proprio corpo o di sue parti (cfr. dondolio/saltellio ritmico, mano/dito in bocca, ecc.), volte ad utilizzare quest'ultimo come una sorta di rifugio «autocontenente». Laddove tale investimento sul Sé corporeo tende al contempo ad azzerare l'interazione del bambino con gli oggetti, i quali appaiono così disinvestiti di quelle valenze simbolico-affettive e congiuntamente cognitive attribuitegli invece presente la madre.

4. I giochi sociali

Tale ruolo centrale di «catalizzatore» della relazione bambino/oggetti inanimati svolto dalla madre, messo in risalto al negativo dai fenomeni correlati alla sua assenza, si delinea con particolare evidenza «al positivo» in quei giochi sociali, presenti nel periodo osservato, definiti da alcuni autori «convenzionali» (Bruner, 1977; Camaioni et al., 1984) in quanto implicano ruoli e regole, basate queste ultime sull'alternanza dei turni, stabilite convenzionalmente tra i due partecipanti al gioco.

In tali giochi, la coppia madre/bambino è per lo più coinvolta nell'interazione con un «terzo» oggetto (vedi ad es. l'oggetto dato e preso nel gioco del «dare e prendere», la torre costruita e distrutta nel gioco del «fare e disfare», ecc.).

Proprio a partire dalle caratteristiche «triadiche» di questi giochi, è stato possibile, nell'ambito della nostra ricerca, suddividere il loro manifestarsi in due fasi distinte relativamente al periodo osservato (9-15 mesi).

Nella prima, delimitabile all'incirca dai 9 ai 12 mesi, i bambini tendono ad assumere nell'ambito di tali giochi un ruolo «unico». Ad esempio per quanto riguarda il gioco del «dare e prendere», il ruolo privilegiato è quello di marca incorporativa del «prendere» rispetto al ruolo restitutivo del «dare», delegato quasi completamente alla madre; per quanto riguarda il gioco del «fare e disfare», il ruolo prescelto è quello di marca espulsiva del «disfare» rispetto a quello del «fare», delegato quest'ultimo prevalentemente alla madre. In tal modo il gioco convenzionale appare in questa fase ancora abbozzato, dato che, dopo alcuni turni, tende a chiudersi precocemente, spesso «degenerando» in un contatto diretto tra madre e bambino che esclude l'oggetto. Da un punto di vista dinamico, le modalità ludiche ed interattive evidenziate appaiono animate da un'intenzionalità di tipo fatico, finalizzate cioè ad utilizzare un oggetto per stabilire un contatto comunicativo con la madre, senza tuttavia essere in grado di tollerarne la presenza nel quadro dell'interazione ludica stabilitasi.

Nella seconda fase (dai 12 ai 15 mesi circa), assistiamo per contro ad una complicazione ed articolazione di tali giochi. Nel caso del gioco del «dare e prendere» ad esempio, i bambini appaiono sempre più in grado di assumere il ruolo del «dare», oltre che quello del prendere, intrecciando l'assunzione di tali ruoli con modalità comunicative di tipo richiestivo e dichiarativo rivolte alla madre in relazione agli oggetti (indicare, mostrare, ecc.). Allo stesso modo il gioco del «fare e disfare» appare declinato anche attraverso il ruolo del «fare» oltre che del «disfare», nonché attraverso la combinazione con altri giochi convenzionali. In questa fase, in cui il bambino appare in grado di assumere alternativamente entrambi i ruoli previsti dal gioco, l'intenzionalità comunicativa emergente nel quadro dell'interazione ludica tra bambino e madre si configura con chiarezza volta alla costruzione di significati condivisi centrati sulla comune attenzione/azione rivolta agli oggetti, come sottolineano gli autori interattivo/cognitivisti (Bruner, 1983; Kaye, 1982). D'altra parte, dalla prospettiva psicoanalitica, la particolare configurazione dei giochi convenzionali, fondati sull'immissione reiterata e, in qualche misura, drammatizzata – attraverso l'alternanza e la ripetizione dei turni – di un «terzo» oggetto nella relazione bambino/madre, appare deputata a simbolizzare l'apertura della relazione duale del bambino con la madre verso un terzo polo di riferimento costituito dall'universo degli oggetti inanimati «non-madre». Laddove gli stessi oggetti inanimati utilizzati congiuntamente dalla coppia madre/bambino nell'ambito di tali giochi (cubi, torri, libri illustrati, ecc.) appaiono rimandare, dal punto di vista simbolico, per la funzione separativa da loro svolta nel quadro di tale interazione, alla stessa figura del padre ed ai valori distintivi di cui quest'ultimo è portatore privilegiato.

Alla luce di quanto detto finora appare chiaro come l'attività ludica infantile, considerata nelle sue manifestazioni più originarie, si leghi strettamente alle modalità di esplorazione e di utilizzo degli oggetti inanimati, nonché all'evoluzione di tali modalità nel corso dello sviluppo. D'altra parte è interessante notare come l'evoluzione del rapporto con l'oggetto inanimato da parte del bambino si fondi non solo su vicende di tipo senso-motorio e cognitivo, ma anche di tipo simbolico-affettivo. Infatti il processo di costruzione dell'oggetto inanimato, in particolare nei primi anni di vita, appare connettersi immediatamente a quello concernente la figura umana. È proprio grazie all'originaria relazione intrattenuta dal bambino con la madre che l'oggetto inanimato può essere primariamente investito dalla sua attività esplorativa e ludica, acquistando valore e significatività, essendo deputato primariamente a simbolizzare vicende legate a tale originario rapporto. Dove, in tale processo di «animazione» protosimbolica degli oggetti, il ruolo della madre, o dell'adulto che presta abitualmente le cure, si delinea indispensabile, in quanto in grado di fornire situazioni interattive costanti in cui il bambino può sperimentare in modo protetto (vedi giochi convenzionali citati) la relazione con gli oggetti del mondo circostante, iniziando a mettere in atto quelle operazioni cognitive e insieme simbolico-affettive che gli permetteranno di riconoscerne l'alterità.

Bibliografia

B. Benelli et al., *Forme di conoscenza prelinguistica e linguistica*, Firenze 1980.

I. Bretherton, *Symbolic Play*, Orlando 1984.

J.S. Bruner, *Prime interazioni sociali e acquisizione del linguaggio*, 1977, tr. it. in H.R. Schaffer (a cura di) *L'interazione madre-bambino: oltre la teoria dell'attaccamento*, Milano 1984.

J.S. Bruner, *Il linguaggio del bambino*, tr. it., Roma 1987.

L. Camaioni et al., *Il ruolo dei giochi sociali nella transizione tra comunicazione prelinguistica e linguaggio*, in *Ricerche di Psicologia*, 1, 1984.

F. Fornari, *La vita affettiva originaria del bambino*, Milano 1963.

A. Freud, *Normalità e patologia nell'età infantile*, 1965, tr. it., in *Opere*, Torino 1979, vol. 3.

S. Freud, *Il poeta e la fantasia*, 1907, tr. it. in *Opere*, Torino, vol. 5.

S. Freud, *Al di là del principio del piacere*, 1920, tr. it. in *Opere*, Torino, vol. 9.

E. Funari, *Natura e destino della rappresentazione*, Milano 1984.
K. Kaye, *The mental and social life of babies*, Brighton 1982.
M. Klein, *La tecnica psicoanalitica del gioco: sua teoria e suo significato*, 1955, tr. it. in M. Klein et al. *Nuove vie della psicoanalisi*, Milano.
K. Nelson, *Concept, word and sentence: interrelation in acquistion and development*, in *Psychological Review*, 81, 1974.
J. Piaget, *La formazione del simbolo nel bambino*, 1945, tr. it., Firenze 1972.
C. Riva Crugnola, *Nascita del simbolo e costruzione dell'oggetto nella prima infanzia*, Milano 1988.
D. Varin, *Sviluppo cognitivo e sviluppo affettivo*, in M. Battacchi (a cura di), *Trattato di psicologia dell'entità evolutiva*, Padova 1988, vol. 2.
D.W. Winnicott, *L'osservazione dei bambini piccoli in una situazione prefissata*, 1941, in D.W. Winnicott, *Dalla pediatria alla psicoanalisi*, tr. it., Firenze 1975.
D.W. Winnicott, *Oggetti transizionali e fenomeni transizionali*, 1953, in D.W. Winnicott, *Dalla pediatria alla psicoanalisi*, tr. it., Firenze 1975.
D.W. Winnicott, *Gioco e realtà*, 1971, tr. it., Roma 1974.

Gioco, giocattoli, educazione

di Anna Rezzara

> Il gioco non è legato al grado di civiltà di un popolo, è innegabile, ineffabile, è superiore al pensiero perché questo non è in grado di definirlo né di comprenderlo.
>
> J. Huizinga

> Per tollerare il gioco infantile l'adulto deve inventare teorie che dimostrino che il gioco sia in realtà un lavoro o che esso non conti nulla.
>
> E. Erikson

Il proporre una riflessione sul rapporto tra gioco e educazione chiama in causa, intorno al bambino, referente e destinatario ultimo del nostro discorso, alcuni termini quali gioco, giocattolo, educazione, pedagogia, adulti, tutti necessari per rispondere agli interrogativi centrali sottesi dall'accostamento tra ludico e educazione: c'è una educabilità del gioco, ovvero un dovere educativo adulto rispetto al gioco, il diritto infantile al gioco significa solo necessità di rispetto di questa dimensione «naturale», oppure anche spazio per interventi di garanzia, protezione e controllo adulto?

Mi sembra utile un percorso che proceda da un chiarimento dei termini e dei loro rapporti, per soffermarsi poi su ciò che ha prodotto finora il pensiero pedagogico sul ludico, e giungere infine a proporre ipotesi di un ruolo educativo adulto teso a difendere e garantire il gioco infantile.

Mi pongo con ciò un primo obiettivo di collocazione reciproca e dialettica dei termini tra cui si snoda il discorso educazione-gioco, un secondo obiettivo di scoperta delle realtà effettive sottostanti a questi termini oggi, e un obiettivo «pedagogico» di individuare delle prescrittività, o comunque delle suggestioni riguardo alle responsabilità educative adulte nei confronti del «diritto al gioco».

Non sarà perciò vezzo accademico né nominalistico, bensì passaggio funzionale all'obiettivo, distinguere tra gioco, attività universale e spontanea, e giocattolo, strumento del gioco, o tra educazione come prassi quotidiana e pedagogia come pensiero e riflessione sul fatto educativo.

1. Gioco e educazione

Il rapporto attuale tra educazione e gioco è quello, sancito dalla pedagogia e dalle scienze umane affini, di un totale riconoscimento della centralità ed essenzialità della funzione ludica per lo sviluppo infantile.

Dopo un lunghissimo tempo di indifferenza al fenomeno gioco corrispondente a un'immagine di infanzia priva di qualsiasi dignità e significato se non quello di fase di costruzione dell'uomo e riassunta dall'equazione per cui se il bambino non è nessuno il gioco, sua privilegiata espressione, non ha statuto di realtà né di senso, si è giunti a un radicale ribaltamento di posizione.

Così il «secolo del bambino», il puerocentrismo, l'enfasi teorica sull'infanzia e i suoi valori ha prodotto, oltre al resto una riabilitazione dell'immagine del gioco, e ha fatto erigere veri monumenti pedagogici all'attività ludica, ai suoi significati, al suo preteso quasi esaurire e racchiudere tutta la dinamica della evoluzione e formazione del piccolo umano.

La teorizzazione pedagogica non ha rispecchiato certo una modificazione delle pratiche educative, ma ha piuttosto tematizzato il fenomeno del gioco come oggetto culturale, gli ha fornito dignità di oggetto di indagine scientifica.

Sottrarre all'attività ludica la naturalità del suo avvenire, riconoscere le sue funzioni promozionali di capacità e crescita, finalizzarlo e razionalizzarlo non ha implicato, a nostro parere, un'attenzione e un coinvolgimento adulto nelle reali pratiche di gioco e nella dinamica relazionale implicita, bensì soprattutto un'attenzione e uno sforzo rivolto agli strumenti del giocare, e alla produttività del gioco.

2. Il gioco studiato

Il vastissimo repertorio di studi, ricerche, scritti dedicati al gioco in campo pedagogico e psicologico si sono posti prevalentemente obiettivi di definizione, comprensione e classificazione dei fenomeni indagati, quasi che l'oggetto gioco, una volta accettato e abbattute le resistenze adulte a comprenderlo come oggetto culturale, dovesse essere «controllato» e irrigidito nei suoi caratteri e manifestazioni. Ancor di più, gli studiosi hanno cercato in tutti i modi di funzionalizzare il gioco, di finalizzarlo e determinarlo nelle sue motivazioni, dinamiche e obiettivi.

Il gioco così rischia tuttavia di perdere le sue connotazioni più genuine e distintive, di diventare lavoro, attività produttiva, di cercare giustificazioni al suo esistere negli effetti positivi indotti.

«Il gioco didattico» ci sembra una definizione emblematica di questa tendenza poiché se occorre costruire materiale ludico con una precisa intenzionalità educativa e istruttiva ciò contraddice l'apparente riconoscimento di una valenza educativa implicita nell'attività ludica.

Il nostro secolo ha prodotto una serie importante di teorie sul gioco infantile: il percorrerle trasversalmente alle diverse scuole e posizioni teoriche rappresentate ci mostra un panorama estremamente variegato che va dall'estremo di teorie che ci restituiscono fenomenologicamente l'atmosfera e i significati del «cerchio magico del gioco», a teorie che si propongono di individuare le valenze educative del gioco in stretta dipendenza dai valori sociali di riferimento.

Tutti i sistemi teorici concordano nell'attribuire al gioco un'insostituibile funzione di sintesi dell'io, di addestramento di capacità, di socializzazione, di padroneggiamento della realtà, di compensazione affettiva fornendo così un ampio repertorio di legittimazioni e giustificazioni alla totale pervasività del tempo gioco all'interno del tempo infantile.

Vi sono, accanto ai grandi sistemi teorici, approcci spesso anche di marca antropologica, che tendono a riprodurre fenomenologicamente un comportamento e atteggiamento ludico non così specializzato e separato dalla totalità del comportamento.

Si tratta qui di una modalità di essere che emerge tutte le volte che l'individuo, non solo bambino, libero da condizionamenti pressanti, interni o esterni, sfugge tendenzialmente alle leggi fisiche e sociali e si concentra e si immerge in un'attività assolutamente gratuita, non finalizzata se non al piacere e alla conferma di sé. È un rapporto con l'ambiente mirato a raggiungere un livello ottimale di stimolazione, di motivazione a fare, a esplorare, a immaginare.

Altri approcci, come quello winnicottiano, rappresentano il gioco come uno spazio e uno stato assolutamente a sé, alternativo e speciale dell'esperienza umana. Si tratta qui di uno spazio privilegiato, sospeso tra l'interno e l'esterno, tra la realtà e la fantasia, contenitore ideale di tutte le forme di esperienza che consentono di passare dalla magia infantile alla realtà adulta senza negare né l'una né l'altra.

Sono questi ultimi modi di pensare il gioco che gli restituiscono appieno la sua dimensione di fenomeno totale, ineffabile, non facilmente riducibile a classificazioni, attinente alla complessiva elaborazione del sé personale.

Il gioco si ricolloca perciò in uno scenario di attività e pratiche quali la fiaba, i riti, il mito, le religioni, in cui la soggettiva esperienza dell'individuo si incontra con gli eterni valori e significati dell'immaginario collettivo. Da questo incontro nasce una dinamica di consapevolezza di sé, di acquisizione di valori sociali, di passaggio di patrimonio culturale tra generazioni, di definizione di identità, di socializzazione a valori e norme, di iniziazione ai ruoli sociali che fanno sì che i riti, i miti, e il gioco e la fiaba con loro possano essere considerati a pieno titolo un dispositivo potente di elaborazione di sé e della propria identità personale e sociale.

3. Gioco e giocattolo

Questa ulteriore definizione del gioco impone una distinzione, già annunciata, tra gioco e giocattolo. Se è vero che il giocattolo può essere considerato uno strumento necessario alla realizzazione ludica, come il linguaggio, lo spazio e il contesto di gioco, è reale anche il rischio che i due termini si sovrappongano fino ad atrofizzare il bisogno e la capacità di giocare, trasformandola nel consumo standardizzato di oggetti socialmente determinati e funzionalizzati all'acquisizione e mantenimento dei valori diffusi.

Senza voler attingere alla sconfinata pubblicistica sulle condizioni attuali del bambino urbano, solo, alienato, vittima della TV, mortificato nella sua libera espressione, dobbiamo tuttavia riconoscere la coesistenza di due forme di attività ludica profondamente diverse.

Da un lato, vi è l'esperienza del bambino per lo più individuale, interna a spazi chiusi, specializzata, riproduttiva e ripetitiva, con un giocattolo che è sostanzialmente riproduzione di aspetti della realtà, oggetto affascinante e motivante, spesso mediato dai mezzi di comunicazione, dotato di intenzionalità «pedagogica» precisa, fedele alla sua tradizionale funzione di assuefare e introdurre all'organizzazione sociale. Anche l'oggetto giocattolo contiene spesso in sé, come in tempi remoti, importanti valori mitici che si riattualizzano quando si celebra il rituale ludico, ma non si può tacere che esso assolva soprattutto oggi a compiti di intrattenimento, addestramento a ruoli, riduzione della realtà, sostituzione di avventure e viaggi, surrogato di esperienze di esplorazione attiva, saturando bisogni di possesso, di status e di identità e gratificando narcisismi, esigenze di autoaffermazione e sicurezza, rappresentando insomma una efficace delega da parte degli educatori della necessaria funzione biologica, psicologica e sociale di sviluppo di un ruolo personale, sessuale e sociale e della affettività interpersonale.

Se c'è nel giocattolo un contenuto di mito, se c'è un verificarsi del rito, si tratta di miti contemporanei, che occorrerebbe perlomeno verificare.

Altro è il discorso sul gioco e pensiamo soprattutto al gioco che è scoperta della realtà per mezzo di un'esperienza collettiva: i giochi tradizionali, all'aperto, rigidamente strutturati secondo regole antiche o spontaneamente emergenti dal rapporto con l'ambiente, il gioco sportivo, le esplorazioni nel territorio e l'avventura, le gare, le convenzioni della banda, i giochi simbolici e di ruolo. Non a caso, se pensiamo ai giochi più diffusi, rinveniamo le tracce di riti antichi, la presenza di valenze simboliche fondamentali, la ritualizzazione di comportamenti magici, non completamente noti e consapevoli neppure ai partecipanti: la parola chiave, la differenziazione di ruoli.

Un gioco collettivo può per qualche verso essere riguardato come una sacra rappresentazione e la sua funzione formativa, seppure meno evidente e immediata della chiara valenza educativo-didattica di molti giocattoli «programmati» ad hoc, appare, a un'osservazione attenta, in tutta la sua efficacia e valore. Gioco è iniziazione, è appartenenza, è approccio alla realtà del mondo, è apprendimento della vita associata, è distacco dai legami infantili, è allenamento alla società adulta, è passaggio di status, è risoluzione o esplicitazione di conflitti interni, è superamento di difficoltà, è prova e verifica di se stessi e delle proprie capacità autonome, è la legge del gruppo, è esperienza di uscita da sé con la sicurezza di rientrarvi, è paura, è rassicurazione di potercela fare, è vittoria su di sé.

4. Garantire il diritto al gioco

Se pensiamo alle due forme ludiche che abbiamo distinto sopra, il gioco con i giocattoli e il gioco «naturale», collettivo, a contatto diretto con la realtà e l'ambiente, possiamo osservare che, paradossalmente, le attuali condizioni di vita rendono molto più probabile, sicuro e garantito un percorso ludico fatto di oggetti, di fruizione, di individualismo e non tutelano affatto, invece il diritto al gioco.

L'impegno adulto rispetto al diritto di giocare è stato rivolto in modo privilegiato, e non senza motivi validi, allo studio di materiale ludico sempre più efficace, finalizzato e sicuro, alla realizzazione di giocattoli forniti di ricchissime potenzialità interne di farsi usare, alla produzione di «partners» di gioco sempre più capaci di sostituire compagni reali e interlocutori adulti.

La difesa della sicurezza infantile, del tempo del gioco, della validità ludica e comunicativa dei giocattoli sono obiettivi irrinunciabili e indiscutibili, ma forse ciò ha esaurito l'intervento adulto di salvaguardia del gioco come se la tutela potesse solo passare attraverso la mediazione degli oggetti che fanno da supporto al gioco dei bambini. Questo rischia tuttavia di istituzionalizzare l'espressione ludica e di contrarre lo spazio del gioco-avventura, del gioco-esplorazione, del gioco-aggregazione.

La realtà è che proprio quell'attività che ci piace definire libera, spontanea, autosufficiente, necessita ora di essere protetta e garantita, e che occorre affermare un'educabilità del gioco, cioè un necessario intervento adulto, pedagogicamente fondato, che riapra ai piccoli gli itinerarii delle forme più tradizionali di gioco.

Garantire il gioco, oltre che i giocattoli, richiede un impegno adulto, di educatori e di operatori pedagogici e sociali a vario titolo, che trovi spazi, che faciliti aggregazioni, che consenta «l'avventura» e che si metta «in gioco».

L'esperienza attualmente diffusa sembra mostrarci che mentre il gioco casalingo e solitario con il materiale ludico standardizzato è una realtà quotidiana, scontata, «istituzionale», le forme più tradizionali e «naturali» di gioco divengono un fatto eccezionale, «da proteggere» come una specie in estinzione, da ricreare. E proprio qui si apre lo spazio potenziale di formazione al gioco, il luogo e i motivi di un intervento pedagogico adulto che tenda a sostenere, garantire, consentire il gioco.

Oltre agli interventi a cui si accennava prima, più materiali e ovvii, tesi a fornire spazi, occasioni, ambienti sociali, «palestre» per l'avventura, partner di esplorazione del mondo, c'è un tipo di ruolo adulto molto particolare e poco noto di presidio del gioco che ci sembra di importanza fondamentale. A giocare, in realtà, e soprattutto a giocare il gioco simbolico, di simulazione e di ruoli, si impara, dagli adulti vicini, dal contesto in cui si vive, dalle relazioni precoci di cui si fa esperienza.

Gli educatori possono avere una funzione essenziale di espansione, rinforzo e quasi modellaggio dell'atteggiamento ludico infantile, fornendo al gioco la cornice di relazioni in cui può vivere, e soprattutto fornendo esperienze e modelli di un linguaggio, di un codice affatto peculiare che è il linguaggio del gioco. Molti studi e esperienze ci hanno ormai rivelato, per esempio, come le relazioni di gioco precoci tra madre e bambino rappresentino dei fondamentali canali di trasmissione dell'atteggiamento ludico, di un comportamento cioè in cui si fanno le cose per il piacere di farle e di farle insieme a qualcuno. Altro spazio importante di intervento è la trasmissione di un uso non letterale, bensì metaforico del linguaggio, che è la base del gioco di simulazione in cui ogni cosa può essere tutto, e la realtà può essere letta e spiegata ai nostri scopi di gioco. E poi l'adulto giocando offre modelli di giochi, di ruoli, di risposte, si propone come partner reale e fantastico insieme, addestra a tecniche comunicative di simulazione, ai segni convenzionali così importanti nel gioco collettivo, a leggere i messaggi reciproci, fornisce repertori di «trame» ludiche: la relazione ludica precoce con gli adulti introduce al gioco, lo legittima, lo organizza in «schemi» e cornici ludiche, gli dà copioni e modelli, insegna il codice comunicativo non letterale che solo sostiene il gioco simbolico, abitua ad abitare il gioco come un territorio sacro e particolare dell'esperienza, dove le leggi abituali di realtà sono sospese e sovvertite e si instaura un'altra legge e un altro statuto di realtà.

Il genitore, l'educatore deve insomma quasi giocare, oltre che con il bambino, anche per il bambino, forse ancor prima che il bambino sia davvero capace di giocare, per attivare il suo potenziale di gioco, per comunicargli il piacere del gioco, per insegnargli a meta-comunicare.

Si configura così una figura e un ruolo di tutor del gioco infantile non facile da realizzare, perché l'adulto, per diventare tale,ha dovuto smettere di giocare, e giocare, con i bambini in particolare,è una delle attività più difficili per lui, meno naturali, più negate. Forse, per garantire ai bambini il diritto al gioco, e specie al gioco collettivo, libero, di avventura e scoperta del mondo, l'adulto ha bisogno di riscoprire le radici del gioco.

I fumetti tra infanzia e adolescenza

di Enzo Marigonda e Anna Rezzara

1. I fumetti come prodotto «scandaloso»

Tra le molteplici «cose» che popolano l'esperienza di vita dei bambini e dei ragazzi, i fumetti sono una di quelle che più spesso danno luogo a interrogativi e censure da parte degli adulti. Si può anzi affermare che i fumetti sono un bersaglio classico degli strali critici di molti «operatori dell'educazione» (genitori, insegnanti, pedagogisti, psicologi, ecc.) a vario titolo coinvolti nella vicenda di crescita, maturazione e socializzazione del minore.

La criticità del fumetto tuttavia sembra avere i suoi alti e bassi: a fasi di relativo disinteresse si alternano fasi in cui si riaccende l'attenzione verso il mercato dei «giornaletti», nello sforzo di individuare e denunciare i potenziali rischi che un dato fenomeno di successo può comportare per il pubblico dei minori.

Periodicamente, insomma, i fumetti danno pubblico scandalo: basti pensare ai famigerati «fumetti neri» degli anni sessanta (*Satanik, Diabolik*, ecc. – qualcuno ancora in vita), per arrivare agli attualissimi fumetti «gore» (tipo *Splatter, Mostri, Scanners*), attraverso le fortune dei generi sexy e porno (ufficialmente «per adulti»), freaks, heavy metal, satira «coatta» (*Frigidaire*, ecc.), e così via.

Gli allarmi e le denunce sulla pericolosità dell'offerta sembrano implicitamente ancorarsi a un sospetto di fondo circa la dubbia legittimità del consumo stesso dei fumetti, indipendentemente dai loro contenuti. La dedizione ai fumetti avrebbe in sé una componente di eccesso, quasi di viziosità, in opposizione a tutto un insieme di cose che son riconosciute come utili, positive, se non proprio doverose ai fini di una sana educazione.

Tale componente si manifesta in tanti segni: la voluttuosa intensità con cui i fumetti vengono «divorati», la tendenza a conservarli gelosamente e a tenerli lontani dalle mani di parenti ed estranei, la disponibilità a una fruizione molto privata e ripetuta infinite volte, i traffici e gli scambi con atri (coetanei) appassionati, la feticizzazione di personaggi e vicende, che porterebbe all'imitazione, e di lì chissà dove...

A quest'ultimo proposito, è da notare che a tutt'oggi rimane senza risposta una questione ricorrente quanto sterile: se e in che misura il consumo di fumetti dev'essere considerato socialmente pericoloso in quanto propone modelli, valori, azioni che possono indurre comportamenti imitativi di tipo distruttivo, delinquenziale, ecc.

Questa, molto sommariamente, è la posizione dei falchi, a cui le colombe replicano suggerendo che gli stessi contenuti a forte coloritura erotica o aggressiva avrebbero invece una funzione catartica, consentendo una migliore elaborazione immaginaria di pulsioni e fantasie già ben presenti nel minore.

Ambedue le posizioni possono contare sul rapporto di un buon numero di ricerche psicosociali, peraltro mai decisive. La scarsa fecondità della controversia imitazione/catarsi, del resto, è evidenziata dalla sua aspecificità: lo stesso problema può porsi, in termini analoghi, per il cinema, per molti programmi TV, per i videogiochi, per i videoclip musicali, e altro ancora.

2. Il codice del fumetto

Esiste tuttavia una ragguardevole produzione di saggi e articoli di taglio pedagogico e psico-sociologico che, malgrado il frequente e malcelato intento moralizzatore, riconoscono l'oggetto 'fumetti' nella sua peculiarità e autonomia di linguaggio.

In questa prospettiva più specifica, il fumetto si costituisce come oggetto critico principalmente in due sensi:

- come forma espressiva che rimanda a determinati processi percettivi e cognitivi sul versante del bambino-fruitore;
- come vincolo di contenuti narrativi eventualmente perturbanti, certamente intensi e significativi per via della forma espressiva in cui sono organizzati.

Come forma espressiva, il fumetto è spesso denigrato in quanto emblema di bassa cultura, in opposizione implicita alla cultura «vera», canonizzata dall'istruzione scolastica.

Il codice stesso del fumetto sarebbe qualcosa di ibrido, con una prevalenza dell'immagine su un linguaggio verbale povero, rozzo, semplificato al massimo, fino a ridursi a puro rumore. D'altronde, anche la parte visiva è giudicata elementare, caratterizzata per lo più da una figurazione mimetico-oggettiva e dalla predominanza della funzione descrittiva, a dispetto dell'improbabilità di molte sceneggiature.

Si rimprovera così al fumetto di essere una forma espressiva volgare, diseducativa, in quanto facilita al massimo grado l'assimilazione del senso (predominio delle figure) e mobilita emozioni a buon mercato, tagliando fuori i processi di elaborazione cognitiva più astratti e complessi (messi in moto p. es. dalla lettura: di una fiaba, di un romanzo, ecc.), che danno accesso a forme d'identificazione meno parziali, più evolute e strutturanti.

Stando così le cose (almeno, per i critici più severi), è solo in base all'evidente popolarità del fumetto che la scuola ne ha tentato più volte il recupero in chiave di utilizzazione didattica, con la recondita speranza di risalire, grazie a tali ammiccamenti, nella hit parade dei gusti giovanili: gli esiti però sono stati finora insoddisfacenti, come se il linguaggio dei fumetti perdesse ogni attrattiva, una volta inquadrato nell'istruzione e messo in contatto con le sue norme culturali.

Ciò che continua a sfuggire alla scuola e alla famiglia, e quindi a non essere accettato, è invece l'originalità, l'autonomia, la ricchezza del fumetto come forma narrativa compiuta e come arte minore di tutto rispetto. La cosa sorprende se si pensa ai numerosi studi di estetica e di semiologia del fumetto che da almeno vent'anni a questa parte hanno argomentato abbondantemente le sue peculiarità, le notevoli possibilità espressive, la complessità e raffinatezza dei suoi codici.

3. I fumetti e il cinema

Anziché rimanere ancorati a confronti impropri con forme artistiche «alte», come la pittura figurativa (o meglio, il disegno e la grafica) e la narrativa scritta, occorre semmai sottolineare le profonde analogie del fumetto con la forma di narrazione più diffusa e importante del nostro secolo: il cinema. Di fatto, buona parte della produzione fumettistica corrente si presta ad essere considerata come un cinema «povero», a basso costo, facile da usare.

D'altra parte, definito come «struttura narrativa formata dalla sequenza progressiva di pittogrammi cui possono essere integrati elementi di scrittura fonetica» (Gubern) o come «moderna forma di narrazione figurativa caratterizzata dall'associazione di immagini fisse in sequenze integrate (sia sul piano grafico sia su quello diegetico) non necessariamente dotate di testi» (Fressnault-Deruelle), il fumetto propone un connubio d'immagini e parole alquanto stabile e originale, persino più stretto e conseguente del cinema stesso, che a un certo punto della sua storia si è trovato nella necessità di «snaturarsi», assorbendo la novità del sonoro.

Privo della facilitazione di lettura e della suggestione del movimento, il fumetto è solo in apparenza una semplificazione del linguaggio cinematografico. In realtà, la ricezione di una storia a fumetti è un'esperienza molto più attiva e (per lo meno) altrettanto impegnativa dal punto di vista delle competenze e delle capacità cognitive mobilitate, se non altro per l'esigenza – strutturale – di dover completare e riempire gli intervalli (le pause, i tempi e gli spazi virtuali) che separano ogni singola inquadratura (vignetta, pittogramma) da quella successiva.

A prova di tale impegno latente di decodificazione, basti pensare ai numerosi casi di persone che non apprezzano i fumetti e che, sollecitate a spiegare come mai, ammettono di non riuscire a capirne il senso, non sapendo articolare in modo coerente la totalità degli elementi eterogenei, le unità di significato e di montaggio che costituiscono una storia a fumetti, che sia a strisce o in tavole grandi.

In fondo, per rivalutare il ruolo che i fumetti svolgono presso il pubblico dei bambini e dei ragazzi sarebbe forse sufficiente partire dal riconoscimento del lavoro interpretativo tutt'altro che ovvio, banale e «volgare» che un fumetto esige per essere capito e goduto. Non è difficile individuare in questo lavoro-piacere un significato di apprendimento, addestramento ed esercizio di un primario «bisogno di narrazione» (il gusto di raccontare, la capacità di apprezzare una storia, ecc.), sicuramente essenziale per una giusta crescita e maturazione individuale.

4. Il mondo di Walt Disney

Le potenzialità formative del fumetto sono ben visibili nel ciclo narrativo più popolare e consolidato, amato da generazioni di bambini (nonché di ragazzi e di adulti) nel nostro e in molti altri paesi: le storie di Topolino e Paperino.

Senza prendere in esame la loro versione animata (da cui d'altronde derivano), si può affermare che i fumetti di Topolino e soci hanno mostrato una formidabile resistenza al trascorrere del tempo, passando disinvoltamente dall'area pretelevisiva all'età dei videogiochi senza subire cambiamenti notevoli, al di là di aggiustamenti locali o innovazioni marginali riguardo a singoli personaggi, alla mano del disegnatore, ecc.

L'età di iniziazione e di massimo apprezzamento di queste storie disneyane corrisponde al periodo di latenza, decisivo ai fini dello sviluppo cognitivo individuale. L'enorme successo e l'universale presenza di Topolino nella cultura e nell'immaginario infantile occidentale hanno prodotto diverse analisi critiche, specie di taglio sociologico, in cui spesso è stata sottolineata – non senza eccessi di ideologismo – la funzione di trasmissione di un'etica «americana», di tipo capitalistico, insita in queste (e altre) storie di Walt Disney: conformismo, atlantismo, culto del denaro, ecc.

Oltre ad essere sovente datata e superficiale, la saggistica su Paperino-Topolino ha per lo più il difetto di adottare un punto di vista adultocentrico e di eludere le questioni di fondo: perché questi fumetti continuano a piacere pressoché a tutti i bambini tra i sei e gli undici anni, senza conoscere flessioni col passare del tempo? a quali bisogni profondi rispondono, facendo riferimento all'esperienza e alla visione del mondo dei bambini di quest'età?

Ora, una risposta a questi difficili interrogativi si può delineare a partire da alcune osservazioni di ordine generale sull'esperienza che il bambino ha degli albi di Topolino e soci.

Un primo punto riguarda la collocazione cronologica (e genetica) del ciclo di Topolino rispetto alla fiaba, cioè alla forma narrativa che lo precede direttamente nell'esperienza infantile. Accanto ad alcuni elementi di continuità (gli animali parlanti, il lieto fine, l'iteratività, la fissità di ruolo dei personaggi, certe affinità tematiche, e così via), le storie di Topolino-Paperino mostrano importanti elementi di rottura con la fiaba, come se la caduta dell'interesse verso quest'ultima contenesse in sé il desiderio di una svolta radicale. Così, si passa dalle drammatiche, misteriose peripezie della fiaba alla sdrammatizzazione e alla facile soluzione dei conflitti; dalla presenza massiccia e polarizzata delle figure parentali (fate/streghe, orchi/re, ecc.) a un mondo di vaghe parentele senza genitori e quindi senza emozioni troppo forti; da una realtà «altra», sfumata, atemporale, eccezionale a una realtà più vicina, quotidiana, segnata da oggetti e abitudini alla portata dell'esperienza vissuta.

Un secondo aspetto che si deve rilevare è l'assenza di un rapporto identificatorio veramente stretto, caldo, pressante con i personaggi del ciclo disneyano. O meglio: c'è sicuramente una relazione di forte consonanza e simpatia con tutti i personaggi, senza privilegiare nessuno in assoluto e definitivamente. Si può quindi parlare di un'identificazione diffusa, ben distribuita su un gran numero di figure, da Paperino a Qui-Quo-Qua, da Topolino a Pluto, da Pippo a zio Paperone. Certo, ciascuno è diverso da ogni altro per questo o quel tratto caratteristico (l'avarizia, la goffaggine, ecc.), ma tutti sono accettabili e accettati per qualche verso, Banda Bassotti compresa.

È significativa, infatti, l'assenza di personaggi francamente negativi, da odiare e da mettere in contrapposizione con i buoni, come accade in altre forme di narrativa popolare. Ed è ugualmente notevole che non ci sia una figura infantile definita in cui riconoscersi (come in molte fiabe) e che invece i «bambini» del ciclo disneyano si presentino sempre come un bambino multiplo: coppie o terzetti di gemelli indistinguibili tra loro.

Un terzo aspetto, collegato ai primi due, è la predominanza della dimensione ludica, di puro divertimento e gioco, inteso nel suo senso più tranquillizzante. Collocandosi in uno stadio dello sviluppo in cui l'espressione di sé si realizza soprattutto mediante l'azione, cioè la concretezza delle operazioni rivolte all'ambiente circostante, il comportamento di «consumo» di Topolino-Paperino può essere rappresentato come la manipolazione incessante di un grande giocattolo, allegro e rassicurante, permanente nella sua minuta mutevolezza di singole storie che sono fruite come varianti di un'unica, grande storia senza fine. Topolino si dà al bambino come un'inesauribile repertorio di trovate, battute, atti furbi e trucchi ingegnosi, situazioni bizzarre, moderate fughe nell'esotico, invenzioni gergali, e altro ancora. Tutte queste sollecitazioni, assimilate sul registro del puro gioco e del divertimento, hanno un effetto indiretto ma non trascurabile sul piano delle opportunità di socializzazione, grazie soprattutto alla vena umoristica delle storie.

Gli animali umanizzati di Paperopoli o Topolinia suscitano primariamente il riso e il sorriso, ma nel contempo agiscono in una realtà riconoscibile, facilmente riportabile al concreto. Oltre all'inestimabile aiuto che prestano alla formazione del senso dell'umorismo, i fumetti di Disney offrono una miriade di piccoli, impliciti strumenti di comprensione, orientamento e sperimentazione della microsocietà in cui il bambino apprende a muoversi, in cui si muove e opera, determinandosi e scoprendosi proprio nel suo agire.

Sono questi i loro doni più preziosi, quelli che più li fanno amare.

5. La mitologia del coraggio e del bene

Sul piano dei contenuti, le critiche degli educatori sono anche più aspre, oltre che piuttosto facili, specie quando si prendono di mira i cicli narrativi maggiormente contrassegnati da toni trasgressivi. Tra le tre famiglie principali in cui si può tipologizzare la corrente produzione di storie a fumetti – avventura, umoristici, neri (ma è una classificazione alquanto sommaria e di comodo) – solo questi ultimi si caratterizzano come «cattivi» senza attenuanti. Tuttavia, anche le altre due famiglie, una volta considerate «innocenti», tendono ad evolversi in forme insidiose, lasciando sempre più spazio al perturbante, all'inquietante, al malvagio, secondo una logica del successo e del mercato. Ed è proprio il fatto che negli ultimi decenni siano stati sempre più premiati dal successo i fumetti estremi, a tinte forti, che provoca reazioni e desta preoccupazioni sul versante adulto.

Non si tratta unicamente di un riflesso di tipo censorio, di disapprovazione di fronte ai benefici di evasione e divertimento che ragazzi e bambini traggono da storie via via più violente nei loro temi e contenuti. Gli studi sul significato e sulla ricezione dei fumetti da parte dei minori mettono in luce il ruolo importante di questa forma espressiva nel processo di socializzazione. I fumetti cioè rappresentano in maniera realistica e verosimile (o anche astratta, distorta, caricaturale, ma sempre piuttosto eloquente sul piano dei significati simbolici) vicende di forte contrapposizione interindividuale, di conflitto tra «eroe» (aiutanti compresi) e realtà circostante (avversari, ingiustizie patite, peripezie, avversità, ecc.). C'è sempre un nodo drammatico, un desiderio represso, una condizione di difficoltà e frustrazione a cui l'individuo reagisce, trovando una soluzione purchessia, per quanto sangue e sofferenze debba costare.

La morale delle storie a fumetti (qui schematizzata un po' alla buona) dice che alla fine puoi farcela, avere la meglio, affermare il tuo potere, sconfiggere l'avversario attraverso una dinamica di lotta, sopravvivenza «animale», coraggio, dominio, successo.

In breve, le storie a fumetti che obbediscono a questi schemi svolgono un ruolo di orientamento implicito nell'area dei modelli e dei valori che il minore (specie il preadolescente e l'adolescente) comunque ha bisogno di elaborare in funzione della sua crescita e formazione personale.

È chiaro allora – tornando al genere «nero» e ai suoi sviluppi in varie direzioni – in che termini sia vista la pericolosità del fumetto. Con la decadenza dell'eroe positivo, portatore di istanze di giustizia, legge e ordine (Dick Tracy, Superman, Topolino, Mandrake, ecc.), si afferma la leadership di personaggi che rappresentano le forze del male o, più pacatamente, le istanze di ribellione, autarchia, autoaffermazione, esuberanza fisica, splendido isolamento che già si agitano e prendono piede nella vicenda psichica della pubertà.

Ma c'è di più. Dalla violenza finalizzata e istituzionalizzata, riconoscibile nei classici fumetti di avventure western, di fantascienza, di spie e detective, si scivola verso una violenza diffusa e priva di giusta causa, ritagliata su obiettivi di puro dominio personale.

In concomitanza con tale trasformazione, si nota il progressivo svanire delle dinamiche di colpa, sempre più marginali nell'economia delle storie «nere» e affini: non solo l'eroe si lascia andare a ogni genere di atrocità, ma è reso pure simpatico, come se fosse caduta qualsiasi preoccupazione di riequilibrare, almeno sul piano del carattere, la colpa.

Di fronte a trasformazioni tematiche così nette, è inevitabile inquadrare il fumetto all'interno di mutamenti di ampia portata nei rapporti sociali, nella logica dei sistemi educativi, nella sensibilità collettiva, tutti forse riconducibili a un fenomeno di fondo, mai abbastanza sottolineato, della vita familiare: l'eclissi della figura del padre, le cui ricadute sul senso e sullo stile dei comportamenti sociali sono quanto mai evidenti.

6. La caduta degli eroi

Negli sviluppi più «maledetti» della produzione fumettistica, per la verità, i referenti di tipo paterno (la giustizia, il limite, la colpa, ecc.) oggi non solo appaiono indeboliti, ma non sollecitano neppure un vero antagonismo, nella forma della ribellione o del capovolgimento dei valori. Si nota piuttosto una tendenza alla negazione di qualsiasi regola o progettualità nella condotta degli «eroi», in nome dello sfogo pulsionale immediato, su uno sfondo di precarietà, caos, disordine dell'esperienza.

È in declino la tematica della contrapposizione tra bene e male, con ciò che ne consegue in termini di controllo, repressione e liberazione degli istinti, mentre emerge una tematica della confusione, dove ciò che conta sembra essere il gesto improvviso ed esemplare, il soprassalto aggressivo futile e immotivato, la bizzarria monomaniacale, l'erotismo anarcoide e perverso, la fuga verso le dimensioni più oniriche e allucinatorie.

Tali spostamenti di sensibilità in una direzione che si può qualificare come preedipica o pregenitale riguardano la produzione fumettistica per teenagers, o meglio, una parte di essa.

Tra i tanti esempi che si possono portare, il più interessante è forse il caso di un albo a fumetti italiano, *Splatter*, che deve molto alla moda del cinema horror, punk e «gore» di questi anni (a ulteriore dimostrazione degli stretti rapporti che intercorrono da sempre tra cinema e fumetto).

«Affamati, indemoniati, ipertesi. Fatiscenti giullari della Morte, cacciati a colpi di sega elettrica, mutilati e sfrattagliati nello spazio. Larve radioattive tra i capelli. Ma immortali. I dannati soffrono? È l'uomo a tormentarli, è l'uomo a risvegliarli. Perché l'uomo si ciba di orrore, morte, devastazione, dolore».

Così esordisce la seconda di copertina di un numero di *Splatter*, che passa poi a presentare brevemente una serie di vicende che hanno in comune l'eccesso: di sangue, mutilazioni, squartamenti, ecc. in una forma e quantità che ha del metafisico.

Gli eroi si lasciano andare ad atti raccapriccianti quanto estrosi e senza un vero movente, spesso con una marcata componente di coazione.

Gli eccessi non sembrano per nulla discendere da conflitti nevrotici, cioè dalla logica delle forze in gioco all'interno di un Io esuberante e in opposizione col mondo esterno; piuttosto, sono il derivato meccanico e «innocente» di una personalità monocorde, impoverita, segnata dalla caratterialità e dalla vocazione criminale, deresponsabilizzata dall'intrusione del demoniaco, del paranormale, delle forze che agiscono «ai confini con la realtà».

L'elemento più rilevante e visibile delle vicende e dello spirito stesso di *Splatter*, tuttavia, è un altro: lo humor nero. Le atrocità presenti in tutte le storie di *Splatter* sono talmente spinte, talmente sopra le righe da risultare grottesche, barocche, stravaganti, permettendo al giovane lettore di mantenere un equilibrio tra la repulsione e il divertimento, analogamente a ciò che accade vedendo un film di zombies o di animali assassini (topi, rane, vermi, uccelli, cani, lumache ecc.: lo zoo dell'orrore è densamente abitato).

Le marcature umoristiche inoltre fanno pensare a una fruizione che non ha alla base un processo identificatorio di tipo classico, ma che opera piuttosto secondo un movimento di avvicinamento-distanziamento, con una (salutare) prevalenza finale dell'effetto ironico. L'adolescente dedito a *Splatter* si troverebbe dunque in una condizione di gioco, ancorché pericoloso (piacere della paura, del disgustoso, ecc.), in cui viene a contatto con versioni esterne ed estreme di fantasie distruttive di tipo assai primitivo, che trovano modo di riscattarsi e «scaricarsi» nel riso.

È notevole la ricorrenza di fantasie di mutazione e generazione di mostri, a cui seguono fatalmente ogni specie di efferatezze e funeste deviazioni. Il tema del mutante è con tutta evidenza congeniale a un pubblico percorso dall'inquietudine della rapida trasformazione psicofisica che sta attraversando e disposto ad aggrapparsi a ogni stimolo esterno adatto a rappresentarla, meglio se con effetti sdrammatizzanti, di sghignazzo e di scandalo.

Il ruolo capitale dello humor trova conferma nel particolare rapporto che si stabilisce tra la rivista e i suoi fans anche al di là delle singole storie. L'ampio spazio dedicato alla posta dei lettori e alle risposte della redazione mostra quanto sia forte il senso di appartenenza e l'intesa reciproca.

Le lettere (che meriterebbero un'analisi approfondita, tale è il loro interesse) parlano chiaro: «Cari putrefatti, viscidi e sanguinosi mostri di *Splatter*, sto scrivendo da un luogo di tortura pieno di streghe, zombi e vampiri; no, non è un cimitero, ma la scuola; questa lettera è scritta con il sangue della mia prof. d'italiano...». Oppure: «...ti ho inviato un mio brevissimo racconto... mi faresti felicissima se mi comunicassi il tuo parere. E se non lo fai, sarò costretta a strapparti il cuore e a farti vedere ininterrottamente per 72 ore "Quando si ama". OK? Grazie e coltellate in gola a tutti dalla vostra...». O ancora: «Ho 16 anni e vorrei corrispondere con ragazze/i... dato che quelli che ho in cantina stanno finendo!».

La consapevolezza del gioco, il senso di complicità per l'oggetto proibito (ora vietato ai minori di sedici anni) che si condivide, il piacere della provocazione e dell'incontinenza verbale, la sensazione di far parte di una consorteria chiusa e speciale: sono tutte cose che si ritrovano nelle lettere a (e da) *Splatter*, e che inducono a non demonizzare troppo facilmente invece l'eventuale funzione ausiliaria, di espressione ironica e quindi di elaborazione dei fantasmi più primitivi (di annichilimento, frammentazione, ecc.) che preadolescenti e adolescenti vedono riaffiorare nella fase più delicata della loro metamorfosi in persone adulte.

Dal Grande Fratello al Grande Puffo. Note sul rapporto tra bambini e televisione

di Piero Dorfles

1. «A letto dopo *Carosello*»

«A letto dopo *Carosello*». Questa è stata la norma che ha regolato i rapporti tra i bambini e la televisione, in Italia, dal 1957 al 1977. Un periodo in cui chi aveva la televisione in casa non era considerato più un privilegiato, c'era un solo canale che il pomeriggio offriva *Telesport*, *Rin Tin Tin* e *Il mago Zurlì*, e i bambini andavano ancora a letto prima delle nove di sera.

I figli di chi è stato allevato con Carosello hanno oggi una trentina di stazioni televisive a disposizione, guardano la televisione per una media di tre ore al giorno, con punte di cinque, e vanno a dormire tardi se non tardissimo. In compenso, i più volenterosi tra i loro genitori hanno a disposizione una quantità sterminata di studi sul rapporto tra la televisione e i bambini che li mettono in guardia praticamente contro tutto, anche se giungono a conclusioni spesso contraddittorie.

Tutte le novità tecnologiche, si sa, tendono a produrre sospetto e diffidenza, e la televisione non è da meno. Quando poi si tocca l'infanzia, le preoccupazioni crescono. Ed ecco emergere i pericoli: di ascolto passivo, di ipnotismo, di anomia, di colonizzazione culturale, di perdita della dimensione magica, di perdita di senso del reale, di istigazione al consumo, alla violenza e così via.

Non tutti gli studiosi che si occupano di televisione sono però apocalittici: negli ultimi anni, anzi, si è andato sviluppando un filone di studi sul rapporto tra i bambini e la televisione che sembra preoccuparsi soprattutto di dimostrare che, per quanto potente, il mezzo in fondo non è cattivo e che, anzi, può persino fare del bene.

2. La situazione attuale

Per cercare di districarci in questa offerta non univoca di analisi e conclusioni cominciamo con la programmazione televisiva per l'infanzia. Dopo il periodo di *Carosello*, da molti rimpianto, per un bel po' non ci sono più state trasmissioni per i più piccoli che potessero essere usate come moneta di scambio con la promessa di andare a letto. Ci ha pensato una rete privata, all'inizio degli anni Ottanta, a programmare un cartone animato in diretta concorrenza con il telegiornale della sera. È stato un successo clamoroso, capace di erodere persino l'inossidabile *audience* del Tg1: erano i Puffi, programma di origine belga che parla di una deliziosa popolazione di gnomi dalla pelle blu, miti e molto solidali, dal linguaggio ironico e surreale, guidati dal carismatico Grande Puffo in una perpetua lotta contro il cattivo (e nero) Gargamella.

Che produzioni di questo tipo possano essere un pericolo per chicchessia non è passato per la mente di nessuno che io sappia; cionondimeno altri prodotti – certo meno originali e raffinati – hanno attirato l'attenzione degli studiosi della comunicazione di massa. Pur senza arrivare a dire che il Grande Puffo era come il Grande Fratello di *1984*, negli anni settanta si è sostenuto da più parti che l'eccesso di prodotti stranieri rischiava di dare ai bambini (ma anche agli adulti) riferimenti culturali a noi estranei. Ma vediamo cosa passa il video per i piccoli.

3. Una ricerca

Dobbiamo a una ricerca, fatta per il settore Vqpt della Rai da Marina D'Amato, l'analisi più minuziosa della programmazione televisiva per l'infanzia che sia disponibile in Italia. Ne emerge che mentre nel '56 la Rai dedicava ai programmi per ragazzi il 21% dei suoi palinsesti ora è scesa a una media del 10%; negli ultimi anni invece Italia 1, un'emittente privata che cerca di specializzarsi in pubblico giovanile, è arrivata al 30%.

Tra i generi prevale la *fiction* (il 55% dei programmi per i giovani); vengono poi l'informazione e la cultura (23%) e l'intrattenimento (19%). È notevole infine che il 40% della fiction sia costituito da cartoni animati. Per quanto riguarda i contenuti nei cartoni, dopo il declino dei robot guerrieri come Mazinga, oggi prevalgono i sentimenti. C'è una valanga di lacrimevoli – e mediocri – prodotti giapponesi che parlano di sport, di bambini abbandonati e di amori travagliati. Le rare evasioni in mondi veramente fiabeschi o fantastici, oltre a quello dei Puffi, di Babar e del vecchio Braccio di ferro, sono quelle dei Muppets, di alcuni folletti e di una zuccherosa comunità di orsetti. Sopravvivono una certa quantità di storie di ambientazione fantascientifica, il cui successo sembra essere legato soprattutto alla vendita dei giocattoli, e cioè la rappresentazione in plastica delle macchine che ne sono protagoniste.

Tra i telefilm continuano a imperversare i vecchi *Happy days, Lassie* e gli *Addams*; recenti sono *Arnold, Alf Licia* (curiosa continuazione in carne ed ossa di un cartone animato) e le avventure (uno dei rarissimi prodotti italiani) di Cristina D'Avena.

Tra gli spettacoli, dopo il tramonto dei *Piccoli fans* di Sandra Milo, oltre all'immarcescibile *Zecchino d'oro*, troviamo *Bim bum bam* e *Patatrac* (che però sono dei contenitori di fiction), *Big!* e *L'Albero azzurro*.

4. Prodotti nazionali e stranieri

Un'accusa ricorrente alla programmazione per l'infanzia della televisione italiana, come si è detto, è che essa trasmette troppi prodotti stranieri. L'accusa è la stessa che è stata utilizzata per anni contro l'invasione dei telefilm statunitensi, come *Dallas*, il cui successo avrebbe avvicinato pericolosamente i nostri gusti a quelli dei petrolieri texani.

Ora, è vero che i rapporti sociali dei telefilm americani sono stereotipati e non si avvicinano molto alla lotta di classe che ha caratterizzato la vita politica torinese negli anni settanta; ma è anche vero che gli operai della Fiat non hanno nessun bisogno di vedere rappresentati se stessi in televisione per sapere come vivono, mentre le problematiche politiche e sindacali dovrebbero trovare il loro spazio nelle rubriche di informazione e attualità o nella fiction di ambientazione italiana (il che non accade, ma non è colpa di Gei Ar).

Per tornare ai bambini, si è detto che i prodotti statunitensi sono permeati di etica protestante, del mito del *self-made-man*, e che i cartoni giapponesi si ispirano ai principi dello shintoismo. È abbastanza vero, naturalmente. Il problema è: perché un genitore dovrebbe spaventarsene? Forse che una generazione di bambini con un'alta percezione della propria immagine pubblica e sensibile ai valori del successo potrebbe fare del male al nostro paese, ammalato di mammismo, clientelismo e trasformismo? Ci sarebbe da plaudire all'iniziativa degli importatori di questi prodotti, se avessero davvero l'effetto di ispirare un po' di amor proprio agli italiani, indipendentemente dall'investimento in valuta pregiata.

La realtà è che questi effetti non sono affatto dimostrati e che invece con l'argomentazione del colonialismo culturale, apparentemente progressista, oggi rischiano di passare surrettiziamente pregiudizi un po' conservatori che vedono nella contaminazione delle culture il rischio della perdita di un'identità collettiva. Anche se personalmente ho molte perplessità sullo spessore delle culture popolari, sono convinto che si debbano rispettare le identità locali; ma quando si trasformano in un rifiuto di contatti con altri universi culturali, mi pare tendano ad essere, più che nobili istanze di tutela di patrimoni irrinunciabili, le premesse alla nascita di movimenti localistici rissosi, un po' autarchici, e segnati da una vena esterofoba se non razzista.

5. Meriti e demeriti della televisione

Ma qui i giudizi personali contano poco. Il fatto è che, finora, la televisione – anche se di importazione – ha oggettivamente permesso l'unificazione linguistica di un'Italia che parlava dialetti assolutamente incompatibili tra loro, e forse ha anche contribuito alla crescita culturale e sociale della collettività. Mentre prove della disgregazione del sentimento nazionale prodotta dall'omologazione televisiva non se ne sono ancora viste; e, in periodo di leghe, verrebbero da aggiungere: purtroppo.

Un'altra raffica di accuse, ai programmi per bambini, viene dalle caratteristiche strutturali del racconto: si è detto che le storie sono banali, fuori dal tempo, che non vi si rappresentano mai le dinamiche di una famiglia normale o i veri conflitti della vita. Giustissimo. Ma da che fiaba è fiaba (e fumetto è fumetto) i protagonisti dei racconti per bambini sono sempre stati soli di fronte a difficoltà fantastiche, e perlopiù in situazioni stereotipate. Come insegna Propp, questo avviene da secoli – e a tutte le latitudini, senza congiure colonialistiche – perché sono rappresentazioni mitiche dei riti di passaggio che sono all'origine di tutte le nostre culture tribali. Che male c'è, dunque se Hansel e Gretel, come Qui, Quo e Qua, come anche la televisiva Heidi non hanno genitori e vivono in un mondo improbabile? La dimensione dell'infanzia prevede, e forse anche esige che i racconti per i giovani siano estranei all'universo del reale. Nel loro mondo fantastico i bambini si chiedono il perché di tante cose; ma sanno cos'è un fumetto, una fiaba e, forse anche meglio di molti adulti, cos'è un programma televisivo.

Curiosamente, c'è una serie di analisi dei contenuti che, su un altro versante, accusa gli stessi prodotti di essere troppo vicini al reale, o di avere gli stessi difetti di programmi televisivi per adulti. Anche qui il rilievo è corretto, ma bisogna chiedersi perché venga rivolto ai programmi per bambini, che difficilmente possono essere meglio di quelli per gli adulti.

Vale la pena citare qui una curiosità: in una recente indagine Censis-Rai si sostiene che nella vita del bambino ci deve essere rispetto per la dimensione della fantasia e del gioco e, due righe dopo, che «molti programmi televisivi non educano al senso di realtà». Insomma bisognerebbe decidersi: bisogna rispettare la dimensione autonoma dell'infanzia o imporre, fin da piccoli, ai bambini un solido senso del reale?

A lume di buon senso mi pare si possa affermare che se nella televisione – compresa quella per i più giovani – c'è poca analisi, l'immagine prevale sulla parola, l'emozione sul ragionamento, se non c'è spazio per la critica sociale e i riferimenti culturali lasciano a desiderare è sì una lacuna, ma certo più grave per i telegiornali e le inchieste che non per i cartoni animati.

6. La pretesa «scomparsa» dell'infanzia

Questo problema ci porta diritti al rapporto che i bambini hanno con la televisione nel suo complesso, e non soltanto con i programmi a loro dedicati. I dati più recenti del Servizio opinioni della Rai, infatti, ci dicono che, del milione abbondante di bambini tra i quattro e i quattordici anni che segue la televisione nel giorno medio, la grande maggioranza si concentra tra le 20.30 e le 22.30, e cioè nel *prime time*, assieme alla maggior parte degli spettatori adulti. Ma i bambini non disprezzano nemmeno la fascia pomeridiana – quella in cui viene trasmesso *Beautiful*, per intenderci, e quella preserale, dove si concentrano *talk-show* e telefilm per adulti.

Se il problema dell'effetto che può avere sui bambini l'ascolto televisivo si poneva per i cartoni animati, non c'è da stupire che preoccupi quello che possono avere i programmi per gli adulti. Anche qui però gli approcci sono diversi. Neil Postman, per esempio, ha sostenuto che la televisione sta facendo sparire l'infanzia. La dimensione protetta del bambino, con la sua cultura, i suoi gusti, i suoi vestiti, ben diversificata da quella adulta, nata col Rinascimento e consolidata con la diffusione della stampa, sarebbe messa in discussione dallo sviluppo delle tecnologie elettroniche della comunicazione.

Postman sostiene che l'esposizione indifferenziata dei bambini ai prodotti televisivi li toglie dal loro mondo aproblematico, impone loro la religione del consumo, mostra loro la società in tutta la sua brutalità e svela la violenza degli adulti. La scomparsa dell'infanzia è dovuta al fatto che la TV permette di assistere a qualsiasi programma senza preparazione, non pone problemi etici e non separa gli ascoltatori per età. Per chi trovasse queste argomentazioni un po' tautologiche, Postman aggiunge le prove della avvenuta scomparsa dell'infanzia: i bambini oggi hanno vestiti, giochi, cibi uguali a quelli degli adulti; vengono usati per vendere i prodotti e per convincere le famiglie a comprarli e quindi entrano a far parte del mercato. L'aumento della criminalità, dei maltrattamenti, delle gravidanze, della diffusione delle malattie veneree e della droga tra i minori sono il corollario del teorema. La televisione, in conclusione fa apparire odiose le distinzioni tra gruppi di età, costringe a dare ai giovani le stesse libertà degli adulti, distrugge le basi di un ordine gerarchico.

7. Adulti e problemi

Questo particolare dell'affresco apocalittico della nostra epoca, che Postman sta delineando da vari anni con i suoi libri, è molto suggestivo, anche perché basato su dati reali: come negare che la violenza nelle grandi città è arrivata al limite della barbarie, che il consumo informa la maggior parte delle nostre scelte e che anche l'infanzia viene commercializzata?

C'è però un punto debole, nella sua analisi, quando definisce le caratteristiche complessive della cultura di massa. Postman sostiene che la comunicazione elettronica ha sostituito l'irrazionalità alla razionalità, l'emozione al ragionamento, i contenuti con l'immagine e ha abolito la necessità di prerequisiti culturali per avvicinarsi all'informazione. Ma conclude dicendo che anche gli adulti sono diventati più bambini: fanno meno figli perché non se la sentono di svolgere il ruolo di educatori, che giocano come loro e regrediscono a gusti infantili. Ma allora, sono i bambini che diventano adulti o viceversa? E quali di questi processi è più pericoloso? O meglio, non sarà che ci sono pericoli peggiori? Non sarà che forse la cultura di massa contiene le stesse contraddizioni di ogni crescita democratica che, riducendo i confini formali e le barriere convenzionali, apre l'incognita dell'accesso di tutti a strumenti una volta riservati a pochi eletti? Viene il dubbio che la colpevolizzazione della cultura di massa vada di pari passo con la difesa di un concetto elitario e paludato della cultura; e non che io pensi che debba scomparire la cultura «alta», ma mi pare anche difficile sostenere che si debba ostacolare la nascita di una cultura magari modesta, ma veramente diffusa.

C'è una frase che fa pensare: «I bambini che hanno assaggiato il frutto proibito dell'informazione riservata agli adulti vengono cacciati dal paradiso deli'infanzia». Postman qui mette in mostra la sua radice protestante, un'etica della colpa che, applicata ad ogni novità tecnologica, rischia di dedurne l'origine demoniaca.

8. Il problema della violenza

Il fatto è che ogni ragionamento applicato alla nostra epoca senza tener conto che la televisione non è l'unica espressione culturale di questo tempo è monco, quando non addirittura pretestuoso. Quale sia infatti il peso che ha la televisione sulla nostra formazione, e quanto incida sul comportamento, a partire dall'infanzia, è un altro problema sul quale si sono confrontati gli studiosi, con conclusioni discordanti.

Da quarant'anni a questa parte, uno dei campi di ricerca più affollati è quello sugli effetti che può avere sui bambini la violenza nei programmi televisivi. Scorrendo l'amplissima bibliografia in proposito se ne deduce che c'è un accordo di massima sul fatto che la violenza in TV esercita degli effetti sulla psicologia e il comportamento dei bambini che la guardano, ma che è difficile definire se questi effetti siano causati *direttamente* dai contenuti dei programmi. In altre parole, esistono individui «a rischio», e i bambini più aggressivi tendono a consumare con maggiore frequenza programmi con contenuto violento; gli esperimenti di laboratorio hanno valore a breve, ma non sono confermati a lungo termine; non vi è prova di un effetto di accumulazione degli stimoli; gli esperimenti sul campo e le ricerche correlazionali hanno dimostrato solo la presenza di predisposizioni individuali. Valgano per tutti i risultati del lavoro di Milavsky, che è riuscito a dimostrare che le correlazioni tra esposizione televisiva e aggressività spiegano dal 2 al 5% della variazione nel comportamento aggressivo.

In proposito Dario Varin conclude che «La storia e le caratteristiche personali dello spettatore sembrano avere a questo proposito un ruolo fondamentale». Non è una risposta definitiva, ma ci rimanda a dati difficilmente quantificabili: il contesto, il retroterra cultura e le situazioni familiari.

9. I doveri dei genitori

E veniamo qui a un nodo che, naturalmente, si presenta ogni volta che si deve parlare degli effetti della TV sui bambini: il ruolo che possono svolgere i genitori nel mediare tra il bambino e gli stimoli ambientali. Un ruolo fondamentale, si direbbe, per la possibilità che può avere un genitore di indirizzare le scelte, di sollecitare rilievi critici e, meglio ancora, di ridurre il consumo.

Ma anche qui ci sono delle sorprese. Una recente indagine condotta da Sara Bentivegna per il Consiglio nazionale per i problemi dei minori ha dimostrato che i figli di donne che lavorano passano davanti alla televisione *meno* tempo dei figli di casalinghe. Il dato dà da pensare, perché sembra dimostrare che non sia tanto la quantità del tempo che una madre dedica ai propri figli a determinare la «teledipendenza», quanto la qualità.

È stato notato che, prima della televisione, gli stimoli offerti ai bambini – libri, giornaletti, racconti – venivano scelti dai genitori, mentre oggi i bambini possono accendere la televisione da soli e anche i più piccoli sanno usare il telecomando con destrezza. Ma non bisogna dimenticare che la maggior parte dei bambini guarda la televisione tra le venti e le ventidue, quindi in compagnia dei genitori, e che presumibilmente sono loro che scelgono il programma da seguire. Che poi il 48% degli italiani – più o meno – guardino i programmi della Rai e il 52% quelli delle emittenti private, è cosa nota. Quello che stupisce è che, secondo la citata indagine Censis-Rai il 46% dei genitori e dei nonni italiani ritenga che i programmi delle emittenti private abbiano l'effetto di insegnare la violenza ai bambini e il 52% che siano per loro una droga.

10. Osservazioni finali

Che dire? La statistiche spesso ingannano, ma temo che qui ci sia poco da illudersi. È molto probabile, anzi, che gli italiani siano convinti che la televisione abbia questi effetti anche sugli adulti, anche se non su se stessi. È un atteggiamento diffuso, non solo tra chi pensa di essere immune agli effetti deleteri della televisione, ma anche tra gli studiosi più seri. Un atteggiamento che è insieme protettivo e difensivo, ma anche normativo. Stiamo parlando di bambini, ma vale spesso anche per gli adulti: gli studiosi, da Platone in poi, partono dal presupposto di essere legittimati dalle loro superiori conoscenze a stabilire quello che gli altri possono sopportare senza conseguenze. Pensano addirittura – come si vede dalle conclusioni di molti studi sugli effetti dell'ascolto televisivo – di avere il compito di definire dettagliatamente il modo in cui debbono essere confezionati i programmi televisivi e i loro contenuti; senza tener presente che per imparare a fare un programma televisivo ci vogliono anni di esperienza e decine di competenze complementari.

È tanto vero che anche la maggior parte degli psicologi continua a sostenere che bisogna introdurre seri correttivi nella programmazione televisiva per proteggere non solo l'infanzia, ma anche gli adulti dalla violenza, dalla pornografia, dal consumismo e dalla passività dell'ascolto.

Hanno ragione, naturalmente, nel dire che la nostra televisione può essere migliorata, e molto. Potrebbe dare – a bambini e adulti – molto di più. E forse anche darci più strumenti critici per destreggiarci nei valori degradati della nostra civiltà. Hanno torto nel perseguire una epistemologia della coazione, della normatività, che prevede che la loro scienza debba decidere al posto degli altri. Per dirla in parole povere, hanno torto a credere che il telespettatore medio, come il bambino medio, sia un cretino. Abbiamo bisogno – tutti – di tante cose in più, non che ci si tolga qualcosa, e meno che mai il diritto di scelta.

Dice Bettelheim: «Si è creato un circolo vizioso per cui la mancanza di occasioni e di tempo sufficiente per dedicare le proprie energie allo sviluppo della vita interiore induce il bambino a cercare stimoli preconfezionati... che a loro volta gli impediscono di sviluppare una autonoma interiorità». Appunto. Difficile credere che sia la televisione, a togliere la fantasia ai bambini; o quantomeno, è difficile che sia la televisione da sola.

Chi invece vive nel terrore degli effetti che il tumultuoso sviluppo della cultura di massa può avere sui bambini, sembra non pensare che fino a quarant'anni fa – la nascita della televisione, appunto! – i bambini in Italia morivano come mosche per l'ignoranza, la denutrizione e il lavoro minorile. Per fortuna, in barba a Postman, oggi guardano troppa televisione.

Parte quinta

La cultura

I testi narrativi e la formazione dell'immaginario

di Giulio Lughi

1. I libri come «cose»?

Tra le molte, diverse specie di cose con cui il bambino che vive in questo scorcio di secolo può entrare in contatto, ci sono quelli che potremmo chiamare i prodotti dell'attività culturale: i libri, i film, gli spettacoli teatrali, la musica, i fumetti, le trasmissioni televisive, e via dicendo. Entità a doppia faccia, perché in quanto *prodotti* possono essere considerati come delle «cose», e quindi possono essere forse più facilmente inquadrati nella casistica prevista dalle norme esplicite e implicite che regolano i rapporti tra adulti o minori; ma in quanto *culturali* rientrano – almeno in linea di massima – in una sfera più ampia: sono pedine di una partita a lungo termine che solitamente si definisce come processo formativo, dal quale poi dipende l'organizzazione e il consolidamento dell'universo di credenze, valori, aspirazioni, sentimenti, desideri ed idee che guidano il comportamento del singolo nei confronti degli altri.

In questo intervento ci si occuperà soprattutto di quei potenti veicoli di trasmissione culturale che sono i libri – e tra questi solo dei libri narrativi, di *fiction* – cercando di definire in che senso un libro può essere considerato una «cosa», e in che senso è anche qualcos'altro: e in base alle oscillazioni di questa linea di demarcazione si cercherà di illuminare da un punto di vista diverso il problema dei rapporti tra mondo degli adulti e mondo dei bambini.

Tradizionalmente, infatti, il libro viene considerato esclusivamente come un veicolo di conoscenze, idee, valori, sentimenti, emozioni, credenze, mentre resta sicuramente in secondo piano il suo essere un oggetto, una cosa. Ma così ci si preclude la possibilità di affrontare alcuni fenomeni che in modo evidente si impongono all'attenzione di chi entra in contatto con il mondo dell'infanzia e dell'adolescenza, a partire naturalmente dai genitori e dagli insegnanti.

La sensazione diffusa, nella attuale situazione di consumo culturale, è infatti che il testo – sia esso libro, o film, o altro – non sia più soltanto uno *strumento* di formazione culturale, ma sia anche sempre più un *oggetto*, una cosa da usare per un periodo di tempo: e questa sensazione è rafforzata da molti fenomeni di contorno, per cui il libro, il testo, sembra perdere le sue caratteristiche di unità autonoma e coerente, e tende invece a frantumarsi; ed ecco che dentro il testo ci sono altri oggetti – personaggi, luoghi, situazioni, immagini – che riappaiono, come dotati di vita propria, in altri contesti: come fumetti, spille, soprammobili, spot pubblicitari, foto, trasmissioni televisive, articoli di giornale.

Il modo più semplice per affrontare il problema sarebbe lamentare la dilagante espansione di una mentalità consumistica, nonché porre l'accento sugli aspetti di alienazione che aggrediscono il mondo ovattato dell'infanzia e si impadroniscono dei delicati personaggi che lo popolano.

Tuttavia non si può perdere di vista il fatto che questo meccanismo, comunque lo si voglia considerare, condiziona di fatto i delicati processi che contribuiscono a creare nel bambino e nell'adolescente quell'universo fittizio di situazioni, personaggi, luoghi, oggetti, atteggiamenti che si depositano piano piano nella sua memoria, e che concorrono nel corso del tempo a formare quel vasto affresco di riferimento che si suole chiamare *immaginario*. L'ipotesi di fondo che guida questo intervento è infatti che negli ultimi anni i processi di formazione dell'immaginario siano molto cambiati, e che la produzione di «cose» narrative nell'universo dei bambini risponda a modalità che non sono più quelle che esplicitamente ed implicitamente funzionavano fino a qualche decennio fa.

A questo punto sono necessarie tre precisazioni. La prima è una parziale correzione di quanto affermato sopra, cioè del fatto che si parlerà soprattutto di libri: in effetti, toccando un tema complesso come quello della formazione dell'immaginario, è quasi impossibile non tener conto, insieme con i libri, del cinema e di altre forme di comunicazione – come ad esempio fumetti e televisione – le quali ormai nascono e si sviluppano a stretto contatto secondo modalità di forte integrazione e collegamento.

La seconda deriva quasi necessariamente dalla prima: quando si parlerà di libri si parlerà anche di illustrazione, in quanto è difficile prescindere – soprattutto nei testi per ragazzi – dall'importanza che assume l'immagine.

La terza precisazione riguarda invece l'ambito di indagine: non si prenderanno in considerazione quei prodotti che rispondono a una finalità direttamente didattica, che vengono cioè impiegati nell'ambito di attività scolastiche curricolari; verranno presi in esame invece i rapporti che il bambino intrattiene con i prodotti che può scegliere liberamente (per quanto le spinte della famiglia, della scuola e del mercato lo consentano), o per lo meno sui quali può esprimere un'indicazione di gusto che poi influenzerà la scelta degli adulti; vale a dire in linea di massima proprio i prodotti di *fiction*. Si potrebbe obiettare che la distinzione non ha ragion d'essere, e che molto spesso si operano le stesse scelte nella scuola e nel tempo libero, nell'istituzione e fuori; tuttavia è opportuno insistere su questo punto, su cui si ritornerà, per affermare che ormai i luoghi istituzionali di formazione del bambino e dell'adolescente intervengono solo in misura minima nella costruzione dell'immaginario, che di fatto sta invece sfuggendo al controllo dei tradizionali processi di trasmissione culturale tra generazioni diverse.

Nelle pagine che seguono si cercheranno di delineare alcuni aspetti per cui il libro – ed in genere il testo narrativo – può essere considerato una «cosa», nonché di vedere quale ruolo assumano gli oggetti narrativi in una società che sta cambiando rapidamente i modi della comunicazione culturale e sociale, e all'interno della quale cambia quindi anche la formazione dell'immaginario.

2. Il libro come oggetto

Affrontiamo subito una questione che può sembrare marginale: il libro come «cosa» in senso materiale, considerato cioè come insieme di carta, cartoncino, colla, o altro. Per certi versi è ovvio che si tratta di aspetti esterni, che non intervengono su ciò che fa di un libro un libro: vale a dire l'argomento, la trama, i personaggi, lo stile, ecc. Tuttavia non si può trascurare il fatto che negli ultimi anni l'editoria per ragazzi – ma anche quella per adulti – ha cominciato a mettere sul mercato dei prodotti che puntano proprio sulla novità dei materiali: si va dai libri con tutte le pagine di cartone, molto grosso, ovviamente indirizzati ai bambini più piccoli; a quelli di plastica gonfiabile, da usare in vasca da bagno; a quelli che inseriscono tra una pagina e l'altra delle pellicole trasparenti, con sopra stampati alcuni particolari dell'illustrazione che danno profondità all'immagine o ne modificano la lettura.

Oltre agli esempi citati sopra, che riguardano strettamente il materiale impiegato per la confezione, vanno però ricordati molti libri che – per il modo con cui sono confezionati – richiedono di essere manipolati, e cioè trattati come oggetti: i cosiddetti libri-giocattolo. Sono libri con le ruote, che si possono trascinare sul pavimento; libri con i buchi, che consentono di vedere una parte della pagina successiva e che danno una visione sempre mutevole della storia raccontata; libri che si aprono a fisarmonica, a ventaglio, facendo materializzare tra le pagine, case, castelli, alberi, personaggi, ecc.; libri enormi, grandi come un bambino, che diventano essi stessi casa, garage, fortino, ecc.

Un caso ancora diverso, in cui il libro va visto anche come oggetto da manipolare, è quello dei *gamebooks*, o libri-gioco: qui i materiali e l'aspetto esterno sono uguali a quelli degli altri libri, ma è diverso il modo di usarli. Si tratta di testi all'interno dei quali sono presenti contemporaneamente diversi percorsi narrativi; la vicenda è organizzata come un labirinto, e consente al lettore di scegliere tra varie possibilità, andando a pagine diverse e tenendo nota delle scelte operate; inoltre molto spesso questi libri hanno al loro interno delle mappe o piante, nonché tabelle e grafici che servono a calcolare i punteggi. Si tratta quindi di libri-cose, che richiedono una continua manipolazione proprio come se fossero oggetti; una situazione simile – ma anche per molti aspetti diversa – a quella del giocatore di videogame, che misura la propria capacità di destreggiarsi nella vicenda grazie all'abilità con cui interviene sui pulsanti.

Come si vede si tratta di problemi abbastanza diversi da quelli che storicamente sono derivati dalla costituzione materiale del libro: il passaggio dall'uso del papiro a quello della pergamena, alla carta di stracci, alla carta di legno, risponde a criteri di economicità e di evoluzione tecnologica, a cui caso mai si associa una diversa destinazione sociale (ove esista già la carta, la pergamena è più prestigiosa). Nei casi citati più sopra invece la diversità del materiale impiegato non implica una destinazione a pubblici diversi, né un diverso grado di elaborazione tecnica, né una valutazione di ordine economico: sembra piuttosto di assistere ad un tentativo di rifunzionalizzazione dell'oggetto-libro, di dargli prospettive e dimensioni diverse: e questo è un problema che non va trascurato.

È indubbio che fino a due o tre decenni fa il libro è stato l'unico e indiscusso veicolo di trasmissione culturale, sia nel campo scientifico che in quello letterario: al giorno d'oggi invece la situazione è mutata, e il libro si trova a dover fronteggiare la concorrenza di altri media in entrambi i settori. Ecco dunque che – in un momento di crisi – l'editoria cerca di caricare il libro di una sorta di funzionalità aggiuntiva, gli trova nuove strade, gli attribuisce appunto un valore di per sé, come oggetto, come cosa.

3. Il libro come merce

Il ruolo giocato dall'editoria in questi ultimi anni andrebbe in effetti esaminato più in profondità, con strumenti specialistici. Ma, pur senza entrare in un'analisi dettagliata, non si possono non notare alcuni aspetti che colpiscono anche chi osservi la situazione dall'esterno, da fruitore.

Un primo elemento è un rinnovato interesse delle grandi case editrici per il settore ragazzi. Dopo anni in cui i libri per ragazzi erano relegati ad un ruolo subalterno o tutt'al più di vaga alternativa (vere cenerentole accanto al *big business* dell'editoria scolastica), recentemente si è assistito ad una ripresa di interesse – e di investimenti – per il libro dedicato ai non adulti. E questo interesse si traduce in un miglioramento della qualità a tutti i livelli: nella scelta dei testi, nell'impostazione delle collane, nella cura promozionale, e soprattutto nella grafica interna ed esterna.

Ovviamente l'aumento di interesse – e di investimenti – ha portato con sé anche l'adeguamento a una logica di mercato che impone delle scelte molto precise: massima diversificazione dei prodotti, rinnovo costante del catalogo, riduzione delle giacenze in magazzino.

Se si osservano infatti i dati sulla produzione libraria per ragazzi negli ultimi anni (riportati con cadenza pressoché regolare su riviste di settore come «Sfoglialibro» e il «Giornale della libreria») si nota subito che all'interno del costante – ma contenuto – aumento di produzione complessiva c'è un notevole incremento delle novità (cioè dei libri che vengono pubblicati per la prima volta), mentre c'è un aumento molto più contenuto delle edizioni successive, e addirittura una diminuzione delle ristampe; e questo vale sia per i titoli, cioè per le opere presenti sul mercato, che per la tiratura, cioè per il numero complessivo di volumi pubblicati.

In altri termini ciò significa che il lettore (o l'acquirente adulto che compra un libro per ragazzi), quando entra in libreria si trova davanti ad una vastissima scelta di prodotti sempre nuovi; non solo, ma questa offerta di novità è destinata continuamente a rinnovarsi, mese dopo mese, con la logica conseguenza di eliminare dagli scaffali i titoli ormai vecchi o che non hanno venduto abbastanza. A questo punto, se il lettore-acquirente volesse acquistare un libro uscito un anno prima, o cinque anni prima, o dieci, probabilmente si sentirebbe dire che il libro non è in libreria e dev'essere ordinato; e dopo qualche giorno, o settimana (il tempo necessario al libraio per inoltrare la richiesta al distributore), avrebbe buone probabilità di sentirsi dire che il libro è esaurito.

A fianco di questi dati si possono considerare – a conferma – quelli riguardanti la percentuale di libri distribuiti nelle cosiddette grandi superfici (grandi magazzini, supermercati, ecc.): anche questi in costante aumento (benché limitati in valore assoluto) e che quindi segnalano una tendenza in corso, confermata tra l'altro da ciò che sta avvenendo all'estero nel settore della distribuzione. Si tratta di esercizi commerciali non destinati prioritariamente allo smercio di libri, e nei quali ovviamente la politica di selezione in base alle vendite è ancora più marcata rispetto alle tradizionali librerie; il libro rimane sullo scaffale solo in quanto – e per il tempo che – riesce ad essere competitivo.

Quanto detto sopra vale soprattutto come indicazione di tendenza, una tendenza che si sta appena sviluppando: naturalmente ci sono ancora molti libri che resistono intramontabili sugli scaffali delle librerie, sprezzanti dei vortici della moda e degli orientamenti del mercato; così come ci sono editori che – come conseguenza di una politica di qualità – puntano sul mantenimento del catalogo, sulla continuità culturale; e così come ci sono librai che gestiscono librerie-biblioteca, veri punti di riferimento per l'informazione, l'aggiornamento e la conservazione.

Ma non si può negare che la tendenza che sembra profilarsi sullo sfondo induce a prospettarsi una situazione meno rosea. In linea di massima la situazione della produzione libraria non è diversa da qualsiasi altro scenario di mercato: è chiaro che i mutamenti della produzione editoriale sono contemporaneamente causa ed effetto del mutamento delle tendenze dei lettori; da una parte l'editoria si adegua ai segnali sempre mutevoli che giungono dal pubblico, dall'altra il pubblico è pronto a spostarsi su un prodotto particolarmente indovinato. E sul piano della domanda e dell'offerta questo vale per i libri, ma anche per le scarpe, le automobili, i detersivi.

Anche qui ci si trova dunque di fronte ad una considerazione del libro come «cosa»; ma al di là della curiosità per il funzionamento dei meccanismi di mercato, non bisogna perdere di vista ciò che qui interessa, e cioè il problema della formazione dell'immaginario. È evidente infatti che questo ricambio costante e continuo di libri non può favorire la costituzione e la crescita di quel patrimonio culturale che garantisce la saldatura tra una generazione e l'altra. Tutta una serie di testi ormai classici, garanti di una sorta di continuità narrativa, che passavano sistematicamente dai nonni ai nipoti, con i loro personaggi che diventavano piano piano familiari, con tutto il corredo di episodi, modi di dire, atteggiamenti, e che potevano quindi diventare terreno comune per l'incontro – o lo scontro, non ha importanza – generazionale, rischiano di andare dispersi nel giro di pochi anni: tolti dallo scaffale, tolti dalla memoria.

Ovviamente non si tratta di una responsabilità dell'editoria, la quale semplicemente risente dei mutamenti che avvengono sul piano più vasto delle dinamiche culturali: ma è forse proprio a questi mutamenti che conviene rivolgere l'attenzione.

4. Il libro e le illustrazioni

Come si è visto finora, accanto alla tradizionale funzione di veicolo, di strumento, il libro mostra una tendenza ad assumerne una più forte di oggetto, di cosa. E si è già accennato al fatto che uno dei motivi potrebbe essere la perdita del monopolio nella trasmissione della cultura; e ciò vale tanto per le pubblicazioni tecnico-scientifiche, quanto per i testi narrativi, di fiction.

Ma c'è anche un altro aspetto da considerare: se fino a quaranta, cinquant'anni fa si studiava *solo* sui libri, e si dava soddisfazione al proprio bisogno di storie *solo* sui libri, non si deve dimenticare che quei libri erano in larga misura libri *scritti*. Ed è proprio da questo punto di vista che oggi le cose sono molto cambiate; sia nel campo dell'apprendimento che in quello del divertimento si è assistito negli ultimi decenni ad una costante diffusione dell'immagine; tanto fissa, su carta, quanto in movimento su schermo video o cinematografico; e non si dimentichi il settore in forte espansione della grafica computerizzata.

Ma è forse nel campo della fiction che la presenza dell'immagine ha mutato completamente la sua funzione. La veste tradizionale dei libri per ragazzi presentava infatti un rapporto tra illustrazione e pagina scritta che oggi, agli occhi di chi vive tra le seduzioni e lo stress della civiltà dell'immagine, appare quasi come emergenza arcaica, come documento di un passato antropologicamente più che storicamente rimosso.

A intervalli regolari di trenta-quaranta pagine, senza nessun legame sintattico con il ritmo della narrazione, esibite nella loro totale diversità – tavole fuori testo, a tutta pagina, su carta patinata, a colori – apparivano le illustrazioni. Era un momento importante, in cui l'apparato immaginativo elaborato durante la lettura doveva confrontarsi con una sorta di dura realtà; una realtà per certi versi desiderata, perché in grado di confermare certe aspettative già configurate, ma per altri versi temuta, perché capace di turbare il delicato meccanismo delle proiezioni fantastiche.

La reazione fondamentale, comunque, era di estranietà; nulla teneva insieme linguaggio verbale e linguaggio iconico, mondi assolutamente indipendenti, ognuno con il suo universo di senso, e che il lettore gustava come piaceri separati, come può fare un viaggiatore che scenda dalla corriera a fumare una sigaretta durante una sosta imprevista in aperta campagna.

Questo piccolo mondo antico (ma sono passati pochi anni, in fondo), doveva ben presto sfasciarsi sotto l'urto dei media visivi; della televisione, che «fa vedere» le cose mentre «ne parla», e della pubblicità scritta, sui muri e sui giornali, che intreccia comunicazione verbale e visiva nell'unità dell'artificio grafico. Infatti il problema del rapporto tra illustrazione e testo non può essere affrontato in maniera riduttiva, considerando cioè esclusivamente la presenza/assenza di immagini all'interno dei libri. Ciò che è fondamentale è il fatto che un lettore di oggi è disposto a riconoscere all'immagine il ruolo di guida della narrazione , è disposto a riconoscere come testo una sequenza di immagini: il lettore di oggi, abituato alla fruizione del cinema, della televisione e del fumetto, si muove senza problemi all'interno di storie in cui è l'illustrazione a guidare la narrazione, o in cui testo scritto e illustrazione procedono di pari passo.

Ma questa parità è illusoria: è chiaro che un luogo, un personaggio, un oggetto *visto* si imprime nella fantasia e nella memoria con molta più forza, è molto più una «cosa» di quanto non sia lo stesso luogo, personaggio, od oggetto *raccontato*; l'immagine è dotata di contorni, è garanzia della riconoscibilità delle cose, richiama la realtà nello spazio e nel tempo; al contrario la descrizione scritta di qualcosa offre sempre un richiamo parziale, presenta alla raffigurazione mentale delle indicazioni vaghe, magari più libere e ricche di fascino ma soggette al mutare delle condizioni di fruizione. Il personaggio di un romanzo, in due successive letture, può apparire completamente diverso; il personaggio di un film è sempre lì, immutabile, sottoposto solo alle variazioni dei parametri del gusto.

In questo senso un libro pieno di immagini è un libro pieno di cose, mentre un libro scritto è un libro ricco di suggestioni: e accanto alle suggestioni, il bambino usa sempre più spesso quelle «cose» che sono le immagini per nutrire il suo immaginario; immagini stampate, ma anche – e forse soprattutto – immagini che scendono dallo schermo.

Personaggi e situazioni narrative che un tempo trovavano corpo solo nelle pagine dei romanzi, o nelle raccolte di figurine, o sul palcoscenico del melodramma, oggi vengono nutriti soprattutto dalla televisione e dal cinema. In effetti attualmente è impossibile pensare a una letteratura scritta di fiction che prescinda dalla impressionante quantità di materiale narrativo e visivo che ci viene fornito dal cinema e dalla televisione. Nell'immaginario dei ragazzi contemporanei molto probabilmente convivono il Piccolo Principe e Charlie Brown, Tom Sawyer e Indiana Jones, e forse già la bilancia pende a favore dei secondi. Si tratta allora di porsi il problema più generale di quale sia il patrimonio figurale nascosto nella mente dei ragazzi di oggi, e di come si formi e sia organizzato.

5. La formazione dell'immaginario

Nell'ambito dei rapporti tra mondo degli adulti e mondo dei bambini la formazione dell'immaginario svolge un ruolo fondamentale: ad esso infatti è demandato il compito di legare insieme, su un fondo di valori comuni, quelle entità indefinibili, fatalmente destinate allo scontro, che sono le generazioni umane che si susseguono nel corso della storia. Forse più di quanto non faccia l'apprendimento tecnico-scientifico, che si fonda su procedure esplicite e quindi sempre verificabili e rinegoziabili, il patrimonio immaginativo narrativo svolge un ruolo di legante profondo, costituisce una delle basi su cui si fonda il sistema dei valori e delle credenze.

Tradizionalmente questa formazione veniva trasmessa dalla famiglia e dalla scuola: esisteva un canone, nel senso di un repertorio ordinato di testi, in base al quale il piccolo, futuro uomo e cittadino accedeva a una progressione regolata di esperienze fantastiche: dalla Vispa Teresa a Cappuccetto Rosso, da Sussi e Biribissi alle Piccole Donne, dal Corsaro Nero a Ulisse, tanto per citare a caso. Su queste esperienze fantastiche, però, il lettore iniziava anche una sorta di allenamento ad affrontarne altre, più reali: vedeva agire *in vitro*, dentro quei modelli in scala che sono i testi narrativi, quelle grandi forze che si vedono poi agire nella vita: il gusto dell'avventura, la necessità del sacrificio, il peccato, la vendetta, il perdono, la fuga e il ritorno, e così via all'infinito. La pedagogia letteraria tradizionale ha sempre insistito infatti sul carattere esemplare, formativo, etico, dei testi narrativi compresi nel canone e presentati come modelli: modelli di letteratura e di vita.

In questo modo la sequenza dei testi offerti al bambino, nel corso della sua formazione, aveva una sua sequenzialità, un suo ordine, una sua logica, un suo scopo: in altri termini il processo formativo era una sorta di *discorso*, rivolto dal mondo degli adulti a quello delle giovani generazioni, all'interno del quale i testi – e all'interno dei testi i personaggi, i luoghi, le situazioni – rappresentavano gli elementi sintattici e lessicali.

La differenza con la situazione attuale è che mentre un tempo la formazione dell'immaginario era controllata dagli adulti, adesso, dall'avvento della televisione in poi, il bambino si trova in una situazione di fruizione indifferenziata. Ed è soprattutto la televisione, dove esiste, e dove è accesa, che sottrae sempre più all'adulto il controllo sulle esperienze fantastiche – e anche non fantastiche, ma ciò in questa sede non interessa – fatte dal bambino. Ciò vale per la famiglia, in cui l'adulto di solito non è in grado di competere con il bambino nel destreggiarsi tra l'intrico dei programmi; e vale ancor di più per la scuola, che non offre assolutamente alcuno strumento di inquadramento del materiale televisivo.

Ne deriva che l'acquisizione del patrimonio immaginativo non è più il risultato di un percorso, effettuato per gradi, offerto dall'adulto in funzione di un progetto di coesione culturale: in altri termini non è più un discorso. L'immaginario invece viene nutrito di elementi sparsi, colti al volo in qualsiasi momento e da qualsiasi parte: è un repertorio, un insieme disorganico di elementi, è un ammasso di cose.

Bisogna notare a questo proposito il ruolo decisivo giocato dalla televisione nell'articolarsi di questo processo: non si tratta infatti di una semplice opposizione tra scrittura e immagine. La fruizione di un film infatti – soprattutto al cinema – è ancora assimilabile a quella di un libro: innanzitutto il film si presenta come un discorso, di cui si può individuare l'inizio e la fine, e all'interno del quale esiste un ordinamento; ma ci sono anche elementi di carattere esterno: la fruizione di un film, come quella di un libro, richiede silenzio e concentrazione; inoltre la visione di un film è un'esperienza ben distinta dalla vita quotidiana, in quanto si svolge in luoghi appositamente istituiti, dove si entra dopo aver espletato una formalità – pagamento del biglietto – e che ha dei precisi limiti di tempo; inoltre offre un tipo di esperienza che si presenta come dichiaratamente diversa dalla realtà.

L'esperienza della fruizione televisiva è invece – almeno in molti casi – completamente diversa: di regola la fruizione televisiva accompagna e si fonde con le attività quotidiane, durante i pasti, chiacchierando con gli amici, al limite mentre si studia; ne risulta una costante compenetrazione di elementi di fiction e di realtà. Ora, è ben vero che l'esperienza narrativa è un'attività in cui l'uomo contempera i materiale dell'immaginazione con quelli della realtà, e in questo senso la televisione è una preziosa fornitrice di materiali: ma lo è in modo ambiguo, perché i materiali che fornisce si collocano a metà fra realtà e immaginazione, perché tende a far diventare spettacolo la realtà e viceversa. La televisione tende a mescolarsi e a fondersi con la vita di ogni giorno, diventa una specie di persona in più in famiglia, una straniero che parla un linguaggio misto di suoni e immagini che in molti casi si ascolta distrattamente, mentre si fa altro: e la fruizione televisiva distratta conduce necessariamente a perdere il senso del discorso unitario, mentre l'impressione è sempre quella di un accumulo di cose: è da questa situazione di fruizione che nasce la cosiddetta estetica del telecomando, che spinge lo spettatore a muoversi a caso nell'universo comunicativo, pescando con disinvoltura frammenti narrativi e di informazione in funzione di una sua personale, onnivora *compilation*.

Il bambino di oggi ha libero accesso al video durante tutto l'arco della giornata: da lì distilla liberamente, senza alcuna mediazione da parte dell'adulto, gli elementi del suo immaginario che andranno a fondersi con quelli – sempre meno – usciti dai libri, dai giornalini o da altre fonti, e che verranno considerate allo stesso modo del materiale televisivo: cose sparse, appunto, non tasselli di un discorso unitario.

In questa prospettiva non va trascurato il particolare ruolo della pubblicità, che si offre al piccolo fruitore come forma mediana tra informazione e narrazione: il contenuto dello spot è chiaramente informativo, ma il modo di presentazione è molto spesso narrativo. Gli elementi narrativi vengono tolti dalla sintassi del racconto e diventano cose: il personaggio del telefilm diventa personaggio dei fumetti, forse di un libro, e poi diventa figurina, e poi gadget, e poi ancora immagine serigrafata su una maglietta; viceversa le cose, i giocattoli che il bambino conosce, il tonno, la carne in scatola, la

Barbie, le scarpe da ginnastica, cominciano a vivere delle piccole storie, sia nel video che nella pubblicità dei giornali, diventano personaggi narrativi.

In questo senso possiamo dire che l'immaginario dei bambini di oggi – anche di quelli che leggono ancora libri – è formato da cose, e non da elementi di un discorso narrativo: i singoli elementi vengono progressivamente e sistematicamente decontestualizzati, diventano immagine, simulacro, oggetto, perdono ogni collegamento con il flusso narrativo all'interno del quale sono nati. E questo non avviene solo nel campo della pubblicità, ma investe tutto l'universo della comunicazione: cantanti, calciatori, creatori di moda, attori, sono ormai tutti legati in uno stesso vortice fantastico insieme ai pannolini, alle merendine, a Lassie e a Biancaneve.

In altri termini, il mondo degli adulti offre al bambino dei discorsi coerenti e unitari – nella migliore delle ipotesi – i quali però vengono recepiti e immagazzinati nella memoria come elementi sparsi. Il rischio di questa situazione è uno scollamento tra mondo degli adulti e mondo dei bambini: due universi che si allontanano, e che perdono anche la possibilità di scontrarsi. È chiaro naturalmente che una società civile ha molti più fattori di coesione che non la semplice condivisione di un universo narrativo e fantastico; tuttavia sarebbe pericoloso sottovalutare gli effetti che – soprattutto sul lungo periodo – potrebbe portare la frantumazione dell'immaginario collettivo.

Resta tuttavia da chiedersi se questa sensazione di totale incoerenza – questa impressione che il mondo fantastico dei ragazzi di oggi è solo un ammasso di «cose» – non sia altro che il portato di una visione adultocentrica, il risultato dell'incapacità, da parte del mondo degli adulti, di capire una situazione in profonda evoluzione.

I legami che tengono insieme queste membra sparse in realtà forse esistono: semplicemente diverse da quelle che reggevano un immaginario nato sulle pagine scritte dell'era pre-televisiva. Basta vedere la velocità con cui i personaggi e la lingua degli spot televisivi entrano nel linguaggio soprattutto dei più giovani, i quali ormai controllano con estrema competenza i procedimenti stilistici del mezzo televisivo, e sono in grado di classificare, giudicare, combinare, operare variazioni, «giocare» con tutti gli elementi del linguaggio della televisione: basta vedere come ne controllano la grammatica e la sintassi narrativa.

E il compito per l'adulto, in una situazione come questa, può essere solo il tentativo di ricostruire – pazientemente – questo repertorio e capire le leggi nascoste che lo governano.

Il filosofo e le streghe. Appunti su bambino e teatro

di Roberto Canziani

1. Le preoccupazioni del filosofo

Nel racconto intitolato *La ricerca di Averroè*, lo scrittore Jorge Luis Borges ci fa partecipi delle preoccupazioni del filosofo arabo. Da molto tempo Averroè è assorbito dal suo monumentale lavoro di commento all'opera di Aristotele. Giardini di rose si aprono nel patio della casa di Cordova. Lo scorrere lento del Guadalquivir lo aiuta nella concentrazione. Ma una questione ora lo impensierisce. non sa che significato dare alle parole «tragedia» e «commedia»: due termini dubbi che ha appena incontrato nelle prime pagine della *Poetica*.

«Nessuno nell'ambito dell'Islam, aveva la più piccola idea di quel che volessero dire. Invano aveva sfogliato le pagine di Alessandro di Afrodisia, invano compulsato le versioni del nestoriano Hunain Ibn-Ishaq e di Abn-Bashar Mata».

Nella cultura araba classica il teatro non esiste, esempi concreti di spettacolo non fanno parte dell'esperienza di Averroè, né la sua lingua ha mai provato a dare un nome a quelle antiche e imponenti rovine costruite dai romani o dai greci per officiarvi chissà quali riti.

Il problema tormenta seriamente il filosofo, il quale non bada al gruppo di bambini fermi nel patio fresco di rose e di fontane. Stracciati, seminudi, i tre bambini giocano al *muezzin*. Uno di loro, con gli occhi chiusi, salmodia un versetto del Corano e imita il *muezzin*. Il secondo, immobile, lo regge sulle spalle, fingendo di essere il minareto. Il terzo, inginocchiato nella polvere rappresenta i fedeli.

«Il gioco durò poco; tutti volevano essere il *muezzin*, nessuno i fedeli e il minareto». Il filosofo ha sotto gli occhi il teatro, eppure non riesce a riconoscerlo. Chiuso nell'ambito dell'Islam, Averroè non comprenderà mai il significato delle voci «tragedia» e «commedia». Eppure, sotto alle sue finestre, un teatro allo stato primitivo e inconsapevole di sé si è manifestato. E ha avuto per soggetti agenti dei bambini.

2. Un bambino, un diritto

Anche se non disponessimo della sapiente immaginazione di Borges, non ci sarebbe difficile immaginare un punto di vista secondo il quale il teatro, il mestiere dell'attore, quello dell'autore drammatico, la stessa idea di scena, altro non sono che l'estensione all'età adulta e la formalizzazione estetica del gioco simulativo, mimetico e rappresentativo del bambino.

Non li abbiamo forse sentiti, i nostri bambini, dire talvolta: «Facciamo che io sono l'albero, e tu il cavallo...». È gioco, ma è anche teatro colto nei suoi aspetti nascenti, nelle sue strutture elementari. Forse il grado zero della rappresentazione teatrale.

Quindi esiste – potremmo dire – un *diritto del bambino al teatro*. Un diritto *naturale* nei confronti di un'esperienza che appartiene al suo processo di crescita e di creazione di rapporti con ciò che gli sta di fronte: sia un altro individuo, sia un ruolo di cui egli vuole o ha bisogno di investirsi. La parola *diritto* viene in questo caso usata in senso estensivo e con un significato più ampio di quello censito nell'ambito delle discipline giuridiche.

Al bambino, godere di questo *diritto al teatro*, non è mai stato facile. Gli scavi archeologici ci hanno restituito pupazzi o fantocci articolati che in epoca antica avevano forse la stessa funzione delle nostre marionette. Li abbiamo trovati in Egitto, in Grecia, a Roma. Più tardi, ce li testimonia anche l'epoca medioevale. Si tratta, evidentemente, di una forma povera e semplificata di teatro. Ma non è detto che quegli oggetti fossero destinati ad un pubblico infantile.

È vero piuttosto che un pubblico infantile non esisteva, dal momento che non esisteva nemmeno l'infanzia. Appare ora fin troppo ovvio il richiamo agli studi di Philippe Ariès sulla formazione di un «sentimento dell'infanzia». E forse scontata è pure la citazione del volume che il pedagogista Leonardo Trisciuzzi dedica alla «scoperta dell'infanzia» da parte delle nascenti scienze illuministe. È da lavori come questi, però, che si apprende quanto recente sia lo svilupparsi di una nozione di *infanzia*, nozione che l'Europa elabora appena agli albori dell'età moderna.

Una citazione sola potrebbe compendiare questi ed altri lavori. È di un artista, Bruno Munari, che l'ha pronunciata in occasione di un convegno dedicato a *L'immaginario bambino*. «L'infanzia – dice Munari – non è un fenomeno naturale, ma una fantasia, un'invenzione, un costrutto sociale recente di quegli uomini che da allora in poi si chiamano adulti».

Ci si potrebbe domandare quando gli adulti del teatro abbiano cominciato a inventare l'infanzia. Quando l'hanno scoperta: nelle sue reazioni, nei suoi atteggiamenti, nei suoi gusti. Quando hanno pensato e realizzato un teatro specificamente indirizzato al bambino.

Non è mia intenzione disegnare una storia del teatro per l'infanzia nei suoi sviluppi europei e occidentali. Lo spazio di cui posso disporre non mi permette di schizzare nemmeno quella relativa al solo ambito italiano che, fra le esperienze di teatro europeo per i ragazzi, giunge buona ultima, sebbene in modi originali e assai produttivi.

È sufficiente però osservare, anche per sommi capi, come si è andato configurando in Italia il rapporto fra bambino e istituzione teatrale. Una considerazione emergerà immediata: non solo il bambino ha faticato molto a veder riconosciuto, sotto le forme dell'espressione e della creatività, il suo diritto al teatro; ma quando finalmente ha potuto godere di questo diritto, ha dovuto immediatamente difenderlo dall'affermarsi di un'altra rivendicazione: *il diritto del teatro al bambino*, esercitato questo con mezzi e in modi assai più forti e determinati.

Sta proprio all'interno di tale articolazione, *diritto del bambino al teatro/diritto del teatro al bambino*, il percorso che le seguenti riflessioni intendono sviluppare.

3. Don Bosco, Peppone, Don Camillo

I vari *Children's Théatre*, *Thèâtre pour Enfants*, *Theater der jungen Welt* o il russo *Teatr dlja detej* sono pratiche europee che hanno origini e sviluppi generalmente limitati al nostro secolo. Nella maggior parte dei casi si tratta di iniziative nate agli inizi del Novecento, con carattere e finanziamento pubblico. Inoltre, ancora nella maggior parte dei casi, l'aspetto educativo e pedagogico mostra un profilo piuttosto basso, e uno scarso rilievo è destinato agli specifici della comunicazione teatrale e della comunicazione infantile. Da questo complessivo giudizio va almeno distinta l'area dell'Europa orientale, dove a cominciare dagli anni venti prevale tuttavia una pesante prospettiva di «educazione ideologica delle nuove generazioni».

L'Italia si porta dietro una non dimenticata tradizione di teatro scolastico gesuita (risalente al sedicesimo secolo) e nomi *teatrali* come quelli di S. Filippo Neri (sempre nel sedicesimo secolo) o di Don Bosco (nella seconda metà dell'Ottocento), ma non approfitta tanto di questa primogenitura storica. Anche da noi specifiche attività di teatro rivolta all'infanzia e alla scuola originano nei primi decenni del Novecento, legate in particolare alla riforma Lombardo Radice (1923).

Da ricordare, tutt'al più, saranno le marionette dei «Piccoli» di Vittorio Podrecca (la compagnia viene fondata a Roma, nel 1912). Oppure il Teatro Bonaventura di Sergio Tofano, o la famiglia dei marionettisti Colla (attivi in realtà dai primi dell'800). Di esperienze significative non ce ne sono tante altre.

L'esito della seconda guerra mondiale mette in moto alcuni processi, ma non si va oltre a una ripartizione assai ideologica fra un teatro dei «pioneri», dai connotati evidentemente marxisti, e un teatro degli «oratori», di altrettanto ovvia derivazione cattolica. E forse andando a rispolverare le pellicole di Peppone e don Camillo se ne potrebbe ancora catturare qualche immagine.

Quanto agli aspetti teorici, mentre Walter Benjamin nel 1928 in una Germania dal clima assai preoccupante, preparava il *Programma per un teatro proletario di bambini*, in Italia l'esplosiva inventiva dei futuristi lasciava solo effimere tracce luminose nel cielo del teatro per l'infanzia. Erano quelle del manifesto del *Giocattolo futurista*, inserito da Giacomo Balla e Fortunato Depero nella loro *Ricostruzione futurista dell'universo* (1915).

4. Il teatro dei ragazzi

Affinché dalla teoria si passi alla pratica, dovremo attendere che la neo-avanguardie degli Anni Sessanta si sostituiscano alle avanguardie storiche. Non solo, l'autentica scoperta del bambino teatrale in Italia avverrà allo scoccare di quella data che tutti i calendari assegnano al Grande Cambiamento, allo scoccare cioè del Sessantotto.

Con iniziative legate ai nomi di Giuliano Scabia, Franco Passatore, Loredana Perissinotto comincia proprio in questi anni l'effettivo esercizio del diritto del bambino al teatro. Sarà l'esperienza, destinata a durare quasi un decennio, che andrà sotto il nome di *teatro dei ragazzi* (per distinguerla da un passatista *teatro per i ragazzi*) o che, ancora meglio, si chiamerà *animazione teatrale*.

Non spettacoli, ma *spettacolazioni*. Non la logica del prodotto teatrale, ma la logica del procedimento teatrale. Non messeinscene, ma linguaggi. Non le fiabe, ma la *Grammatica della fantasia* di Gianni Rodari. E poi: l'improvvisazione scenica, il canto libero, il lavoro manuale. Piccoli cantieri teatrali pieni di cartapesta, di pinzatrici, stoffe colorate, nastro adesivi, pennarelli e vernici.

A volte si immaginava – come aveva fatto Giuliano Scabia in un'esperienza abruzzese (*Forse un drago nascerà*, del 1972) – di fondare città dotandole di leggi e di strumenti a misura di queste microsocietà, minuscole ma vitali e prive ancora di angosce da metropoli.

Un decennio, si è scritto sopra. Giusto il tempo per sedimentare queste pratiche, per farle diventare parte di un bagaglio di professionalità di cui questi uomini di teatro andavano orgogliosi. Con pieno diritto: rivendicando reali conquiste professionali e una reale conoscenza del bambino questi teatranti rivendicavano anche il diritto di un teatro vero. Basta con le palestre e i sottoscala delle scuole: era di sale teatrali che si aveva bisogno. Basta essere a malapena tollerati nella scuola. Basta accorrere all'occasionale e interessato richiamo dell'assessore che ha bisogno di una manciata di voti di mamme e di papà.

Nel 1976 il *teatro ragazzi* (questa era oramai la sua etichetta, senza più preposizioni che specificassero) decideva una strategia associativa. Il 30 maggio 1977 nasceva L'Astra (Associazione del teatro ragazzi).

C'è qualcosa di duplice in questo atto di fondazione. Da una parte si arrivava finalmente a una prima idea di coordinamento fra attività estese a pelle di leopardo in tutta la penisola (si potevano contare, allora, un centinaio di gruppi, più numerosi al settentrione che al meridione).

Finalmente questo teatro otteneva un riconoscimento ufficiale, anche all'interno dell'Agis (l'Associazione generale italiana dello spettacolo).

D'altra parte l'Astra, rappresentava anche un'associazione di categoria, e come associazione di categoria mirava a una ottimizzazione organizzativa e economica del settore di attività rappresentato. Agli occhi della quarantina di compagnie che negli ultimi anni settanta formavano l'Astra, si disegnava – fra tentazione e esigenza – la seducente immagine del mercato teatrale.

Ai nostri occhi d'oggi invece, quel 1977 e gli anni immediatamente successivi appaiono segnare il punto di equilibrio – *break-even point* direbbero gli esperti di marketing – fra le due esigenze che ho indicato. Diritto del bambino al teatro e diritto del teatro al bambino si compenetravano l'una con l'altra e miravano ad una comune felicità realizzativa.

Quegli anni vedevano nascere i festival di settore: il Festival di Muggia (dal 1978), la festa di Torino (dal 1979), le rassegna emiliane o piemontesi dai nomi estivi e intriganti: *Arrivano dal mare*, *Il Buonteatro*, *Un posto per i ragazzi*. In quegli stessi anni appariva anche la prima pubblicistica di settore (si veda, a tal proposito, *Un sipario per lo Stregatto*, l'annuario 1981 curato dall'Ente teatrale italiano e, più tardi, i cataloghi pubblicati dallo stesso ente).

Un'epoca insomma di forti soddisfazioni, e per tutti. Si rafforzava il lavoro dentro la scuola (che aveva accettato gli animatori, i quali avevano animato anche gli insegnanti), si approfondiva il lavoro nei gruppi educativi.

E il risultato andava a condensarsi negli spettacoli. Nascevano, in conclusione a quel decennio, produzioni ancora oggi da ricordare. La Cooperativa Ruotalibera di Roma realizzava alcuni fra i suoi migliori allestimenti: *Superman*, fra il mito infantile del superuomo e le tentazioni delle minestre in scatola. Il Laboratorio Teatro Settimo di Torino sfidava la consolazione facile di tanto teatro precedente con una leggera, leggibile e problematica messa in scena dell'autismo infantile intitolata *Kanner puro*.

5. Mercanti in fiera

Ma il mercato è anche lusinga. E anche un mercato specializzato è luogo di attrazione per grossisti e praticoni. Le mercanzie poi si confondono un po' tutte. Nel corso degli anni ottanta, sufficentemente garantito dalle sicurezze che gli offre questo mercato, il teatro ragazzi si modifica. L'invecchiamento degli ideali di gruppo finisce col far volare basse le bandiere di un tempo: meno processi e più prodotti, meno attività e più spettacoli. Le rassegne per le scuole offrono un pubblico numericamente sicuro, le iniziative riproposte ogni anno dagli assessorati degli enti locali sono altrettanti meccanismi di garanzia. E i teatranti, che l'hanno oramai acquisito, difendono con fermezza questo loro diritto al bambino. La domanda espressiva e creativa rientra, l'offerta recupera tematiche che sembravano superate da molto tempo.

Uno scrittore che talvolta si interessa a problemi di lingua, Sebastiano Vassalli, ha calogato certo linguaggio degli italiani nel decennio appena trascorso. Di fronte ai *favolosi* anni sessanta e ai *folli* anni settanta, è proprio il linguaggio a qualificare semplicemente *banali* gli anni ottanta.

Appunto sotto il segno di una forte banalità e di altrettanta pavidità opera il teatro per l'infanzia e per i ragazzi nel corso degli anni ottanta. Almeno nelle sue forme più evidenti, che sono anche le sue forme più mercantili.

Molti elementi lo hanno avvilito. I tagli alla spesa pubblica hanno abbattuto gli investimenti degli enti locali nel campo della cultura e dell'educazione, facendo sì che molte porte si aprano per gli sponsor, i quali giustamente esigono una ricaduta dal punto di vista mercantile. I nuovi programmi elementari (la «riforma Fassino», del 1985) cominciano a mettere a regime le attività espressive, senza però che gli Irrsae offrano specifiche opportunità di aggiornamento agli insegnanti curricolari. (Molto – bisogna dire – si è fatto per l'area della matematica e dell'informatica, abbastanza per quella della lingua, quasi nulla per le attività espressive e dell'immagine). Non è avvenuto un ricambio generazionale (i quadri artistici del teatro per l'infanzia sono uomini e donne nella maggior parte attorno ai quarant'anni). Così, molte delle compagnie, stavolta fra rassegnazione e opportunismo, si sono nuovamente aperte a operazioni di basso profilo. Spettacoli-caramella, dolciastri e dagli effetti stucchevoli. Spettacoli-confezione, tutto involucro e niente sostanza. Fughe verso i sacri testi della storia della drammaturgia. Pedagogia che quand'è tale è pedagogia della pigrizia. Basta sfogliarli, i cataloghi dei pochi festival oramai sopravvissuti: ci si troverà perfino qualche *Amleto* o qualche danzante *Coppelia*, sorridenti versioni del *Piffe-raio magio*, *Fiabe dell'oro e del sapone*, qualche Andersen, e tante garbate tiratine d'orecchio alla televisione e ai media. Salvo poi scoprire che, fra gli sponsor, la compagnia vanta un contributo della Fininvest.

Ma non sarebbe onesto né veritiero riportare tutto a una formula riduzionista.

Esiste anche (ma è poco) del bel teatro visto in questi ultimi anni, e delle belle riflessioni che gli sono fiorite attorno. Con una particolarità: al centro di queste esperienze non sta più il cuore antico del teatro per l'infanzia. L'obiettivo, il target, che per quasi vent'anni era stato la fascia scolare e immediatamente pre-scolare (fra i 6 e i 14 anni), oggi è un altro.

Oggi le esperienze più interessanti si fanno guardando più in basso della scuola: verso la materna, verso gli asili nido. Oppure più in alto: verso la fascia dell'adolescenza, fra i 15 e i 25 anni, una fascia considerata, in tutti gli anni ottanta, refrattaria e attivabile solo a partire da altre lunghezze d'onda, non da quella teatrale.

Oggi le esperienze più motivate non si fanno più nelle rassegne per le scuole (che però rappresentano ancora il 70% della domanda di teatro ragazzi). È l'attività di alcuni Centri teatrali nazionali a essere la più qualificata: spettacoli al pomeriggio e quindi *scelti*, non subìti (in orario scolastico) dai bambini, spettacoli serali per famiglie, corsi di aggiornamento per insegnanti, attività non strettamente spettacolari.

Un ambito periferico, rispetto agli interessi originari del teatro italiano per l'infanzia, eppure forse per questo ricco di novità. Inconsueti connubi fra attività espressive e sport (come nel caso del progetto *Gladiator*, realizzato nel 1989/90 dall'emiliano Teatro delle Briciole); nuovi approcci alle strategie del diventare adulti (come in *Il rischio di crescere*, un progetto del Centro di Monterotondo), aperture a problematiche di tipo ambientale senza l'idillio scontato dell'utopia o del rimpianto (come *Separiamoli in casa!!!*, videospettacolo con giochi a premi sul tema della raccolta dei rifiuti, promosso dal Centro Teatrale Bresciano); fascino infine del semplice narrare orale, sulla scia di certa, e ancor viva, tradizione islamica.

E finalmente, dopo tanto *bambino immaginato*, reali analisi dello spettatore infantile. Per capire come in lui si incrociano emozione e attenzione per lo spettacolo. Come avvengono le sue identificazioni nei personaggi. Come scattano in lui i meccanismi del comico. Cosa ricorda di una storia, come la rapporta ai propri valori. Se, poi, ne sogna. Racconta una bambina il giorno dopo uno spettacolo: «Ho sognato un sogno fortissimo. Ho sognato che ero là, anch'io ero andata dentro la macchina degli anni, avevo un po' di paura ma poi mi è passata» (dai materiali di «A proposito del bambino spettatore», fase del progetto *Perle di vetro*, organizzato dalla Cooperativa Moby Dick e dal Comune di Mira - Venezia).

6. Le streghe esistono

Per arrivare infine a una conclusione: fra le rivendicazioni di un *diritto del bambino al teatro* e quelle di un *diritto del teatro al bambino*, il panorama attuale sembra prendersi, almeno nelle sue occasioni migliori, la libertà di uno scarto. Uno scarto che è del bambino ma è anche del teatrante adulto: lo scarto verso l'immaginario come *altro reale*.

In un intervento raccolto nel volume *Lucide magie*, Marco Baliani – che è una delle persone più avvedute e propositive fra quanti oggi lavorano all'intersezione di infanzia e di teatro – racconta di sue esperienze con bambini di 4 o 5 anni. Come è nella tradizione dei narratori arabi, per queste platee bambine Baliani inventa storie che spesso presenta senza alcun supporto scenico.

A volte Baliani parla della strega Giamabua, un maligno personaggio di fiaba che per tutta la durata del racconto insegue un bambino spaurito, finché nell'epilogo le sorti si capovolgono. Mentre la storia viene raccontata, la tensione fra il piccolo pubblico è altissima, i minuscoli corpi si stringono l'un l'altro, la paura è viva, palpabile. Commenta Baliani: «Quando al termine il piccolo protagonista comincia in silenzio a inchiodare la bara-letto dove la strega sta dormendo, io abbasso la voce, per far sentire la necessità di non fare alcun rumore. Nello spazio non si muove un alito. È un momento stupendo, la voce diviene quasi inudibile e io stesso sento che ogni piccolo rumore del mio corpo risveglierebbe la strega».

Qualche volta, concluso il racconto, un'insegnante si avvicina e invita Baliani a spiegare che però le streghe non esistono. «Ma io so che per tutta la durata del racconto la strega è esistita in carne ed ossa e che ogni bambino se ne è conservata preziosamente un'immagine. Mi dispiace, non posso dire una bugia. Le streghe nelle storie esistono e se io dovessi *spiegare* che era tutta una truffa, allora che siamo rimasti a fare per un'ora seduti a terra a bocca aperta? No, ho sudato e faticato, sofferto e divertito proprio per far *esistere* quella strega. Perché raccontare non è mai spiegare il reale. È, semmai, renderlo meno terribile, acquisirlo come esperienza, per la verità che esso contiene nel momento in cui accade».

Non tanto il teatro-ragazzi, e forse nemmeno il teatro, ma la fabulazione, l'atto del raccontare, che del teatro è compagna insostituibile, serve a costruire quel necessario *altro reale* che è il nostro immaginario. In questa attenzione globale verso la costruzione di un immaginario *reale* si stanno muovendo oggi, in Italia, le più interessanti esperienze di teatro. Non solo di teatro per bambini.

Bibliografia

J.L. Borges, *El Aleph*, Buenos Aires 1952, tr. it. *L'aleph*, Milano 1959.
F. Passatore et al., *Io ero l'albero (tu il cavallo)*, Rimini 1972.
P. Aries, *L'enfant et la vie familiale sous l'ancien régime*, Paris 1960, tr. it. *Padri e figli nell'Europa medioevale e moderna*, Bari 1968.
L. Trisciuzzi, *La scoperta dell'infanzia*, Firenze, s.d.
B. Munari, *La fantasia dell'infanzia*, in *L'immaginario bambino*, Firenze, 1985.
W. Benjamin, *Programma per un teatro proletario di bambini*, in *Quaderni piacentini*, 38, lug. 1969.
G. Balla, F. Depero, *Ricostruzione futurista dell'universo*, 1959, in *I manifesti del Futurismo*, Milano s.d. (ma 1919).
G. Rodari, *Grammatica della fantasia*, Torino 1973.
G. Scabia, *Forse un drago nascerà, un'esperienza di teatro con i ragazzi di dodici città dell'Abruzzo*, Milano 1975.
D.G. Marinelli (a cura di), *Un sipario per lo Stregatto*, annuario 1981 delle Compagnie e delle manifestazioni italiane di Teatro Ragazzi con una monografia dedicata all'Umbria, Firenze 1982.
Scenascuola, quaderni trimestrali diretti da Remo Rostagno, 1, giu. 1984.
Speciale Teatro Ragazzi, *Sipario*, 444, mag. 1985.
D.G. Marinelli (a cura di), *Il teatro per i ragazzi*, catalogo delle produzioni 1986/87, Eti (Documenti di teatro, 3), Roma s.d. (ma 1987).
S. Vassalli, *Il Neoitaliano*, Bologna 1989.
Il pubblico bambino, atti del convegno di Monterotondo, Roma 1985.
M. Gagliardi, «A proposito del bambino spettatore», relazione dattiloscritta per il progetto *Perle di vetro*, Mira (Venezia) 1990.
M. Baliani, *Territori magici e luoghi dell'altrove*, in P. Meduri (a cura di), *Lucide magie*, Brescia 1989.

Le biblioteche

di Romano Vecchiet

1. Il ruolo delle biblioteche per ragazzi

Una prima domanda che occorre porsi con riguardo alla biblioteca pubblica è se essa, intesa come *servizio* più che come istituzione o bene culturale, e la biblioteca per ragazzi in particolare, sta una «cosa», sufficientemente conosciuta a un pubblico di «non-bibliotecari». Se, in altri termini, si sia messo mai a fuoco il ruolo svolto (o che potrebbe svolgere) la biblioteca per ragazzi come luogo di informazione, di ricerca e anche di gioco e di incontro per i ragazzi.

La risposta è tendenzialmente negativa: la biblioteca per ragazzi non è conosciuta, con ciò seguendo la stessa sorte della biblioteca che l'ha generata, la biblioteca pubblica. Tutt'e due sono entità alquanto astratte, che si sa che esistono (e che possono esistere); ma certamente non si sa come funzionano (o come potrebbero funzionare) [1]. L'informazione, la grande stampa, le ha da sempre ignorate. Quando se ne occupa, lo fa per lamentarne i disservizi, le disfunzio-

1. Una riprova dell'immagine «biblioteca» che permane anche fra i ragazzi l'ho casualmente verificata in occasione di una mostra di bozzetti per un manifesto pubblicitario della biblioteca comunale, mostra organizzata da una Scuola media friulana. Le immagini più ricorrenti, certamente anche suggerite dall'insegnante, raffigurano un libro (o pochi libri) che di volta involta, diventa ancora di salvezza, sola nel mare dell'ignoranza, capanna protettiva, buona radice per bellissimi fiori, frutto illuminante di un albero della scienza, veicolo (su ruote) che aiuta a scoprire nuovi mondi. Quasi del tutto assente l'immagine, pur non trascurabile, della biblioteca intesa come spazio fisico d'incontro, come centro d'informazione e di ricerca. Si è privilegiato, ancora una volta, l'aspetto quasi sacrale, taumaturgico del libro, inteso come oggetto di riscatto da una condizione di minorità, immagine certamente «adulta» e poco vicina all'immaginario del bambino che, però, non aveva evidentemente nulla da contrapporre.

ni, o soltanto per illustrarne «i tesori nascosti» e mai valorizzati, o quelli futuri ancora da raccogliere (vedi la nuova Biblioteca di Alessandria). La biblioteca non gode di buona stampa e, non riuscendo a entrare nella cittadella dei mass-media al pari di altre istituzioni o servizi o beni culturali, come, i musei, le gallerie, le scuole e quant'altro, non viene mai a far parte viva del dibattito non solo culturale in senso ampio, ma nemmeno di quelli di terreni vicinissimi come la pedagogia e la didattica. Della biblioteca permangono allora quei luoghi comuni stereotipati (grigia, polverosa, sempre invischiata fra mille inutili procedure e raramente provvista di un patrimonio aggiornato) che ne connotano alla fine la sua chiacchierata immagine pubblica.

Se l'osservazione si sposta alla biblioteca per ragazzi, l'idea di una marginalità sostanziale si rafforza. Viene confusa con la biblioteca scolastica, e si arricchisce di tutte le sue funzioni educative (che invece non ha, o – meglio – ha in misura molto minore); così percorre un'analoga strada di rifiuti e di ignoranze diffuse che l'accomunano alla letteratura per ragazzi, quel materiale che la dovrebbe sostanziare. Ed è così che la biblioteca per ragazzi, specie in un contesto urbano quale quello triestino (ma tipico di tante città italiane come Roma, ad esempio) dove le biblioteche di quartiere chiudono anziché aprirsi, la biblioteca o la sezione per ragazzi della biblioteca pubblica rimangono «entità» praticamente sconosciute.

2. La situazione in provincia

Il panorama cambia se, anziché soffermarci su realtà urbane o metropolitane di una certa estensione, mutiamo punto di osservazione e ci orientiamo verso la provincia. Una provincia formata da piccoli o piccolissimi centri, spesso provvisti di una non disprezzabile biblioteca (anche per ragazzi) che è abitualmente frequentatissima anche dagli stessi ragazzi. Ed è questo il dato saliente, il dato da cui occorre partire.

Se nei grandi centri urbani è molto difficile rintracciare una biblioteca per ragazzi funzionante o che comunque, laddove esista, svolga un ruolo limitato al ristretto circondario in cui è collocata, con un bacino d'utenza dunque molto ridotto rispetto alle reali dimensioni della città, tutto invece cambia d'aspetto se indaghiamo sulle realtà più periferiche.

Nei piccoli centri – e ormai, in varie province, il numero delle biblioteche comunali quasi coincide con quello dei comuni – la biblioteca pubblica sta svolgendo un ruolo insostituibile nell'organizzazione culturale di quella realtà: non solo perché è spesso l'unica agenzia di questo tipo (ecco la biblioteca intesa come centro culturale polifunzionale), ma anche perché è frequentata *esclusivamente*, e da una schiacciante maggioranza, da bambini. Questo dato era da tempo noto ai bibliotecari tanto che – se venisse comunicato in un contesto diverso da questo, formato da un pubblico di soli bibliotecari – rischierei di apparire addirittura ovvio.

La biblioteca pubblica si è insomma lentamente trasformata in una biblioteca per ragazzi *tout-court*, anche a dispetto della stessa volontà del bibliotecario, certo un po' restio a riconoscere che, per gran parte, il suo compito è diventato giocoforza quello di un operatore – come dire? – «doposcolastico», il cui campo d'attività tende a restringersi alle prime ore pomeridiane nel seguire i ragazzi nelle loro famigerate assurde e spesso complicatissime «ricerche» scolastiche.

3. Un'indagine sul campo: i dati della provincia di Gorizia

Ma osserviamo un po' alcuni dati tratti da un'indagine recente sulle biblioteche di ente locale della Provincia di Gorizia [2]. Delle 24 biblioteche pubbliche esistenti – escludendo la biblioteca statale del capoluogo – 11 dichiarano che la frequenza degli utenti da 6 a 14 anni supera da sola (in proporzioni diverse) quella di tutte le altre fasce d'età attestandosi sempre oltre il 50%. Delle restanti 13 biblioteche, ben 6 dichiarano che la fascia 6-14 copre comunque almeno il 40% delle frequenze complessive, qualificandosi come la classe d'età più rappresentata.

In altri termini in 17 biblioteche su 24 l'utenza che coincide con la fascia d'età che frequenta la scuola dell'obbligo è nettamente prevalente su tutte le altre e da sola costituisce almeno il 40% dell'utenza complessiva. Sono dati che non dicono nulla di più (se mai qualcosa di meno) se confrontati con analisi svolte nell'82, da cui risultava che in questa Regione le presenze di ragazzi nelle biblioteche non di capoluogo si attestava sul 56% del totale [3].

2. A.M. Viezzoli, *Progetto Abel. Studio sull'automazione delle biblioteche di Ente locale della Provincia di Gorizia*, Trieste 1990 (ciclostilato Corso Irfop).

3. R. Vecchiet, *Lettura e ragazzi nelle biblioteche del Friuli-Venezia Giulia*, in *Biblioteche e ragazzi*, a cura di Romano Vecchiet, Milano, 1985, pp. 91-97.

Cosa significano, allora, questi dati?

Significano, molto semplicemente, che i bambini – a prescindere dall'uso anche intensissimo del medium televisivo – frequentano con molta più assiduità di quanto non si pensi la biblioteca, sono spesso dei forti lettori (l'indagine Istat sulla lettura dell'85 vede la classe d'età 6-13 lettrice di libri per il 55,7%, la classe d'età 14-19 per il 65,2%, contro una media nazionale del 46,4%) [4], e se dovessimo aggiungere i più recenti dati sulla produzione editoriale per ragazzi, pur tra molti distinguo, non faremmo che confrontare una situazione di sia pure lenta crescita, almeno nell'ambito dell'offerta (un'accresciuta articolazione di linee d'offerta) e del fatturato [5].

4. Dalla vecchia alla nuova biblioteca

La biblioteca che ruolo svolge in un quadro così delineato? Anch'essa non si sottrae, non si è sottratta a quella tendenza «puerocentrica» che più di qualcuno ha ricordato e criticato. Nonostante forse un certo ritardo nel riconoscere – da parte di chi organizza e amministra la biblioteca pubblica – che l'utenza stava marcatamente ringiovanendo (e nonostante un ritardo nell'adeguare di conseguenza gli strumenti bibliografici interni), si è assistito in questi ultimi due anni a un grande fervore di iniziative per ragazzi.

Volendo prescindere dalle migliaia di animazioni del libro, mostre di illustratori, incontri con l'autore, convegni sulla letteratura per ragazzi, premi e concorsi, sperimentazioni le più varie, tutte tese a far conoscere le potenzialità nascoste della biblioteca e a procurare ad essa più lettori. Anche volendo dimenticare gli sforzi di molte di esse per assicurarsi una nuova sede e personale anche pedagogicamente più preparato, c'è un aspetto che non va sottaciuto ed esprime con forza questa nuova tendenza. È la nascita contestuale di varie riviste di informazione bibliografica e di biblioteconomia per ragazzi, sorte per fornire occasioni di aggiornamento al bibliotecario e le cui redazioni sono divenute veri e propri centri di elaborazione culturale, serbatoi di informazioni e piccoli ma efficienti cen-

4. Ritrovo questi dati, ampiamente commentati, in E. Detti, *Il piacere di leggere*, Firenze 1987, pp. 45-60.

5. Si vedano i saggi di Giovanni Peresson in *Sfoglialibro: Il mercato del libro per ragazzi*, *Sfoglialibro*, 2, 1989, 3, pp. 6-11, e *Produzione e consumo un anno dopo*, *Sfoglialibro*, 3, 1990, 2, pp. 53-56.

tri di catalogazione, dove da tutta Italia e dall'estero pervengono notizie di eventi, progetti e realizzazioni che hanno come fulcro la biblioteca per ragazzi e tutto quanto ruota intorno ad essa.

Una quantità di informazioni specifiche fino a poco fa impensabile, che con flusso costante sommerge l'operare tradizionale del bibliotecario, imponendogli di rinnovare tutto il vecchio bagaglio e patrimonio professionale che aveva condizionato il suo precedente operare.

5. Rischi di esclusione

Credo però che il rischio di perpetuare una condizione di marginalità nel panorama culturale italiano la biblioteca, anche quella per ragazzi, lo corra tuttora, nonostante molte condizioni sembrino ora giocare a suo favore.

C'è da ricordare, fra l'altro, l'enorme frammentazione istituzionale che separa le une biblioteche dalle altre, l'ancora largamente inefficiente Servizio Bibliotecario Nazionale e l'assenza di una vera e propria rete informativa per sistemi bibliotecari regionali, provinciali o territoriali. La stessa formazione professionale, affidata parte ai corsi di laurea, parte alle scuole speciali, parte alle Regioni, nonché alle organizzazioni sindacali e professionali, in questa dispersiva frantumazione di tecniche, obiettivi e risultati, dimentica spesso la particolare preparazione professionale che un bibliotecario per ragazzi dovrebbe possedere, il curriculum che sarebbe opportuno seguisse. La mancanza di tutte queste condizioni non può che provocare un ulteriore smarrimento dell'immagine complessiva della biblioteca per ragazzi, un suo pericoloso autoescludersi dal circuito informativo ma anche, pur se in misura minore, formativo nel suo complesso rapporto con la scuola.

Un rapporto, quest'ultimo, visto spesso come ancillare da parte della biblioteca per ragazzi, perché pensato nell'errata convinzione che sia solo la scuola a poter elaborare qualsivoglia progetto di educazione alla lettura, ritenendo la biblioteca quel deposito di «cose» (libri ma ormai non solo libri) da somministrare con criteri esclusivamente pedagogici ai giovani lettori.

6. Considerazioni conclusive

La biblioteca per ragazzi vuole oggi riscoprire invece proprio quella sua funzione autonoma di luogo piacevole per letture autonome, affrancate da qualsiasi vincolo didattico, funzione che mi sembra esserle del tutto propria. La biblioteca deve attrezzarsi per riuscire a definirsi nei limiti di questa sua nuova funzione, evitando per ciò stesso di imporsi inutili balzelli, di figurare più vincolante e lenta di quanto già non sia, di imporre sempre più faticose mediazioni catalografiche ai propri giovani utenti.

La biblioteca può, e con relativo poco sforzo, adeguarsi tecnicamente e tecnologicamente a questa sua nuova funzione, con ciò realmente aiutando il bambino ad esercitare il suo diritto a leggere e a informarsi liberamente e autonomamente, secondo i suoi gusti e le sue prime inclinazioni.

Forse per deformazione professionale non riesco a concepire un mondo dell'infanzia senza biblioteche; anzi, le immagini di Borges di mondi concepiti come labirintiche biblioteche mi coinvolgono spesso, tanto da tentare di adattarle a questo universo particolarissimo costruendo per i bambini percorsi di lettura sempre diversi e sempre più lunghi, intriganti e piacevoli. La realtà però potrebbe configurarsi in modi ben diversi se la biblioteca per ragazzi (ma certo anche la biblioteca pubblica in generale) non cercherà di ritrovare una sua funzione originale di più ricca valenza culturale. Surrogata dalla scuola o da qualsiasi altra agenzia informativa, potrebbe rivelarsi inutile e quindi scomparire ben presto, mantenendo solo in alcune realtà una sua funzione meramente conservativa. È una prospettiva che non mi sento di condividere e che dovremmo scongiurare, soprattutto facendo conoscere agli altri, ai «non bibliotecari», le sue possibilità di funzionamento.

La musica

di Giuliana Stecchina Pittaro

1. Il feto e la musica

Lo studio del comportamento dello sviluppo affettivo e cognitivo del bambino trova le sue origini nella nascita del bambino stesso, quando, cioè, diventa possibile incentrare su di lui ogni forma di osservazione, confronto, analisi.

Molto meno frequente e, pertanto, anche più suggestivo, l'interesse verso il bambino nella sua formazione prenatale. Di fatto, l'unica curiosità scientifica ci viene offerta dall'infante stesso quando egli, intorno al quarto mese dal suo concepimento, comincia ad udire e ad acquisire esperienze sonore. Fra gli organi sensoriali l'udito è il primo a formarsi perché è anche l'unico che può porre il feto in relazione col mondo protettivo del grembo materno e via via con quello esterno.

Sarà, quindi, l'esperienza sonora prenatale che ci consentirà di prendere l'avvio nell'analisi del rapporto bambino-mondo «delle cose».

Come s'è detto, il feto comincia ad udire al quarto mese circa dal suo concepimento, e le conoscenze sonore che acquisisce diventano componenti della sua struttura biopsichica.

Invero, con l'affinamento delle capacità uditive si sviluppano parallelamente nel bambino anche le sue capacità di ricezione dei sentimenti di benessere, di ansia, di allegria o di tristezza provati dalla madre.

Difficilmente, infatti, suono e rumore si presentano costretti nel loro solo esistere acustico: quando non si offrono come sfondo sonoro, ma come figure sensorialmente ben evidenti, essi sollecitano nell'essere vivente situazioni affettive di avvicinamento o allontanamento, di piacere o di fastidio.

L'ambiente acustico in cui la madre vive è di assoluta importanza non solo per la formazione dell'orecchio del bambino, ma anche per lo sviluppo del suo temperamento. Un ambiente particolarmente rumoroso e disturbante rende la madre ansiosa, ed il bambino erediterà da lei tale stato emotivo. Stando ad esperimenti che datano già dal 1920, il rumore che supera una certa soglia di accettazione sviluppa anche nel feto stati di ansietà. Viceversa, un ambiente sonoro naturale o, ancor di più, musicale crea nel bambino uno stato di benessere e di rilassamento. È quanto sostengono Verny e Kelly che, in laboratori specializzati e disponendo di un apparato tecnologico tale da poter offrire le verifiche di quanto affermato nel loro lavoro, si sono spinti a sostenere che il bambino prossimo alla nascita non gradisce il rock, mentre privilegia la musica sinfonica, ed in particolare alcuni autori a preferenza di altri: precisamente Vivaldi e Mozart.

A primo acchito si potrebbe interpretare la scelta prenatale come una istintiva predisposizione verso musiche in cui possa prevalere la naturalezza, la circolarità, la consequenzialità dell'idea musicale e non la rigidità e l'aggressiva scansione propria della musica rock. Tuttavia, a mio avviso, le considerazioni che si possono sviluppare vanno ben al di là di questo primo punto di contatto.

Una caratteristica ritmica di Vivaldi e Mozart consiste nel fatto che nelle loro opere, molto spesso, il tempo veloce non è altro che un frazionamento esatto, quasi metronomico del tempo «andante», il quale, a sua volta, corrisponde alla ritmicità del battito cardiaco. Infatti, in una persona non sottoposta a sforzo, il ritmo cardiaco è, in media, di 70 battiti al minuto: così come nel metronomo il valore «70» corrisponde alla definizione di «andante»: un'analogia da non sottovalutarsi.

Il rumore del cuore della mamma corrisponde alla primissima conoscenza uditiva del bambino; ogni momento della sua vita intrauterina è da esso scandito; il bambino cresce in esso e ciò rappresenta per lui, come testimonia il suo stesso comportamento dopo la nascita, il suono più rassicurante, più protettivo.

Se, ritornando ai nostri Vivaldi e Mozart (aggiungerei anche Händel e Telemann), il bambino ode provenire dal mondo esterno una musica che si accorda perfettamente col battito cardiaco della madre e, anzi, trova in esso un'ulteriore ragion d'essere, chiaramente estenderà le sue reazioni positive anche alla musica classica.

L'isoritmia di base, quindi fra ambiente sonoro e corpo materno – sia nei tempi veloci (il battito cardiaco offrirebbe, in questo caso, come accennato, non una scansione martellante ma parziale), sia nei tempi lenti – produrrebbe nel bambino un rinforzo di benessere ed una rassicurante situazione cognitiva.

2. Il bambino e la musica

Benessere e tranquillità, che egli riporterà anche dopo la nascita, poiché – come è stato verificato – il bambino che piange per l'assenza della madre si rasserena immediatamente all'ascolto delle musiche che aveva già più volte sentito e risentito nel grembo materno.

L'uomo, allora, fin dalla sua entrata nella vita, ci propone e conferma due atteggiamenti fondamentali: accettazione e conforto nel rumore naturale corporeo, ancor meglio se sostenuto dal suono di armonie naturali ambientali, e fastidio per rumori che interrompono questa linearità e semplicità di esperienze musicali.

In tal senso, sarebbe interessante poter comparare esperimenti eseguiti in varie culture musicali, e non soltanto nella nostra occidentale, ma anche in quella africana o in quella orientale.

Su questo argomento manca del tutto uno studio diacronico comparato; basti pensare che perfino in Giappone gli scienziati che collaborano con l'«Associazione per l'educazione precoce», pur ideando molti esperimenti per verificare la funzione della musica nella vita del bambino, hanno ritenuto maggiormente significativo proprio quello strettamente connesso non con la musica giapponese, ma con quella occidentale.

Ad un gruppo di madri di neonati si affidò il compito di far spesso ascoltare al loro bambino *Eine kleine Nachtmusik* di Mozart; un altro gruppo non avrebbe dovuto ascoltare alcuna musica. Ritrovatesi dopo quattro mesi, si constatò che i piccoli sottoposti all'ascolto di musica si presentavano, nell'espressione del volto e nelle movenze, molto diversi dagli altri, e soprattutto che i loro occhi erano più vivi e radiosi.

Confucio diceva che la musica «tempera la natura dell'uomo e perfeziona il carattere». Purtroppo la supremazia della musica occidentale conduce persone di altri Paesi a sperimentare la propria crescita culturale in relazione a «qualcosa» di molto distante dal loro vissuto: sono questi, anche, i risultati del metodo *«Suzuki»* e *«Yamaha»*, seguendo i quali si è giunti in Giappone alla formazione di vere e proprie orchestre di bambini in età compresa fra i tre e i quattordici anni. Ma il loro, purtroppo, è il classico repertorio delle orchestre europee.

Questi esperimenti, comunque, aprono visioni molto confortanti sulla gestione della stessa educazione permanente. Così come ci aiutano a far luce su una realtà che comincia ad avere aspetti inquietanti: il rapporto musica/adolescente.

3. L'adolescente e la musica/rumore

Per il bambino i sensi costituiscono gli strumenti primi dell'adattamento cognitivo. Nell'adolescente valorizzano ancor più la loro funzione adattiva, in quanto lo mettono in grado di rispondere a stimolazioni ambientali sempre più specifiche, acquistando, al contempo anche una nuova funzione: quella della fruizione edonistica ed estetica. Si tratta di un ulteriore sviluppo che si incentra nella ricerca di armonie e di identità nell'armonia: identità, però, che si evolve su una base di incertezza psicologica e che si concretizza in quel tipico atteggiamento protettivo che l'adolescente ricerca tanto nel gruppo quanto nella musica. La definizione delle caratteristiche di tale musica ci permetterà di creare dei paralleli molto stretti fra vita prenatale e adolescenza.

Partiamo dal Rumore.

Santoni Rugiu avverte che, nel dominio delle sensazioni acustiche, «il distacco tra adolescente e bambino è ancora più netto ed esaltato nell'area dei rumori».

Il rumore sembra essere un elemento tipizzante il gioco infantile; l'adolescente, viceversa, non dimostra questa accentuata tendenza nella sua attività ludica.

Leopardi stesso parla di fanciulli e non di ragazzi nei famosi versi

I fanciulli gridando
sulla piazzola in frotta
e qua e là saltando,
fanno un lieto romore.

Ma qual è il rumore dell'adolescente? Per scendere dalla poesia alle statistiche, dai dati emersi dal questionario proposto da Amleto Bassi ad allievi delle scuole secondarie di Ferrara, il 77% delle ragazze ed oltre il 72% dei ragazzi hanno risposto affermativamente al quesito se erano disturbati dai rumori. Inoltre, il 2% delle femmine e l'8% dei maschi dichiarano di esserne disturbati saltuariamente.

I rumori più irritanti appaiono quelli del traffico (43%), i suoni stridenti (9%), e le voci umane (9%). Allora, come conciliare questi dati con lo «sfondo sonoro», per non dire con la musica altamente rumorosa, presente negli incontri e nelle attività giovanili?

Si può supporre che quest'ultima sia vissuta come un «rumore protettivo». Gli adolescenti, cioè, si isolano dal mondo (rumoroso) degli adulti con il «loro» rumore: si tratta, parallelamente, di una chiara manifestazione di ricerca d'identità.

Ogni tentativo di approfondimento psicologico si accompagna ad uno stato di incertezza perché, muovendo dall'abbandono – anche parziale – del noto, si articola su piani ancora sconosciuti.

La ricerca d'identità è sempre irrorata da sentimenti di vago disagio, da imprevedibili ansietà, che devono trovare consone valvole di sfogo.

La musica offre un campo di esplorazione psicologica sempre rinnovato e si presenta, al contempo, come alveo protettivo.

Il suono che, per la caratteristica disturbante, si fa rumore, diviene trasgressivo: pertanto, ancor più strettamente legato alla psiche adolescenziale ed al processo cognitivo, poiché non c'è conoscenza senza una parziale trasgressione.

L'infante, tuttavia, come abbiamo visto, reagisce negativamente alla musica rock. Cosa può indurre, allora, il ragazzo/bambino «cresciuto» a cercare soprattutto quel tipo di musica?

Ritengo debba proprio trattarsi della stessa principale motivazione: il bisogno di protezione.

È proprio questa necessità che spinge anche il bambino fra i sei e i dodici mesi – come ricorda Riva Crugnola – a creare con gli oggetti delle scansioni ritmiche e, insieme, a cercare di immettere l'oggetto più piccolo nel più grande. Il ricordo del grembo materno si palesa con estrema evidenza: Franco Fornari parlerebbe di «reinfetazione».

Doveroso, a questo punto, il richiamo agli oggetti «transizionali» di Winnicott, che servono non in quanto tali, bensì per ricreare delle situazioni psicologiche di maggiore stabilità (si potrebbe portare come esempio anche la famosa coperta di Linus).

L'esperienza del bambino di sei mesi ben si colloca fra il bambino non ancora nato e l'adolescente. Mentre il bambino, nella sua vita prenatale, trova «protezione», oltre che nel grembo materno, anche nelle musiche che si associano alla ritmicità del battito cardiaco della madre e che, per così dire, propongono variazioni ritmiche sul tema, l'adolescente, così come il bambino di sei mesi, ben lontani dal protettivo liquido amniotico, devono trovare un altro alveo, un nuovo ambiente sonoro scandito non più dalla ritmicità del cuore materno ma dall'oggetto percosso (bambino di sei mesi) o alla batteria (adolescente).

Ecco, allora, la causa ultima di predilezioni sonore tanto accentuate: queste si propongono come realtà tangibili, quasi «cose» fra «cose». I suoni si fanno oggetti vibranti, non chiaramente distinguibili nei loro contorni, ma verificabili al tatto: pertanto, ancora una volta più rassicuranti.

La musica non è più soltanto udita, ma, dato il livello della sua intensità, acquisibile con un altro organo del senso: il tatto, per l'appunto.

In un *dancing* tutto diventa corpo vibrante: il pavimento, l'arredo e, naturalmente, le stesse persone. Il suono si fa corpo mentre corpi e cose si fanno suoni. Viene rovesciata ogni normale sensazione di alterità: non esiste più un «io» e un «tu», ma un protettivo «noi». È il «noi» del bambino non ancora nato e, nell'adolescente, il rinforzo del senso del gruppo.

In uno sfondo di ambiguità sensoriale, di spazi che di volta in volta, per effetto delle onde sonore, sembrano dilatarsi o, per contro, paurosamente restringersi, l'adolescente si incontra con le proprie ambiguità conoscitive, emotive, psichiche che intende affrontare anche con l'aiuto della musica e dell'ambiente sonoro.

4. Architettura e musica

A tale proposito si apre un rapporto decisamente nuovo fra musica e architettura.

Paul Valéry fu il primo ad affrontare questa sottile similitudine nel suo lavoro *Eupalinos e l'architetto* (1921).

Nel regno indefinito dei morti, Valéry immagina un dialogo fra Socrate e Fedro. È Fedro che parla per primo, evocando Eupalinos, un architetto da lui conosciuto e amato sulla terra. Socrate si limita ad alcune domande, a qualche riflessione, per poi sviluppare a sua volta le proprie idee sull'arte della costruzione e sui rapporti da lui intravisti tra l'architettura e la musica. In tal modo, unendo le idee di Socrate e quelle di Fedro ed Eupalinos, Valéry finisce per esprimere con compiutezza il proprio pensiero sull'argomento.

Socrate si mostra sensibile ad un potere che, fra le arti, solo l'architettura e la musica possiedono: l'una e l'altra, secondo le proprie modalità, hanno infatti il potere di disporre attorno all'uomo le loro forme fluide o solide, rinchiudendolo, in tal modo, al centro dello spazio e della durata.

Dice Socrate: «L'interno di un tempio costituisce per noi una sorta di grandezza completa nella quale ci muoviamo, viviamo [...]. Non ti sei accorto che la stessa cosa ci capita in un'altra circostanza? Non ti sembra che quando un'orchestra riempie la sala di suoni e di fantasmi, lo spazio primitivo sia sostituito da uno spazio intelligente e mutevole, non ti sembra di vivere in un edificio mobile, rinnovato senza sosta, e in se stesso ricostruito, interamente consacrato alle trasformazioni di un'anima che sarebbe l'anima dell'estensione? E non si tratta forse di una pienezza mutevole? [...]».

Il che lo porta a concludere: «Esistono dunque due arti che racchiudono l'uomo nell'uomo, o, piuttosto, racchiudono l'essere nell'opera e l'anima nei suoi atti e nelle creazioni dei suoi atti: la musica e l'architettura».

È proprio questa la nuova «architettura musicale» che l'adolescente trova nell'ambiente del suo svago preferito, un'architettura lacerata da magici giochi di luci ed ombre in una variata ricerca di effetti che esaltano ancora più le ambiguità sensoriali di un'esperienza musicale che, come s'è detto, vorrebbe essere assieme tanto estetica quanto protettiva.

5. La musica come rito magico

La conferma dello stretto rapporto logico-affettivo fra poppante e adolescente risiede proprio nella continuità storica che lega, attraverso le tradizioni popolari, il concerto pop ai riti tribali. Il bambino e l'adolescente si congiungono all'uomo primitivo in una sola istanza ancestrale: il bisogno di sicurezza.

Con le varie richieste/offerte che vengono proposte agli dei, il dominio – almeno parziale – sulla natura è l'unica sicurezza dell'uomo primitivo, l'unica garanzia vitale.

Ecco, allora, la necessità di far sentire molto bene la propria voce nel dialogo con la divinità; di qui l'uso anche di strumenti rumorosi, i quali possano favorire, attraverso ritmi orgiastici, la caduta nella *trance*: quindi la garanzia di un fattivo e proficuo rapporto uomo-dio.

Anche il concerto pop o rock è un rito, un rito scelto da una fascia di persone che mai prima, nella storia, aveva avuto libertà di parola, né di aggregazione, né di musica; un rito che rivela ad ogni adolescente l'uomo primitivo che c'è in lui.

Fornari sostiene che «l'esperienza musicale è strettamente legata, nel suo sorgere, ad eventi che si collocano nell'esperienza intrauterina, come primo luogo della divinità, in cui si compie la generazione del figlio dell'uomo».

Si è, così, giunti al terzo anello della catena, che ci permette di capire tanto l'adolescente quanto, in una certa misura, il poppante.

A mio parere, infatti, la triade bambino-uomo primitivo-adolescente è più facilmente comprensibile se associata alla triade suono/rumore protettivo-suono trasgressivo-suono magico.

Il suono, quanto più si fa trasgressivo, tanto più vuole ritornare al rumore protettivo originario e, nella discesa alle proprie origini ancestrali, assurge all'inizio del tutto: quindi, ad un panteistico suono magico. Non a caso era Pan (che in greco vuol dire «tutto») il dio che suonava il flauto per cercare un legame con la natura: con il «tutto», per l'appunto.

6. Musica e scuola

Ora, come si colloca la scuola italiana in questa continuità musicale che non è soltanto cognitiva, psicologica, emotiva, ma anche e, soprattutto, ancestrale?

A mio avviso: male.

La preparazione conservatoriale tende ad una formazione specialistica, marcatamente tecnicistica; offre la musica come una vetta da scalare, non come una fonte alla quale abbeverarsi con serenità.

L'«educazione musicale» della scuola elementare e media, senz'altro più vicina del Conservatorio alle istanze infantili e adolescenziali, offre la musica non come un fine, ma come un mezzo di più approfondite comprensioni: una scelta che sicuramente rende la materia più duttile e più facilmente affrontabile. Ma possono i fondamenti del nostro esistere venir catalogati in schemi che si riferiscono più alla cultura/memoria che al «fare» creativo?

Come mai la musica – che ora viene sdoppiata in dualistiche proposte interdisciplinari, quali musica-storia, musica-matematica, musica-italiano – non viene immessa in tutte le materie di studio, inserendola direttamente nel contesto letterario, matematico, storico?

Un parziale tentativo in questo campo è stato fatto in alcune scuole ungheresi; molto, praticamente tutto, rimane ancora da fare.

Una via potrebbe essere quella additata da Murray Shaffer che propone la coscientizzazione delle «toniche», ovvero di quelle sottili presenze sonore che si legano nell'ambiente e nel territorio al clima, al paesaggio, ai rumori naturali e industriali più frequenti e che, come suggerisce la parola, danno «tono» alle varie personalità umane.

È un suggerimento da meditare. Certamente potrebbe essere un interessantissimo spunto per il legislatore italiano, quando, notando che la musica appartiene alla totalità dell'essere umano, si rammenterà di inserirla anche nei programmi scolastici delle scuole superiori.

Bibliografia

F. Fornari, *Psicoanalisi della musica*, Milano 1984.
G. Porzionato, *Psicobiologia della musica*, Bologna 1980.
C. Riva Crugnola, *Nascita del simbolo e costruzione dell'oggetto nella prima infanzia*, Milano 1988
A. Santoni Rugiu, *Educatori oggi e domani*, Firenze 1966.
G. Stefani, *Perché la musica*, Brescia 1979.

Stampa Tipomonza
Viale Monza, 126 - Milano